U0840343

一身一任

高校思想政治理论课教师主体性研究

顾晓英 著

上海大学出版社

图书在版编目(CIP)数据

一身一任：高校思想政治理论课教师主体性研究/顾晓英著. —上海：上海大学出版社，2016.1
ISBN 978-7-5671-2102-7

Ⅰ.①一… Ⅱ.①顾… Ⅲ.①高等学校-思想政治教育-教学研究-中国 Ⅳ.①G641

中国版本图书馆 CIP 数据核字(2016)第 028496 号

责任编辑 傅玉芳
封面设计 秦 川
技术编辑 金 鑫 章 斐

一 身 一 任
高校思想政治理论课教师主体性研究
顾晓英 著
上海大学出版社出版发行
(上海市上大路 99 号 邮政编码 200444)
(http://www.press.shu.edu.cn 发行热线 021—66135112)
出版人：郭纯生
*
南京展望文化发展有限公司排版
江苏句容市排印厂印刷 各地新华书店经销
开本 890×1240 1/32 印张 10.25 字数 276 千
2016 年 1 月第 1 版 2016 年 1 月第 1 次印刷
ISBN 978-7-5671-2102-7/G·2089 定价：36.00 元

序

思想政治理论课是对大学生进行思想政治教育的主渠道，是立德树人、帮助大学生树立社会主义核心价值观的主要课程，对培养社会主义事业的合格建设者和可靠接班人具有重要作用。它占到了大学生不少课时学分，受到党中央和全社会的关心，堪称“天下第一课”。思想政治理论课不仅承担着主渠道传播马克思主义基本理论的使命，更肩负着引导大学生的立场、观点、方法，培养其对历史和现实热点、焦点和难点问题的分析和把握能力的重任，因涉及多门学科，需要“百科全书式的知识”，也被称为“天下第一难教的课”。多年来人们一直致力于破解如何提升思想政治理论课教学有效性的难题，但至今尚未彻底解决。新形势下如何联系学生的思想实际和认知特点，提高教学的针对性和有效性，把高校思想政治理论课建设成为大学生真心喜爱、终身受益、毕生难忘的优秀课程，是高校人才培养过程中面临的重大现实课题。

据武汉大学近期的一项调查，大学生对思想政治理论课教学状况“非常满意”或“比较满意”的达到了90%以上。当然，思想政治理论课教师讲课水平也有严重分化，社会各界对思想政治理论课的认识存在差异。当思想政治理论课教师在课堂教学中能以广博的知识面，旁征博引，深入浅出地讲解；能理论联系实际，结合社会的热点、难点、重点讲解；能声音洪亮、清楚，语言流畅、生动地讲解，学生是很爱听的。当老师照本宣科干巴巴地讲课，学生就失去了听课的兴趣，或睡觉或做作业或逃课，那就难有实效可言。

究其原因：一是随着中国经济全球化和市场化进程的不断加快，层出不穷的新问题考验着思想政治理论课教师解读社会现实的能力；二是新的高校思想政治理论课课程体系的高度整合和教材体系的综合性对不同学科背景的教师解读教材能力甚至话语能力提出了新的挑战；三是信息化社会互联网介入日常生活，教师原先的信息垄断地位也不复存在。面对2 300万名几乎都是独生子女、用QQ聊天、崇尚"我的地盘我做主"的"90后"大学生，思想政治理论课教师如何扮演好课程组织者、协调者、知识的传播者和认识社会的引领者等复合而又崭新的角色就显得十分突出了。

新时期思想政治理论课教学必须从内容、形式到教学方法全面进行改革，实效性和针对性全面加强，提高思想政治理论课教师素养是关键！而提升教师素养，最核心的是提升思想政治理论课教师主体性，强化对身份的认同，真正实现"一身一任"！

2005年，马克思主义理论一级学科成立，翌年全国共设立了21个马克思主义理论一级学科博士点和43个思想政治教育二级学科博士点。顾晓英是马克思主义理论学科设立的受益者。她把"思想政治理论课教师主体性"作为自己攻读博士学位主要研究方向。经过6年的艰辛努力，她的研究成果终于完成。作为他的导师，我为她取得的成绩感到由衷的高兴。

我认识顾晓英，是在20世纪80年代中期。那时，她是华东师范大学历史系本科1983级学生，而我则由华东师范大学本科毕业刚留校，恰好担任她"中国现代史"课程的主讲教师。那时她和她所在年级的80多位学生一样勤奋学习、成绩优异，给我留下深刻印象。后来，顾晓英报考了本校中国近现代史方向硕士研究生，又巧与在职攻读硕士学位的我同门同专业。毕业了，她直接来到上海大学，担任本科生公共政治理论课教师至今。

2004年，我来到上海大学调研"98方案"，无意中发现顾晓英成了当年在全市高校层面开设公开课的三名上海大学"两课"教师之一,那时的她与张丹华和李梁一起被媒体称为“两课明星”。6月中旬的两期《文汇报》,分别以《“两课”也有追星族》、《“两课”感染申城大学生》为题对她和张丹华、李梁老师作了大篇幅的报道。

2006年,我调到上海大学,与顾晓英成为同事。2007年11月,顾晓英为进一步提升自己,更多地具备较高的政治理论功力和足够的学识魅力,下决心报考我的中国近现代史方向博士生,期盼能从历史上的思想政治教育积淀和运作轨迹找寻现实启示。她在博士考试面试环节说道,1987年她考硕士研究生,2007年她报考博士研究生,时隔整整20年。2008年,我首次兼任社会科学学院思想政治教育博士点导师。顾晓英又义无反顾地转专业来到思想政治教育博士点,成为我所指导的第一届思政专业博士生。此时,40岁出头的顾晓英已从事思想政治理论课教学几近20载。她说她是为了进一步锤炼自己的解疑释惑能力,更好地担当起思想政治理论课教师职责和使命,更好地服务广大青年学生而选择进一步深造的。

这部著作的选题,起源于顾晓英的自身经历。1990年以来,她一直心无旁骛,把思想政治理论课作为一门学问来对待。她每年超额完成教学任务,倾注大量的感情、时间和精力。她能够运用现代教学技术和有效的教学方法,用饱满的激情诠释党的创新理论,用特有的亲和力、幽默的话语和丰富的实践案例,将中国特色社会主义理论传播到青年学生的心坎里。身正为师,顾晓英以思想政治理论课教师应有的思想境界、精神状态和行为表现积极地影响学生,使他们身心健康,快乐成长。

她的个人成长离不开母校华东师范大学的正规培育,也离不开上海大学良好的思想政治理论教育大环境。从“98方案”开始,上海大学思想政治理论教育早就颇具特色,涌现出一批风格迥异的教学明星。她也是其中一员。2005年“05方案”启动以来,根据中央精神和上海市委、市科教党委的战略部署,上海大学党委多次进行专题研究,由我和时任分管教学的副校长叶志明教授担任组长和副组长。时任校党委书记的于信汇教授为大学生讲授“形势与政策”课程,常务副校长周哲玮教授始终关心学校思想政治理论课教育教学改革。宣传部、教务处、学工办和团委各部门分工协作、齐抓共管，着力在提高思想政治理论课教学的针对性和有效性上下功夫。上大社会科学学院在时任院长王天恩、陶倩书记等领导班子带领下，全员动员，锐意改革，搭起"校外合作、校内开放、连通"的薪新立交桥；成立上海市首批高校思想政治理论课名师工作室——"李梁工作室"，倡导有效运用多媒体课件，无痕传递主流意识形态；顾晓英则率先探索思想政治理论课"项链模式"教学，在课堂教学中有效整合校内外专家优质资源，邀请专家进课堂联袂访谈，形成了极具特色的"项链模式"。2008 年，她所在的上海大学思想政治理论课教学团队因拥有多名教学名师荣获上海高校市级优秀教学团队。

2009 年 7 月，受教育部委托，上海大学和北京大学共同承担中宣部、教育部"六个为什么"进高校思想政治理论课试点教学任务。9 月 21 日，试点工作启动仪式在上海大学举行。

在教育部、上海市教卫党委和上海市教委的领导下，上海大学高度重视、精心组织，以"项链模式"教学为基础，积极发挥"李梁工作室"和"胡申生工作室"的引领作用，充分调动思想政治理论课专、兼职教师和辅导员三支队伍密切配合的积极性。社会科学学院教师团结一致，依托"项链模式"教学并循着问题意识思路，推出了"基于问题逻辑的思政课'项链模式'教学"，认真扎实开展试点工作。

"项链模式"课堂教学推行后，学生听课兴趣大增，提出大量问题。上海大学探索由教材逻辑向问题逻辑的转换，主动梳理四门思想政治理论课教材的重要问题，多渠道分类收集学生问题数百个，整合学科资源，组织多学科专家进行分析，以疑导学，"问题抓人、解答到位"，并将专家分析解答汇编成书。以学生为主体的问题解析式教学为学生提供了认知问题的思路和方法，拓展了思想政治理论课的深度和广度，学生反映"这是最有用的课程"。

对于上海大学的思想政治理论课改革工作，中央领导李长春、俞正声、刘云山和教育部、上海市领导先后作了重要批示，中央和上海主流媒体也作了密集报道。2011 年,时任教育部副部长的李卫红率多位司局领导和华东六省一市分管领导来上海大学听课,她高度表扬了由胡申生和顾晓英联袂主讲“项链模式”公开课,当即召开现场工作会,要求在全国推广。

“项链模式”改变了思想政治理论课教与学的方式,受到学生的真心喜爱。我本人牵头的上海大学“问题导向的思想政治理论课‘项链模式’改革与创新”成功夺得国家级教学成果二等奖、上海市级教学成果一等奖。

2011 年底,顾晓英调任上海大学教务处副处长,分管大类新生本科教学与通识教育。她依旧活跃在人才培养教学第一线。教务处的工作经历带给她全局的工作视野和丰富的师资资源。她在思考,如何在通识教育课程体系中开辟时政类的通选课程,通过加强策划和设计,变通学科视角,以巧妙构思,让时政类通选课与思想政治理论课课堂教学交相辉映。

2014 年 11 月,上海大学推出了全新的“大国方略”课程。顾晓英是主要创导者之一。该课程实现了教学过程向师生间的互动交融和心灵对话的转变,搭建了思想政治理论课课程体系之外的“防护林”地带,有效推进社会主义核心价值观直入人心。教师主体性的发挥在这门课程中得到了极大的体现。这门课程颠覆了以往一位教师上课满堂灌的概念,由几位教师一起上,对教师的要求也极高。

顾晓英担任“大国方略”课的全程课堂主持,该课以名师荟萃互动,大国思维碰撞赢得学生欢迎,吸引了社会媒体关注,得到中央政治局委员、中宣部部长刘奇葆批示,中央电视台、《人民日报》、中国新闻社、《解放日报》、《文汇报》等给予重点报道。中宣部副部长王世明莅临上海大学听取李梁和顾晓英联袂演绎的“大国方略”公开课并给予重要指导。2015 年 3 月,“大国方略”获评“上海市群众喜爱的培育和践行社会主义核心价值观项目”。上海大学党委书记罗宏杰曾走上“大国方略”讲台。金东寒校长则前来听课指导。同年,上海大学“大国方略课程组”获评“全国基层理论宣讲先进集体”荣誉称号。2015 年冬季学期,她又参与主创“大国方略”2.0版——“创新中国”课程，将中共中央十八届五中全会“创新发展理念”融入课程，文、理、工、经、管、法和艺术等大咖云集课堂，令学生脑洞大开，再次赢得媒体关注。

“大国方略”和“创新中国”课程向大学生有效传递社会主义核心价值观，也赋予“项链模式”新的生命力，成为顾晓英亲身呈现“一身一任”思想政治理论课教师主体性的最好注解。

顾晓英曾获得教学和科研等许多奖项。她的付出也得到学生发自内心的认可。她曾被上海大学学生票选为“十大我喜爱的老师”。我曾多次来到顾晓英的公开课现场，访谈嘉宾和主讲教师的投入、听课学生的专注、师生们诚挚的课堂互动深深地感动了我。

近20年的一线教改实践带给顾晓英很多体验。她不断问自己，“她”究竟是谁？思想政治理论课教师为什么而存在？为什么同样的思想政治理论课不同的教师讲授就有不同的效果？思想政治理论课上教师怎样讲学生才肯听、乐听？思想政治理论课教师主体性究竟来自何方？思想政治理论课教师主体性应有何种呈现？是什么在影响着思想政治理论课教师主体性？如何发挥教师主体性和积极性，“让每个课堂色彩都不一样”？

她主动投入到对高校思想政治理论课教师主体性研究中。从学术研究角度看，主体性是一个古老而常新的问题。它是主体的属性，属于一个极其重要的哲学范畴，它是人的现实本质的反映。教师主体性问题是教育学界一直关注的热点，而思想政治理论课教师主体性则少有人关注。

中共中央、国务院《关于进一步加强和改进大学生思想政治教育的意见》（中发[2004]16号）提出，加强与改进大学生思想政治教育的关键在教师。这在上海大学近十多年来思想政治理论课教育教学改革中，体现得最为明显。攻读博士学位期间，顾晓英曾经历了多次选题、开题，她的最终研究成果是对最初设计不断修正的结果。对思想政治理论课教师主体性研究应从哪个角度切入，才更接近于问题的本质？2008年，中宣部、教育部下发《关于进一步加强高等学校思想政治理论课教师队伍建设的意见》(教社科[2008]5号),给了顾晓英极大的研究动力。

思想政治理论课教师主体性问题,属于思想政治理论教育学范围内新颖的教师论研究。2015年,中宣部教育部下发了《普通高校思想政治理论课建设体系创新计划》(教社科[2015]2号)。同年,教育部又印发《高等学校思想政治理论课建设标准》的通知(教社科[2015]3号)。这些文件对于高校思想政治理论课教师队伍建设给出了全方位的顶层设计和指导。也证明了几年前的选题依旧极具理论价值和现实意义。

教师主体性问题是顾晓英研究思想政治理论课教师问题的切入点,而身份认同理论是她研究的一个理论基点。因为她发现,课堂效果好的思想政治理论课教师往往是那些对自身身份有着强烈认知和认同的人。他们积极主动地发挥着"一身一任"特殊主体性,他们的身份认同最终落实在课堂内外,让思想政治理论课传递出特有的魅力。

无疑,本研究是有难度的。这在思想政治教育学范围内,是崭新的本质性特征把握。高校思想政治理论课教师主体性问题本身也是复杂的理论和现实问题,需要教育学、哲学、政治学、历史学等多个学科交叉并行。教师问题是教育学的重要范畴,主体性是哲学需要解决的问题,身份认同则是一个社会学概念。尽管如此,顾晓英还是克服了种种困难,在繁忙的教学行政工作之余,阅读大量文献资料,展开基于身份认同的思想政治理论课教师主体性问题的深入系统研究,在主体性的历史生成、现实问题、解决路径等探讨上获得了全新的认识和结论。

论文完成后,在送审同行专家评阅和毕业答辩时,得到上海交通大学胡涵锦,华东师范大学宋进,上海大学王天恩、陈新汉和欧阳光明等教授的热情指导和肯定。她的这部专著《"一身一任":高校思想政治理论课教师主体性研究》就是在其博士学位论文基础上,结合专家指导意见,辅以最新资料,润色修改而成的。

学术研究无止境。顾晓英一直耕耘在思想政治教育教学研究领域,发表论文,主编教材。2009年,我曾为她编著的《叩开心灵之门——思想政治理论课“项链模式”教与学实录》(上海三联书店出版)作序,该书获评上海市第八届邓小平理论研究和宣传优秀成果(著作类)三等奖。

本书是顾晓英第一部独立专著。此书最大的特点是结合现实,尤其是结合了顾晓英自己多年教学实践而上升到理论层面进行研究并取得成果。作为导师,我深知本书中还有一些理论问题,尤其是理论与实践结合,诸如信息时代下的思想政治理论课面临新问题等研究需要进一步深化,但我还是为以往的学生、现在的同事取得的成绩感到欣慰。

本书付梓之际,我获知顾晓英已入选上海市高校思想政治理论课名师工作室(2016—2018 年)——“顾晓英工作室”主持人。我期待顾晓英能以本书的出版为新的起点,再接再厉,不断取得新的教学成果和研究成果!

是为序!

忻 平

2016 年 1 月于上海大学

目　录

导 论

一、"我是谁"——研究主题的确定

一个研究问题的确定,或源自对现实问题的关怀,或源自研究者的体验,这种体验会促使研究者对某些现象保持着敏锐的感受和认知,进而选择其为思考和研究的主题。

(一)"我是谁":思想政治理论课教师的实践反思

"我是谁"似乎是个老哲学命题。然而,今天高校思想政治理论课教师知道并认同"我是谁"显得尤为重要。

高校思想政治理论课是培养马克思主义事业接班人的重要手段,是高校立德树人的主渠道。教师是大学的核心和灵魂。我国有2 700多所高校约4万名思想政治理论课教师承担着2 000万名大学生的教学任务①。《关于进一步加强和改进高等学校思想政治理论课的意见》(简称"05方案")实施已10年有余,全国思想政治理论课在教材编写质量、各级教育行政领导和院校党委重视程度以及教学方法改革的深度广度等方面均出现前所未有的提升,取得卓著成就。从中央到地方,有关部门做了大量工作,其力度实属罕见,如建构"马克思主义理论研究和建设工程"、设立马克思主义理论一级学科博士

① 秦丽君,李春秋.高校思想政治理论课教师队伍建设的思考[J].思想理论教育导刊,2012(8):85.

点及6个二级学科、颁布全国“博士点”授权单位、出版并多次修订一批充分反映马克思主义中国化最新成果的学科体系和教材体系的总体框架的新教材。马克思主义理论学科建设是加强和改进思想政治理论课的基础。“05方案”指出:“思想政治理论课教育教学所依托的学科是我国特有的一门政治性、科学性和实践性很强的学科,只能加强,不能削弱。”自2006年1月到2012年,我国已形成了一级学科博士点37个、硕士点133个,二级学科博士点和硕士点近600个①。学科建设增加了教学的科研含量,有力地引领和支撑了思想政治理论课课程建设。

在学科已立、教材已定的情况下,自2005年以来,国家层面及各省市全面深入推进哲学社会科学教学科研骨干研修工作②,8年来研修班共举办48期,培训学员5 000多人。各地结合实际,认真组织地方哲学社会科学教学科研骨干研修班,目前已培训学员7万多人③,成为新中国成立以来最大规模的高校社科队伍培训工作。从2010年到2014年,上海市相继举办了第一轮五期哲学社会科学教学科研骨干研修班,先后有3 200多名学员参加研修活动,取得丰硕成果④。2015年7月,来自本市高校和科研院所的478名哲学社会科学教学科研骨干参加了第六期研修班。教育部曾开展征集评选高校思想政治理论课“精彩系列”(“精彩一课”教学片、“优秀案例”、“精彩教案”、“精彩多媒体课件”)。2012年,教育部研究制定了“2012—2016年思政课骨干教师研修计划”⑤。2013年,教育部公布了普通高校思想政治理论课教师队伍培养规划(2013—2017年),高校思想政治理论课

① 隋笑飞,廖翊.为时代铸魂 为事业固本——马克思主义理论研究和建设工程巡礼[N].人民日报,2012-10-25(2).

② 倪光辉,郝悦,周琳.加强和改进高校思想政治理论课以及马克思主义理论学科建设综述[N].人民日报,2010-5-25(4-5).

③ 隋笑飞,廖翊.为时代铸魂 为事业固本——马克思主义理论研究和建设工程巡礼[N].人民日报,2012-10-25(2).

④ 哲学社会科学骨干研修[N].解放日报,2015-7-7(2).

⑤ 袁贵仁.切实抓好工程教材的推广使用[N].人民日报,2012-6-6(16).

教师将通过全员培训、骨干研修、在职攻读学位、国内考察、国外研修等方式，得到培养与提升[①]。独立的学科和教师研修等给思想政治理论课教师的职业发展提供了良好平台。黄金十年，高校思想政治理论课构建了学科、教材、师资、课程协同推进的思想政治理论教育模式；形成了标志性成果，设立了马克思主义一级学科；培育了一支优秀的思想政治理论课师资队伍；赢得了学生的较好评价；体制机制建设取得良好成效[②]。

思想政治理论课教师究竟是谁？从宏观角度讲，国家对思想政治理论课教师有了特定的行为界定，他们承担着高校思想政治教育主渠道的教书育人任务。中共中央、国务院《关于进一步加强和改进大学生思想政治教育的意见》指出，他们是马克思主义理论和党的路线、方针、政策的宣讲者，社会主义意识形态和精神文明的传播者，要不断提高马克思主义理论素养，提高科研能力和教学水平，做坚定的马克思主义者，做教书育人的表率，做大学生健康成长的指导者和引路人。2015 年初，中共中央办公厅、国务院办公厅印发《关于进一步加强和改进新形势下高校宣传思想工作的意见》，强调“意识形态工作是党和国家一项极端重要的工作，高校作为意识形态工作前沿阵地，肩负着学习研究宣传马克思主义，培育和弘扬社会主义核心价值观，为实现中华民族伟大复兴的中国梦提供人才保障和智力支持的重要任务”。同年，中央宣传部教育部印发《普通高校思想政治理论课建设体系创新计划》，强调必须“制定思想政治理论课教师任职资格标准，把政治立场作为教师聘用的首要标准，严把教师聘用政治关”。思想政治理论课教师从事的是高校意识形态主阵地建设工作，其“天职”就是把自己对中国特色社会主义的理论认同、政治认同、情感认同，转变成当代大学生的理论认同、政治认同、情感认同，否则他

---

① 教育部：五年规划全方位培养高校思想政治理论课教师[EB/OL]. 新华网，http：//news. xinhuanet. com/edu/2013 - 07/04/c_116411148. htm

② 王斯敏. 彰显理论力量　打牢信仰根基——高校思想政治理论课“05 方案”十年成就师生谈[N]. 光明日报，2015 - 7 - 9(16).

们就是忘记了“我是谁”。

从微观角度讲,越来越多的思想政治理论课教师不再是教学研究的旁观者和教学方法改革创新的被动执行者。他们作为高校思想政治理论课教学活动的承担者、发动者、组织者和实施者,其主体性直接关系到思想政治理论课教学的方向和效果。他们必须具备“政治意识、责任意识、阵地意识和底线意识”,这是做思想政治理论课教师的根本。

近年来,高校思想政治理论课建设成就卓著。然而,在清晰地看到近年来思想政治理论课教学改革和创新的进展时,我们也清醒地发现,美好愿景的取得,依旧任重道远。

为什么同样的思想政治理论课不同的教师讲授就有不同的效果?思想政治理论课教师要怎样做学生才肯听、乐听?从教师方面看:一是教师学术水平高低不等。由于思想政治理论课教学班多且内容新,老师必须在备课和讲课方面花费大量的时间和精力。一些教师抱怨没有时间去夯实理论功底,这也势必会影响到教学质量。高校思想政治理论课教师在教学之外承担马克思主义理论研究任务和研究能力直接关联着教学质量。二是教师视野开阔与否。思想政治理论课内容丰富,需要教师有丰富的阅历见识和广泛的知识储备。由于各种原因,一些常年担任思想政治理论课教学任务的教师相对其他学科教师来说,较少有机会外出社会考察,去国外考察的机会就更少。对社会缺乏了解,自然较难做到知识和理论的与时俱进,较难提升其课堂内外为学生释疑解惑的能力。最关键的是第三个方面,即思想政治理论课教师自身是否真心认同、积极投入。若是思想政治理论课教师自身对本职工作缺乏兴趣,或者对自己的职业身份和承载任务缺乏应有认同,在“当别人问起教什么课时,支吾其词,不那么理直气壮”①,教学效果必然难以保证。

---

① 陈先达等.“邓小平与当代大学生思想政治教育座谈会”发言摘要[J].思想理论教育导刊,2004(8):12.

教师身份认同影响其主体性发挥，也直接影响到教师的专业成长。教师倘若不能关心其身份认同问题，那么，所有教学改革方案充其量只是以一种做法取代另一种做法。我们无法回避源于身份认同不足或弱化而导致的一些思想政治理论课教师主体性缺失。由于他们没有切实认识或深入理解其肩负的“一身一任”，对所从事职业依旧存在着难以认同和自信，政策上赋予思想政治理论课教师的职责使命与能力要求尚没能达到与教师内在认同度的匹配，这一切成为影响思想政治理论课取得教学实效的瓶颈。

事实上，课堂效果好的思想政治理论课教师往往是那些对自身身份有着强烈认知和认同的人。他们肩负着学习研究和宣传马克思主义理论的重要任务，积极主动地发挥着特殊主体性。他们的特殊身份认同最终呈现于课堂内外的，是让每个课堂色彩都不一样，让思想政治理论课独具魅力。

美国学者帕克·帕尔默指出，真正好的教学来自教师的自身认同与自身完整①。提高思想政治理论课质量的关键在于教师的自身认同及主体性实现。究竟高校思想政治理论课教师承担着怎样的特殊使命？如何看待“我是谁”这一身份认同问题？“我”应该具有怎样的主体特征？如何使思想政治理论课教师理解自身承载着的特殊政策赋予和角色职责？

对“我是谁”的实践反思，成就本书的研究主题。

（二）“我是谁”：对身份认同与思想政治理论课教师主体性关联的理论追问

身份认同作为一种内隐的深层观念或态度，支配其理解、判断和行为选择。主体性则通常被看作是身为人的存在状况。因此，身份认同影响着主体性的发挥。

长期以来，国家、社会、学校、学生乃至教师自身都有着对教师角

---

① ［美］帕克·帕尔默. 教学勇气——漫步教师心灵［M］. 吴国珍，余薇译. 上海：华东师范大学出版社，2005：10.

色的期望，给予各种规约和要求，对于思想政治理论课教师的角色期待和预设更为明确。这种角色期待和预设往往会强调“国家中心”和课程执行的“忠实取向”。而这是否与思想政治理论课教师的身份认同遮蔽有着必然关联？它是否会影响到思想政治理论课教师主体性的顺利实现？思想政治理论课教师和“他者”的关系如何？他们对其特有身份的认同程度如何？他们有着怎样的学习研究宣传主流意识形态的自觉性和能动性？

思想政治理论课教师不是专业知能的储存体，而是有主体思想和思维的自觉自为的人。他们有着自己的情感、认知、价值判断和文化体认。不解决教师主体自身的思想和态度问题，不改变“向下控制和向上依赖的消极被动关系”①，思想政治理论课教学实效注定会因失去教师的主动支持而告败北。从对教师教学实践的反思到对教师教学有效性的关注，到对思想政治理论课教师身份认同和主体性关联的理论追问，不难发现“一身一任”这一思想政治理论课教师主体性特征。

“记住我们是谁，就是把我们的全部身心放回本位，恢复我们的自身认同和自身完整，重获我们生活的完整。”②从身份认同角度描摹思想政治理论课教师主体性历史生成和现状，解剖“他者”认同、自我认同与群体认同等诸多影响主体性的因素，可以找寻思想政治理论课教师主体性提升的有效路径。思想政治理论课教师应该牢记自己是谁，进一步强化自己的身份认同，最大限度地体会到职业自尊和自信，积极发挥自身主体性，提高思想政治素质和育人能力，对马克思主义理论真学、真懂、真信、真用，为“固本工程”、“铸魂工程”作出应有贡献。

---

① 李桢，张钧. 主体性视域下教师积极课程意识的理论审视[J]. 教师教育研究，2012(5)：42.

② [美]帕克·帕尔默. 教学勇气——漫步教师心灵[M]. 吴国珍，余薇译. 上海：华东师范大学出版社，2005：21.

二、相关研究评析

(一)"主体"与"主体性"

"主体"是一个哲学概念,它包括两项基本内涵：一是主体必须是有自觉意识的人,二是主体必须进行有目的的认识——实践活动。从这一点来看,主体与人在认识——实践活动中具有本质上的内在的同一[①]。马克思反复强调"人始终是主体"[②]。他在《政治经济学批判导言》中指出,"主体是人,客体是自然"[③]。这里,主体就是实践活动的发出者和承担者,是两者统一的现实的人,是感性与理性的统一体。

主体性问题是西方近代哲学的主要问题。就哲学而言,所谓主体性,是指人在实践过程中表现出来的能力、作用、地位,即人的自主、主动、能动、自由、有目的的活动的地位和特性[④]。不同的哲学流派对于人的主体性有着不同的理解,既有学者强调人的思维的主观能动性,又有学者突出个性差异和生命体验,还有学者对人的主体性进行无限地夸大。

人的主体性即为人类在长期劳动、认识世界与改造世界和认识自我与改造自我过程中发展起来的最有价值的最能体现人类本质力量的特性,也指作为主体的人在对象性活动中所表现出来的主动的、能动的、自觉自为的态势。人的主体性发展是一个历史过程。由于社会、文化、历史等原因,各阶层的主体性既有共同点也有不同点。马克思认为,人在自觉地认识和改造客观世界的过程中,在人的自觉的能动的实践活动中,形成了主体,也就体现了人的主体性。人的主体性是人的最本质的特性,即人在创造自己的历史活动中所表现出来的自主性、能动性和创造性。

---

① 王道俊.人的主体内涵与人的主体性教育[J].教育研究,1995(10)：9.
② 毛卫平,韩庆祥.管理哲学[M].北京：中共中央党校出版社,2003：57.
③ 马克思恩格斯选集(第2卷)[M].北京：人民出版社,1995：3.
④ 李德顺.价值论：一种主体性的研究[M].北京：中国人民大学出版社,1987：35.

马克思关于人的主体性的阐述非常深刻和全面。首先，马克思在论述人的主动性、创造性、对自然的超越性的同时，仍然强调人对自然的依赖性。其次，马克思将人的主体性放在人与社会更广泛的关系中来论述。人的发展受到社会的制约，必须服从社会的各种法则，但人的伟大之处正在于人不仅服从社会的法则，人还能自觉地改造社会，不断地超越社会。马克思还揭示了主体是在实践中形成社会关系的历史性个人。最后，马克思从研究现实的人的生产实践入手，研究人与自然及人与人的关系。他揭示了主体性发展的动力是实践活动，主体性发展的程度取决于主体实践活动内容的丰富性、完整性、可变动性以及活动方式、活动工具等。马克思指出："个人怎样表现自己的生活，他们自己也就怎样。因此，他们是什么样的，这同他们的生产是一致的——既和他们生产什么一致，又和他们怎样生产一致。"①马克思关于人的主体性理论成为本书理论的哲学依据。

1978 年的中国，真理标准问题的讨论和对实践问题的研究恢复了其在马克思主义哲学中的基础核心地位。实践在本质上就是主体的一种创造性活动。实践问题探讨的最直接理论成果便是重新探讨人的主体性。关于主体性问题研究主要围绕以下几点展开：

第一，功能视角。夏甄陶从功能的视角来理解主体性，"人之所以能够作为主体从事各种对象性活动，用不同的方式掌握世界并表现出主体性，是以人自身的能力结构为基础的，人的主体性正是这种结构的功能表现"②。马克思、恩格斯在实践的基础上科学地说明了"人们自己创造自己的历史，但是他们并不是随心所欲地创造"③。人作为主体的自主性、能动性和创造性是有历史性的，是在历史中得以发展的。

---

① 马克思恩格斯选集(第 1 卷)[M]. 北京：人民出版社，1995：67—68.
② 夏甄陶. 人在对象性活动中的主体性(下)[J]. 人文杂志，1995(5).
③ 马克思恩格斯选集(第 1 卷)[M]. 北京：人民出版社，1995：58.

第二，价值角度。李德顺等学者是从价值的角度来定位主体性的。李德顺认为"主体性是人在自己对象性行为中的权利和责任"[①]。人必须充当主体，才谈得上主体性。他认为人通过自己的活动才使自己"处在"一定的主客体关系之中，人作为这种关系的建立者和推进者，才是其中的主体而不是客体。人的这种能力、作用、地位，体现着人性的精华。李德顺认为应该首先把主体性看作是人性的高层次、高水平的表现[②]。人在主体地位上表现出以下特征：其一，人自身的现实结构和规定性；其二，人在其对象性关系和行为中的"为我"倾向，"为我"带有以主体的存在和活动为起点，以主体的生存发展为归宿的意思；其三，人的主动自为性，这是任何一个完整意义上的主体所不可缺少的特性；其四，自律和他律的统一，这意味着绝不能割裂和片面化看待主体，不能用主体性否定或取消客观性。总之，主体性问题可以等同于人在自己的对象性行为中的地位和作用，即"权利与责任"。

第三，整体和个性的区分。马克思主义认为个人和社会是统一的，但不能互相归结。我们不能把主体等同于个人主体，也不能将主体等同于社会主体。否则，社会主体也就成了一个空洞的抽象。个人主体和社会主体是辩证的统一。不同的主体所具有主体性的内涵和特征是不同的。

第四，能动性和受动性。人在对象性的活动中，一方面是作为主体而存在的，充分显示其能动性，另一方面又依赖于外部世界，具有受动性。人的主体能动性是受动的能动性，若是不理解受动性就不能全面地把握人的主体性。有学者认为，"主体在与他人、与社会的关系之中表现出自主性；主体在对象性活动中，即与客观物质世界的关系中，表现出能动性；主体在与自我关系中表现出超越性"[③]。人

① 李德顺. 价值论(第 2 版)[M]. 北京：中国人民大学，2007：50.
② 李德顺. 价值论(第 2 版)[M]. 北京：中国人民大学，2007：51.
③ 肖川. 主体性教育的旨趣[J]. 福建论坛，2006(12)：56.

的主体性是全面发展的人的根本特征，主体性集中了人的一切优秀品质和个性特征，是身心或德、智、体、美诸方面都得到良好发展的综合表现①。

马克思揭示出实践活动是主体性发展的动力。实践活动也是主体能动性和受动性双重统一的基础。马克思批判了唯心主义对主体能动性的抽象发展。他指出："从前的一切唯物主义（包括费尔巴哈的唯物主义）的主要缺点是：对对象、现实、感性，只是从客体的或者直观的形式去理解，而不是把它们当作感性的人的活动，当作实践去理解，不是从主体的方面去理解。因此，和唯物主义相反，能动的方面却被唯心主义抽象地发展了，当然，唯心主义是不知道现实的、感性的活动本身的。"②马克思还指出，"现实中的个人……是从事活动的，进行物质生产的，因而是在一定的物质的、不受他们任意支配的界限、前提和条件下活动着的"③。

"主体性是有限度的，不能无限度地滥用。"④主体性的最后限度就是自然，人只能适应自然，而不可能改造自然。人的主体性限度还在于，他是道德上的主体，即在道德上，在人们的相互关系中，人应当被看作是主体，互相把他人尊重为他自己的主人，从而不把自己的意志强加于他人。

第五，关于主体性的影响要素。主体性的影响由多重要素组成：一是认为主体性是在社会比较中实现的。二是认为主体性是通过自我增强的方式获得。自我增强理论认为，人们总是会借助于积极的信息反馈或评价提高自我价值感，并将其置于自我概念的中心，把消极的放在边缘地带，最终通过突出积极信息，贬低消极信息，提示自我价值感。三是通过自我的方式获得。当人们遭到外部的攻击时，通常采用自我设阻和自我表现的方式作为印象管理的策略来保护人的。

---

① 王策三.教育主体哲学刍议[J].北京师范大学学报(社科版)，1994(4).
② 马克思恩格斯选集(第1卷)[M].北京：人民出版社，1995：54.
③ 马克思恩格斯文集(第1卷)[M].北京：人民出版社，2009：524.
④ 严春友.主体性批判[J].社会科学辑刊，2000(3).

西方近现代哲学高扬人的主体性。随着后现代主义思潮来袭，片面、不成熟的主体性陷入困境。后现代主义哲学提出了摧毁主体性的观点，他们特别强调人的异质性、差别性、多样性、创造性，认为“事实上真正的主体性并不存在”①，他们关于主体性研究开始转向主体间性研究。主体间性概念的最终含义是主体与主体之间的统一性，是两个或多个个人主体的内在相关性，是主体与特殊客体（即作为互主体的人）在交往活动中所体现出来的特征。在不同的领域中，主体间性的意义是不同的。一方面，在现实存在中，主体与客体间的关系不是直接的，而是间接的；它要以主体间的关系为中介，包括文化、语言、社会关系的中介。主体间性的另一含义涉及自我与他人、个体与社会的关系。对于主体间性，学者观点不一。王振林认为“主体间性”概念的提出是西方主体性哲学逻辑发展理路的一个必然结果，是人们追求主体解放历程中的一个发展阶段②。俞吾金则认为“主体间性”是一个似是而非的概念③。郭湛认为“主体间性”在本质上仍然是一种主体性，主体间性或称之为“交互主体性”更为合适，交互主体性主要强调“交互”的特征④。

概言之，20 世纪 80 年代以来，随着中国社会步入大变革的新时代，人们对主体性问题的关注、探讨和研究也日益强劲。人的主体性就是人在创造自己的历史活动中所表现出来的自主性、能动性和创造性。马克思把“历史”维度引入其主体性思想，赋予了主体性历史生成的内涵。人们对于主体性的关注也是对于人本身的关注，是对于人的存在及其意义的关注。主体性有着建构的外在物质性前提，也有着主体间的交互作用，更有着自我建构的内在需求。

---

① [法] 让-弗·利奥塔. 后现代主义[M]. 赵一凡等译. 北京：社会科学文献出版社，1999：38.

② 王振林. “主体间性”是个应该给予消解的无意义的概念吗？[J]. 华东师范大学学报，2002(4)：6.

③ 俞吾金. “主体间性”是一个似是而非的概念[J]. 华东师范大学学报，2002(4)：4.

④ 郭湛. 论主体间性或交互主体性[J]. 中国人民大学学报，2001(3)：35.

（二）教师主体性

国内学者围绕“教师主体性”作过较多研究。但已有的研究都只是在“主体性”概念基础上，加之“教师”职业所带有特点，即大多认为教师主体性是一种态势，是一种关系属性，或是一种价值，它是在对象性的教育活动（即人以物为对象的活动）中生成、呈现、发展与发挥的。

事实上，教师主体性是指教师在教育活动中的主体性和主体地位、正在发挥教师主体作用的人的属性。它具备选择性、自主性和创造性，并存在适当的度。对教师主体性的研究必须拓展到教师主体性的历史生成与时代特点，研究教师的存在及其特殊意义，研究基于教师与各种“他者”、教师群体、教师自我间的交互态势、关系属性和价值。

教师主体意识的觉醒，有助于教师在思想深处从异化的劳动中解放出来，使自己作为教育教学活动中的主体认识存在意义并充分发挥能动性。教育活动过程成败的关键是教师主体。每一个教师主体对于如何教书育人有着自己的价值取向。这可能与上级行政部门和学校领导要求不一定趋同甚至可能相悖。因此，引导教师主体熟悉并理解上级行政文件要求和学校条例及规章，让教师将个人教育理想和学校发展、社会认可、学生要求结合起来，成为行政管理部门和高校都应该重视的问题。胡芳认为：“由于教师对书写知识的权威和文本知识的绝对服从（甚至是盲从）导致了教师作为知识精英对知识生成、增长和发展的责任的缺失，进而对社会进步和发展的责任也缺失了。”①在这种情况下，教师作为个体的个性特点和主体性得不到应有的尊重，教师难以获得一种生命自由和创造的快乐。同时，由于缺乏相应的激励机制，教师在专业自主发展方面的积极性和主动性明显不高。因此，教师主体性研究不应该仅限于“隐含”的预设。在强调教师主体性作用的同时，有必要重视教师层面内在“认同”的

① 胡芳.知识观转型中教师主体性的回归[J].高教发展与评估，2010(5)：73.

主体构建。

在马克思看来，“人与人的关系”是主体性的即能动、现实的“交往关系”、“社会关系”。进入21世纪后，受哲学主体间性研究的影响，对于教育主体问题的研究进入共存与互存的新天地——从师生孰为主体开始转向师生如何共为主体，即主体间的和谐与合作。主体间性的提出给人们提供了重新看待人与人之间关系的新视角。主体间性是指教师主体与学生主体之间的相互性和统一性，它是师生不同主体交往平等、双向互动、主动对话和相互理解和融合的关系。

（三）思想政治理论课教师主体性

离开人类的自我意识，教育将无法进行。教师是一个多重角色的职业。思想政治理论课教师具有教师角色的共性特征，也具有其个性特征，角色和主体性紧密相连。一直以来，学者们较多地研究思想政治理论课教师的专业成长，研究政府对思想政治理论课教师角色的政策预设和角色期待，研究偏重宏大的理论叙述和教师的实际能力要求。研究者往往认为教师的发展主要依托“刚性推进的政策体系和外部形塑的培训体系”①，从而忽略教师主体性的内在维度，忽略思想政治理论课教师的特殊主体性，忽略其实现自我身份认同的意义建构、情感投入和责任担当。

从马克思人的主体性理论角度去观照，高校思想政治理论课教师主体性应该是指其在学习研究有效传播国家主流意识形态的教学对象性活动中所表现出来的自主性、能动性、主导性、创造性和前瞻性，更应该是对思想政治理论课教师存在及其特殊意义的确认。据此，我们至少可以得出以下几点结论：

第一，思想政治理论课教师主体性的概念界定尚显模糊。从主体存在及其特殊意义看，高校思想政治理论课教师究竟是谁？高校思想政治理论课教师主体性究竟有何特殊性？研究者在关注思想政

① 汪明帅.从“被发展”到自主发展——教师专业发展的现实挑战与可能对策[J].教师教育研究，2011(4)：1.

治理论课课程特征和教师主体视角的同时，往往会忽略对思想政治理论课教师的共性和个性的研究，缺少从身份认同到实现自觉行动的建构。

第二，研究的对象与其他主体之间的特殊性尚不明晰。已有研究的对象覆盖面尚不均衡。前期学者对于思想政治理论课教师主体性现状和形成过程、发展及变化研究甚少，对高校诸多主体，如教学主体、学习主体、管理主体等彼此关系难以把握，对思想政治理论课教师对自身认同现状及主体性的特殊性、思想政治理论课教师主体性和学生主体性的关系、对影响思想政治理论课教师主体性的各大要素缺乏深入的探讨和研究。从身份认同视角研究思想政治理论课教师主体性，可以突破传统的角色承载所必须之单一思维框架，强调思想政治理论课教师自身特殊性。

第三，研究的策略相对缺乏针对性。国外学者习惯使用叙事研究、个人生活史等质性研究方法对教师的身份认同予以探讨。中国学者对思想政治理论课教师的研究，既有“说”（理论）者又有“做”（研究）。单一的调查问卷法能了解一些基本状况，但不足以了解教师身份认同全貌。缺少对思想政治理论课部门或教师个案的实证研究，又容易陷入纯思辨空谈。对于思想政治理论课教师角色、教师素养、教师教学方法等研究，存在一些“悬离现实状况的应然构想”和过于“游离社会现实的实践规范”，“充斥着大量的以命令口吻表达的实践指令”①。研究者应避免从中央文件出发，通篇“应然”，给思想政治理论课教师设立各种刻板的“素质”、“标准”或“原则”，只管呼吁少有解决。这就既要加强对思想政治理论课教师及其鲜活丰富的主体课堂教学实践经验及其细节变化的研究，又有必要深入探究如何基于历史与现实构建应然，引导思想政治理论课教师增进自我身份认同，更好地实现教师主体性。

第四，多学科综合研究不足。长期以来对于主体性研究存在着

① 程天君，吴康宁. 当前教育学研究的三个悖论[J]. 教育研究，2006(8)：21.

一个突出问题，那便是不同学科之间往往忽视相互融通和相互支撑，相对缺乏一些秉持多学科视角进行理论思辨与实证分析相结合、宏观整体与微观具体相结合的研究。思想政治理论课教师主体性是在与诸多其他主体的互动中体现出来的特性。借鉴社会学角色理论，从身份认同视域对思想政治理论课教师主体性进行研究应该可以开辟一番新天地。

第五，历史生成和现状分层分类研究欠缺。“教师身份不仅受制于特定实践和话语的社会和历史环境，而且还受制于国家政策制度的规定和赋予”①。教师的自我身份认同根植在强大的历史和文化的教育传统和教师角色的期待中，只有扎根于自己现实的历史过程及本土境脉之中方能创生。教师的身份认同和主体性发挥与其所在的教育教学实践领域等社会情境紧密相关。从身份认同视角出发，对思想政治理论课教师主体性历史生成、现状特点及其影响要素进行分层分类的研究，有助于深化对这一问题的思考和研究。

三、研究思路与方法

对思想政治理论课教师主体性的理论阐释，必然涉及大学教育的核心问题，即“培养什么样的人”“怎样培养人”。思想政治理论课教师的态度、价值、信念、知识技能和行为，时刻关联着他们的特殊主体性。基于身份认同研究高校思想政治理论课教师主体性，有助于我们更好地把握大学教育的本质，明确在新的国际国内局势下，有效提升其对主体性的认同，唤醒思想政治理论课教师的职业尊严与幸福感。

本书综合运用马克思主义哲学理论以及社会学、教育学、历史学、政治学等学科相结合的理论分析法，尤其是引入身份认同理论，考察高校思想政治理论课教师主体性，剖析思想政治理论课教师主

---

① 孙玲．教师身份的历史变迁——变革中的深层反思[J]．天津师范大学学报（基础教育版），2010(1)：15.

体性特征、影响要素及建构路径。相关教育教学理论和先进教改经验及其有关专家的研究成果，成为必要的学术梳理渊源。一些档案、政府部门调研报告、改革方案及其实施细则，还有某年度高校中青年骨干教师研修班的培训小结、访谈等也成为本书不可或缺的真实资料。

“一旦历史唤醒了我，它就变成一面可照出‘我自己是什么’的镜子：我可以从镜子的映像中看到我思想什么。”①本书以新中国成立后思想政治理论课课程的历史沿革为线索，认为基于身份认同的思想政治理论课教师主体性各具时代特点，但作为主流意识形态的学习研究和传播者这一教书和育人合一的身份始终如一。本书通过对思想政治理论课教师主体性变迁以及影响要素的梳理，考察不同时段、不同时代背景下学习研究和传播主流意识形态的思想政治理论课教师主体性特点，以历史语境，真实呈现教师主体性的历史生成和现实样态。

理论来源于实践，教育理论来源于三个方面的教育实践：其一是前人的实践(高等教育史)；其二是他国的实践(比较高等教育)；其三是自己的实践。本书添加了问卷调研、对象访谈以及个案研究等内容，旨在描绘思想政治理论课教师身份认同和教师主体性之间的互动，及其它们在教学实践中的效能体现。这些实证研究，在一定程度上克服或弥补了定性研究模糊性过大的局限。本书还从教育部社科司网页上了解中国高校思想政治理论课教师队伍总体状况，选取华东师范大学、上海大学等沪上具有代表性的几位教师为个案，点上聚焦高校思想政治理论课教学部门及优秀教师的身份认同及其主体性发挥的典型做法和经验。点与面、纵与横的结合，可以考察思想政治理论课教师与政府、学校、所在部门各主体间的交互，深入研究思想政治理论课教师主体性。

---

① [德]卡尔·雅斯贝尔斯. 智慧之路[M]. 柯锦华，范进译. 北京：中国国际广播出版社，1988：101.

对上海市教委德育处某年度的全覆盖调研数据及其上海 20 多所高校的部分思想政治理论课教师的问卷调研和问题访谈，为我们考察影响高校思想政治理论课教师主体性的制度、体制、文化等因素提供了充分的实证基础。因研究需要，书中也添加了部分“实物”材料，包括教育政策文本、学校教师队伍建设的重要政策文件以及高校自身制定相关文件、教师培训小结等。本书对涉及的地名、校名和人名，部分作了匿名处理。

第一章

“一身一任”：思想政治理论课教师主体性的核心

概念是反映事物本质属性和范围的思维形式，是进行判断、推理和论证的逻辑起点。概念的厘清是对研究对象的系统建构与思想澄清。理论是指人们关于事物知识的理解和论述。理论的确立和深化，离不开概念和范畴的确立和深化。从身份认同视角研究思想政治理论课教师主体性，离不开对于身份认同、教师身份认同，离不开对“一身二任”与思想政治理论课教师的“一身一任”等概念的厘清。

一、教师身份认同的内涵

我是谁？从何而来、到何处去？“身份认同”来自英汉词典中的identity翻译。在词典中，identity既翻译为“身份”，也翻译为“认同”。然而，在汉语中“身份”和“认同”是两个不同概念。随着全球化时代的到来，身份问题受到学者们的普遍关注。

（一）身份和身份认同

1. 身份与角色

“身份”是人的出身和社会地位。人在社会上可能获得由职业赋予的身份，也可由家庭赋予。身份是由社会所建构的，是在社会的互动中建构起来的，是自我认同和社会认同的统一。角色一直是戏剧舞台中的用语。20世纪20年代，美国心理学家米德在社会化理论研究中首先移用“角色”概念。凡角色都是社会性的，于是又称社会角色。凡是社会人都在扮演着许多不同的角色。角色是个体在特定的社会关系中的身份及由此而规定的行为规范和行为模式的总和。

角色是与社会地位、社会身份相连的被期望的行为。这个表述包括了相互联系的三个部分①：一是社会地位。社会地位决定着权利、义务和主要社会关系，决定着同其他地位上的个人的关系性质和程度，决定着一个人可能拥有的社会资源的数量和质量。二是社会身份。社会角色和社会身份经常可互换称呼。“身份”是兼具地位和角色两种含义的一个概念。三是期望。期望也称社会期望或角色期望，它是指群体成员对自己和他人应有的行为规范和行为方式的一种共识。

角色是社会结构的最小单位。离开特定的社会单位（群体）就无法确定个人的地位，离开角色也同样无法表明个人的地位。角色又是社会关系的外化形式。社会关系“可被理解为人们各自的社会地位和他人对该地位赋予期望的角色之间的关系，处于模式化结构化的社会关系中的个人，不是作为单纯的行为主体者出现，而是作为在结构上占有一定地位，在功能上具有相应角色的行为主体来定位”②。

2. 身份认同的多学科阐释

在当今社会，“认同问题是现代社会出现和发展的中心”③。认同一方面是对“我是谁”的认知，另一方面是相同性和一致性，是对与自己有相同性、一致性的事物的认知④。身份在一定程度上是我们

---

① 庞树奇，范明林. 普通社会学理论新编[M]. 上海：上海大学出版社，1998：149—150.

② 庞树奇，范明林. 普通社会学理论新编[M]. 上海：上海大学出版社，1998：149—150.

③ Joseph E. Davis. *Identity and Social Chang* [M]. Transaction Publishers，2000：185.

④ 付红珍. 角色理论视角下的年青人的身份认同[J]. 社会工作（学术版），2011(3)：86—87.

自己的设计。身份认同是指个人对所属群体的角色及其特征的认可程度和接纳态度。有关身份的理论研究，既包括对身份认同的研究，也包括对社会认同理论的研究等。身份认同即是回答“我是谁”的问题，就是对自我做出特定认识和评价，形成某种相应概念，刻画某种相应图像的过程。每个个体都必须具有有关的概念或图像，具有作为人而对关于人是什么，有何作用、能力，如何表现其存在的认识①。

对身份认同的研究涉及哲学、心理学、社会学等多个学科领域。哲学研究者认为身份认同是一种对价值和意义的承诺和确认。心理学的研究丰富着有关身份认同的自我理论和认同理论，身份认同的本质是心灵意义上的归属。社会学领域中的身份认同意味着主体对其身份或角色合法性的确认，对身份或角色的共识及这种共识对社会关系的影响。

身份认同的起源与发展的研究历史较为久远，身份认同的理论构建离不开自我理论和认同理论的支撑。在当代，身份认同与主体、意识形态、权力等一系列理论问题相关联。“身份认同”包括两方面含义，即自我身份认同，强调的是自我的心理和身体体验，以自我为核心；社会身份认同强调人的社会属性②。其中，自我认同是一种内在性认同，其直接对象是对人自身意义的反思。社会认同是社会成员共同拥有的信仰、价值和行动取向的集中体现。因其注重归属感而更具稳定性。它被定义为个体认识到他属于特定的社会群体，同时也认识到作为群体成员带给他的情感和价值意义③。

身份认同即人们对自身归属的主动需求，并且受到法律认同和社会认同的影响。一个人的社会身份意味着他承担着社会承认的角色期待及其权责期待。身份认同与自我反思、自我角色有着密切联系。

---

① 冯增俊. 教育人类学[M]. 南京：江苏教育出版社，2001：127.
② 身份认同[EB/OL]. http：//baike. baidu. com/view/5794719. htm
③ 百科名片“社会认同”[EB/OL]. http：//baike. baidu. com/view/1146065. htm

"我是谁?"个体通过书面或口头讲述这些经历，便形成了自我。

3. 对身份认同的研究

学界较多地从全球化与现代性视角分析身份认同，他们比较关注边缘性社群的身份认同。也有不少学者从职业归属视角对身份认同问题进行研究。有学者注重对身份认同的文化研究①，也有较多学者致力于研究大学生村官、中小学及幼儿园教师、民办教师、农民工等人群，分析其身份认同的现状、特点和影响因素。关于身份认同研究也有学者从两个路径进行分析：一是较为稳定的制度—结构方面，旨在考察社会对其成员身份的期望、配置和安排；二是较为变动的个体能动方面，旨在考察人们如何进行自我身份的选择、建构和认同②。他们采取的研究方法，既有实证调查，又有对宏观政策的理论层面分析。

梳理相关文献，研究者一般着眼于个人内部对社会规定所做出的修正、变更，或将焦点对于个人与这种规定性的矛盾等，或"将角色置于社会结构的脉络中，着眼于制约性和外在性"③，强调个人的主体性和能动性。

总之，身份认同是个人与社会互动的结果。无论哪种群体，研究人员都应该从深层次研究普遍意义上的身份认同建构，将身份认同视角置于社会历史文化大背景下，分析其形成过程，并且关注同一职业群体内的分层分类的身份认同状况，关注其表现出相应的主体行为。

(二) 教师角色与身份认同

1. 教师角色和教师身份认同

教师作为一个"身份"的标记，包含了制度赋予的"权利"和心理性的"认同"。"权利"意味着法律上的地位，"身份认同"则是对个体

---

① 陶家俊. 身份认同导论[J]. 外国文学，2004(2).

② 尹弘飚，操太圣. 课程改革中教师的身份认同——制度变迁与自我重构[J]. 教育发展研究，2008(2)：35.

③ 付红珍. 角色理论视角下的年青人的身份认同[J]. 社会工作(学术版)，2011(3)：87.

对“权利”的心理感受,也是法律地位之外的社会感知。教育领域是教师生存的场域,学校是教师生存的具体时空。当然,教师也要生存在现实社会中。因此,教师的利益认同很重要。因为,“教师首先是人,然后才是公民,才是教师”①。大学教师具有多种角色的身份,一种是“社会人”,他们有着社会普通人的一面,他们有着基本的物质需要和精神需要、基本的生理需要和心理需要;另一种是“学术人”,凸显大学教师职业的独特性,有着更多的精神层面的需要,而且是高层次的精神层面的需要②。

“教师角色”是指教师所表现出来的由其特殊地位决定的符合社会对教师期望的行为模式。教师身份认同比较关注教师自身,重视的是教师的期望和价值观,即教师是如何定义和觉察作为教师的自己的;而教师角色重视的则是“知识”和“行为”,要求教师遵守作为一个教师应该遵守的职责和履行的义务。

泰科勒(Les Tickle)认为,教师身份认同既包括基于教师自身的实践经验和个人背景的专业生活体认(即个体自我),也包括外在社会对教师的期望(即社会自我),两者是交织在一起的③。教师身份认同涉及“教师对教师职业和教师生涯的看法、态度和观念,还有教师对人生的意义、对自我实现的主体思考等”④。

长期以来,人们一方面对教师提出指责,认为教师阻碍了改革的推进;另一方面又认为教师是教育进一步改革的希望所在,改革需要依赖于教师的积极参与和推动⑤。教师往往既面临着社会、教育专家、教科书等所宣传的“应该如何做”的观念,又有着直接作用于自身

① 曲正伟.教师的“身份”与“身份认同”[J].教育发展研究,2007(7):37.

② 方明军.大学教师隐性激励论[D].华中科技大学,2008:67.

③ Les Tickle. *Teacher Induction*: *The way ahead*[M]. Buckingham Philadelphia: Open University Press, 2000.

④ Douwe Beijaard, D. Meijer, Paulien C. & Verloop, N. *Reconsidering Research on Teachers Professional Identity*, *Teaching and Teacher Education*. 2004(20): 107-128.

⑤ 李茂森.教师身份认同的影响因素分析[J].教育发展研究,2009(6).44.

实践的内隐的"自我概念"。由内而外的认同与角色规定的和谐统一，能积极有效地发挥教师主体性作用。

教师身份认同是过程，也是一种状态，是指教师从自己的经历逐渐发展、确认自己教师角色的过程。研究表明，教师个人的实践知识，有助于形成其身份认同。长期以来，"教师对于自己身为教师的意义、价值与行动的界定，对自己的身份认同，都是不被关心的"①。教师身份认同一方面是教师的"主体的"的认同，另一方面则离不开"社会的"认同。身份认同具有社会情境性，与周围的环境密切相关，在与他人的联系中形成②。因此，研究教师认同感必须综合教师主体与社会情境两个因素。

高校教师角色与身份有着特有的丰富性和特殊性，他们有着"教学"职能与责任，还有着其他角色要求，如专门从事创造、发现和探求真理的学术活动的学者等。高校教师应该是学术群体中的一员，需要自己乃至所属群体的学术成果、教学水平得到自我认同、同行认同和社会认同。高校教师尤其是人文科学类教师还应该拥有传播真理的知识分子角色期待。

2. 教师身份认同危机的影响因素和化解路径

心理学家埃里克森认为人格发展的每个阶段是由认同危机来定义的，一个稳定的自我认同源自对这些认同危机的解决。教师身份认同危机是指在"他者"的规训和自我迷失环境下，教师的象征意义和社会身份角色有些游移不定。有学者阐述教师身份处于一个动态的历史变迁中，在变迁中延续也在延续中变迁③。也有学者认为教师专业发展是教师对"教学专业"的一种身份辨识与建构，身份认同与认同危机不仅影响着教师专业发展的主体性，也影响着教师专业

① 周淑卿. 课程发展与教师专业[M]. 北京：九州出版社，2006：79.

② LaveJ. K & Wenger E. *Situated Learning*: *Legitimate Peripheral participation* [M]. Cambridge: Cambridge University Press，1991：1－100.

③ 孙玲. 教师身份的历史变迁——变革中的深层反思[J]. 天津师范大学学报(基础教育版)，2010(1)：15.

发展的目标与动力①。

相对于前现代社会的相对稳定的社会结构，当人们被无穷无尽的选择以及由此而来的角色所决定时，人们的认同感就开始失去了得以聚集的焦点。教师身份认同危机源于教师的主观意义建构未曾得到彰显，以及教师对课程改革的不适应。信息时代历史性进步所营造的网络空间“通过虚拟交往加深了现代社会中个体的自我认同危机”②。无论是从宏观层面的国家教育政策，中观层面的学校组织文化，微观层面的教师个体知识、情感态度与价值观等③，都能真正影响到身份认同和教师主体性发挥。

教师是教育变革中的重要参与主体。身份认同危机的有效化解离不开外在因素和内在主体建构，其中包括教师自我的利益机制的完善，也包括教师对多重身份以及身份背后的权利、责任、义务与角色期待等的认同。

3. 教师身份认同研究中存在的问题

身份是一个动态的过程，是在历史和现实语境中不断变迁的。迄今，学术界对思想政治理论课教师身份认同的针对性研究并不多见。

从研究的对象看，教师身份认同的研究对象覆盖面已较广，如(高校)大学教师、辅导员、(小初高中)英语教师、幼儿教师、农村教师、民办教师、民族地区教师等，但极少涉及对思想政治理论课教师进行身份认同的研究。

从研究的理论支撑看，目前教师身份认同的研究，既有社会学角色与身份的关联，又有心理健康支持的观点；内容则既有身份认同内涵、特征，又有影响因素及如何建构等。很多学者强调外在社会对教师的期望，如国家或者各级教育部门长期以来惯于制定规则让教师

① 孙二军. 教师专业发展中的身份认同与认同危机[J]. 现代教育管理，2011(2).

② 陈新汉. 个体自我评价活动研究的可能性和必要性——关于个体自我评价活动的普遍性、非私人性及紧迫性的思考[J]. 湖南师范大学社会科学学报，2011(2)：9.

③ 李茂森. 教师身份认同的影响因素分析[J]. 教育发展研究，2009(6)：44—47.

去遵守和履行，较少强调对教师自身认同层面的关心。另外，教师自身也缺少积极主动构建专业身份认同的主体意识。

从研究方法看，已有学者采取行动研究，如黄景结合自身将近20年的从教经历，论证教师自主性的发展有赖于教师身份认同和教师能动性的增强；同时教师自主性的发展反过来也会增强教师身份认同和教师能动性。

梳理教师身份认同研究可见：一是以高校教师为对象的研究并不多见；二是涉及高校思想政治理论课的身份认同研究较为缺乏；三是学术界对思想政治理论课教师主体性的身份认同视角的关注缺乏量化和个案研究，缺乏全景式的深入了解；四是涉及高校思想政治理论课教师主体性和身份认同关联的研究，尤其是从历史视阈和现实关照对思想政治理论课教师主体性研究则更为缺乏。

思想政治理论课教师究竟身份有何特殊？如何看待自我与“他者”的交互？优秀教师和教师群体之分层研究如何开展？这些讨论将扩展我们的研究。

二、思想政治理论课教师的“一身一任”

任何一种意识形态在社会主流地位的确立及其功能的实现都离不开教育。意识形态和知识教育之间有着不可分割的内在联系。它与知识教育交织并行，它既可在人文、社科等知识教育间出现，也可相对独立于自然科学知识。不可避免的是，我们必须意识到在学校、在课堂，教师永远不可避免地成为意识形态的传承主体。但毕竟，一般教师具有知识生产和教书育人可区分的“一身二任”，而思想政治理论课教师则明确肩负知识生产与教书育人合二为一的“一身一任”特殊主体性。

（一）教师的“一身二任”

关于“一身二任”的概念厘定构成了相关研究的前提和基础。《汉书·王吉传》有如此语句：“大王于属则子也，于位则臣也，一身而二任之责加焉。”一般的，“一身二任”指的是一个人同时担负两项任务，这里的“身”是指一个人。这里的“任”解释为任务。本研究运用

“一身二任”，身指的是“身份”，“任”指的是责任的“任”。《现代汉语词典》从不同角度解释了“责任”：其一，为使人担当起某种职务和职责；其二，为分内应做的事；其三，为做不好分内之事，应当承担的过失。由此可见，三个释义的基本内核为“职务”、“分内”，即“职务分内”。

1. 意识形态和知识教育的关联

意识形态是一个复杂的概念。它是“与一定社会的经济和政治直接相联系的观念、观点、概念的总和，包括政治法律思想、道德、文学艺术、宗教、哲学和其他社会科学等意识形式”①。马克思没有对意识形态作过明确定义，但他对意识形态的特征和功能作了多方面的描述。“统治阶级的思想在每一时代都是占统治地位的思想。”②换言之，意识形态是统治阶级或集团自觉建立并为维持统治秩序而运作的价值观念及行为规范系统，始终服务于统治阶级。法国著名哲学家阿尔都塞提出了“意识形态国家机器”概念，认为学校从来不是单纯传授知识的象牙塔，而是意识形态国家机器的重要一环。

知识是人类共同的精神财富，具有“大众化”的特点和追求“纯洁”的本性，虽然一些知识形态如自然科学知识等，不属于意识形态，但人们在接受文化知识的同时必然会受到意识形态的影响。文明社会的主要人文社科知识的制造者属于意识形态阶层，文化生产大多属于一定的意识形态，以意识形态的形式出现并通过意识形态形式得到发展。

同时，意识形态又具有相对独立性。在阶级社会中，意识形态与文化知识两者始终是交织并行的。意识形态的制造同时也是文化知识的生产，文化知识制造同时也是意识形态的生产。因而，在文明社会中，文化总是具有一定的意识形态性，而意识形态也总是具有一定的文化性。

① “意识形态”[EB/OL]. http://baike.soso.com/v134757.htm

② 马克思恩格斯文集(第1集)[M].北京：人民出版社，2009：550.

意识形态与知识教育在高校课程中是可以相互交融的。首先，教育的过程是通过知识来推进的。离开了知识，教育就不能有效地开展起来。课程是教育活动中组织和表述知识内容的主要载体。高校哲学社会科学具有知识的属性。其次，“课程知识是有政治性的”。20世纪70年代开始，迈克尔·W·阿普尔首先把课程当作政治文本来理解。教学计划、课程设置、课程内容、考评标准，这一切的选择和确定中均蕴含着“权力”概念①。即使是看似现代科技发展等科目，也都要借助意识形态标准，依照符合统治者需求的社会现实与需要来选择。第三，从课程评价看。在课程实施和评价中，评价者大都从自身的利益出发，用其所属的特有的意识形态来评价课程。“意识形态成为课程研究的中心概念，课程是表征政治的、意识形态的过程的政治教科书，教育实践是意识形态过程中围绕文化霸权的政治性实践”②。第四，对高校而言，应该正确认识一般课程中均兼有意识形态教育和知识教育的内在联系。无论哪一类知识均可以增强政治观念、政治文化和政治制度等的合理性与存在价值③。学校的一般课程均以知识教育为载体和渠道，教师不可避免地成为意识形态的传承主体。教育不再是单纯的生产生活经验、集体规则以及文化知识的传递，而是“包含着大量立场、原则与观念”④。因此，教师在承担高校课程教学之后，便不再是单纯的计划实施者和知识传授者，他们必须带领学生完成师生对课程意义的独特理解与意义建构。

总之，意识形态与知识教育，两者既具有内在的关联，又存在着差异。意识形态虽绝对不是也不能是知识教育的全部，但因关乎社会共识，却也是知识教育无法割舍的内容。再者，倘若意识形态能从社会存在和人的发展的需要出发，那么无论是外在的灌输还是各方

---

① 吴永军.课程社会学[M].南京：南京师范大学出版社，2000：160—161.

② 郝明军.课程中的知识与权力[M].重庆：重庆大学出版社，2009：76.

③ 田晓伟，李荣华.高校思想政治理论课的知识立场及其体现[J].学校党建与思想教育，2012(1)：24.

④ 胡晶晶，孙其昂.思想政治教育本质的解读路径及基本结论[J].现代教育科学，2010(11)：23.

引领，它必定会跟知识教育一样能让个人主体自觉接受，从而也能获得社会广泛接受和普遍认同。在当代中国，社会主义核心价值观是社会主义意识形态的集中体现。教师作为课堂文化知识传授的主体，有责任和义务整合学生的价值实践，指导学生和引领学生具备国家所需要的价值选择和价值认同。

2. 教书育人：教师“角色自我”和“个性自我”的同构和整合

“教师”具有两重含义：其一为社会角色，其二有角色担当。不同时代的社会对教育的不同要求就会导致教师在教学过程中所扮演角色的不同。改革开放以来，倡导全社会尊重教师。然而，教师应该首先是普通人，是作为社会化与个性化的统一体的“教育者”。教师作为一种生命存在、代表自身内在需求和情感世界的“个性自我”，“却被深深地遮蔽着、严严地掩饰着”①。

前苏联学者科恩把日常意识分为两个部分：其中一个部分是形式上的、凝固的、僵死的，它属于“无人称的”社会角色世界；一个部分则是“个人的”、有感情色彩的，代表着个体不受社会条件影响的“自己本身”②。其中，社会角色世界里的角色自我往往出于“教师对角色、规范、要求、职业的责任和良心”③。属于“自己本身”的“个性自我”则反映着教师的内在价值、精神世界和生命原色④。

“角色自我”在师生之间画上了鸿沟，教师成了角色意识压抑个性意识的谋生职业，令人敬而远之。然而，优秀的教师“都是在超越了角色自我之后展示出丰富的个性自我的”⑤。他们往往是“角色自我”和“个性自我”的完美整合，他们热情投入“我的”生活，与“我的”个性融合。而无论是“角色自我”还是“个性自我”，教师均具有义不容辞的教书育人的社会责任。

---

① 阮成武. 主体性教师学[M]. 合肥：安徽大学出版社，2005：129.

② [苏联] 科恩. 自我论[M]. 佟景韩等译. 北京：生活·读书·新知三联书店，1986：394.

③ 阮成武. 主体性教师学[M]. 合肥：安徽大学出版社，2005：143.

④ 阮成武. 主体性教师学[M]. 合肥：安徽大学出版社，2005：143.

⑤ 刘次林. 教师的幸福[J]. 教育研究，2000(5)：21—25.

3. 教师的知识生产和教书育人"一身二任"

育人是教育的基本功能。1994年实施的《中华人民共和国教师法》规定，教师是履行教育教学职责的专业人员，承担教书育人，培养社会主义事业建设者和接班人、提高民族素质的使命。教师应当忠诚于人民的教育事业①。因此，"所有教师都负有育人职责"。

在中国，从古至今，教师的基本职责是"传道授业解惑"，赋予了教书育人的神圣职责，承载着为社会培育下一代的艰巨任务。教师不但"传道授业解惑"，还必须"为人师表"，既传授知识和技能，更传播基本价值观念，这也对教师的行为给予了一定的规定。"学高为师，身正为范"昭示着教师职业的先进性与典范性。教师的根本就是高质量地教书育人。这既是教师的职责，也是教师的内在价值、精神世界和生命原色。而今，随着全球化时代到来，学生已需要面向世界的文化教育。教师也成为课程体系、教材体系与学生素质体系之间联系和转换的桥梁。

4. 高校教师的学科教研和教书育人"一身二任"

高校教师的"一身二任"一直是人们关注和讨论的话题。但是目前对于教师"一身二任"问题的研究尚没有跟上该问题本身的发展和演进。

今天的高校，教师是高等学校的重要构成要素之一，扮演着研究者、教育者以及社会批判者(知识分子)等社会角色②，肩负着人才培养、科学研究和社会服务的社会使命。在高校，教师还必须拥有基本的专业意识，即该专业人员在学习、研究和工作中对其学科领域所涉及的内容表现出的特殊敏感和自觉意识。大学教师的身份认同就是对其在社会(世界)中的位置与角色的确认。尽管"在大学的交易成本本质观下，大学与教师之间签订的是要素市场合

① 中华人民共和国教师法[EB/OL]. http://www.law-lib.com/law/law_view.asp?id=551

② 周宗诚.大学教师社会角色论[J].高等教育研究，2001(5)：53—56，61.

约，教师被学校内部化从事知识生产与知识传播”①。受各种因素影响，一些高校教师不安心教学，急功近利，把科研成果作为唯一指标追求。但是，从大学的发展史来看，教书育人永远是高校的基本职能，通过教学培养人才的职能却一直没变，并且一直占据着中心位置。

在强调教师学历和任职资格的今天，绝大多数高校教师依旧认同教书育人这一教师天职。他们的“一身二任”体现了分工所产生的社会对不同成员应尽义务的不同要求。首先，从教师的师德要求看，高尚的师德是实现教育根本功能的前提。有了对教育事业的热爱和教师职业的坚定，有了对教书育人“一身二任”的认同和理解，才会使教师具备增强师德修养的自觉性。其次，从教师的教学内容看，教师必须努力研究学科科目下某门课程的教学大纲、教学目的和教材，研究课程特有的教学方法和规律，研究如何培养大学生学习课程的能力。作为高校教师，都需要拥有教师职业知识和技能，具备起码的转识成智能力。在传授给大学生学科知识的同时，教师还必须重视对学生进行科学精神和人文素养的教育。第三，从教师的学科研究看，这是有目的的主动探索学科规律、原则、方法及教学中亟待解决问题的科研活动。高校教师必须具有一定的学术水平，必须掌握一定的基础理论，同时又必须与有关学科交叉互动，进行灵活多样的学科研究和教学研究。高校教师还必须了解学科前沿，只有这样才能符合人才培养需求。因此，教师的学科研究中同样体现着教书育人的职责。

虽然，“环境是由人来改变的，而教育者本人一定是受教育的”②。中共中央、国务院颁布的《关于进一步加强和改进大学生思想政治教育的意见》(16 号文件)也明确“高等学校各门课程都具有

---

① 郑文全. 大学的本质[D]. 大连：东北财经大学管理学院，2006：34.
② 马克思恩格斯文集(第 1 卷)[M]. 北京：人民出版社，2009：500.

育人功能，所有教师都负有育人职责”①。“教书育人”的有关职责对教师具有法律约束力，是每一位教师须遵守的基本规范。然而，除思想政治理论课教师之外，其他学科的高校教师对自身学科知识和知识体系传授职责是根本的，即使既教书又育人也是在他们传授自身学科知识和知识体系的过程中实现的。他们可以将知识体系的传授和教书育人这“二任”分得很清楚，即知识体系的传授和育人可以分开进行——尽管要求一致，如物理学知识体系和育人要求能一致起来。但是，两者毕竟有区别。

(二) 思想政治理论课教师的“一身二任”

1. 思想政治理论课教师的职业序列

与其他高校教师一样，思想政治理论课教师身处高校专设的职业岗位，归属教师职业序列，“按照学生人数以及教学任务，合理核定专任教师编制”②。思想政治理论课教师履行职责的载体是思想政治理论课课程，履行职责的主阵地是思想政治理论课课堂。他们具备所在高校设立的入职学历要求，承担并较好地完成学校安排的思想政治理论课教学任务，教学内容同样被要求具有科学性和理论深度。同样，他们参与马克思主义理论学科建设，申报相关课题，完成学校要求的各职称相应所需的科研任务，接受包括教学与科研在内的年度考核。在教学科研的同时，他们还必须关注学生需求，用自己的知识、智慧、人格魅力去影响学生，成为学生良师益友，具有育人职责。

随着高等教育快速发展，高校内部组织框架和运行机制面临着调整，定编定岗、绩效考核、人事分配制度改革，岗位的职责和权利迫使思想政治理论课教师通过努力提升自己的岗位竞争力，满足大学组织的发展目标，提高自己的教学工作量和科研水平，努力在职务和

① 教育部社科司. 普通高校思想政治理论课文献选编(1949—2008)[M]. 北京：中国人民大学出版社，2008：205.

② 教育部社科司. 普通高校思想政治理论课文献选编(1949—2008)[M]. 北京：中国人民大学出版社，2008：217.

岗位职称方面得以晋升。

因此,思想政治理论课教师兼具其他学科教师的“一身二任”,他们传授知识体系,即“教书科研”和育人是密不可分的。他们从事知识传授、知识创造的所有目的是为了引领和规范学生的主流意识形态认知与认同,使学生的价值选择与认同与社会主义核心价值观相一致。从职业范畴讲,既传授知识又育人的“一身二任”同样是思想政治理论课教师的当然天职。在高校,党团组织、广大政工干部分别担负着“管理育人”和“服务育人”职责。

2. 思想政治理论课教师的身份认同

高校思想政治理论课体现了社会主义大学的本质要求。面临全球化背景,基于人的主体性的马克思人本思想的逻辑发展,基于主流意识形态灌输传承的客观要求,基于高校思想政治理论课教育教学改革的需要和学生成长的需求满足等多个层面,思想政治理论课教师面临着更为复杂环境下面对新的一代青年人有效传播主流意识形态的职责和使命。

首先,思想政治理论课教师的自我认同包括思想政治理论课教师在自我发展过程中逐渐形成的对自身以及对周围世界关系的独特感觉,在自己是谁、做什么的、扮演什么社会角色等问题上形成清晰的主体意识并表现出相应的主体行为。

其次,思想政治理论课教师的社会认同主要是指社会“他者”,包括高校其他学科教师、学生受众等对思想政治理论课教师职业的态度和看法,包括对其职业声望、地位、功能等方面的心理倾向与行为意识。

第三,思想政治理论课教师的群体认同包括一群具有共同教学兴趣的思想政治理论课教师自发组织的教学团队所具备的主体意识和主体行为。他们以教学实践为研究背景,共同探讨教学、交流观点、分享成果、发现和解决教学中的问题,实现学习和工作的使命。它不同于教研组这个工作管理机构,而是有利于教师全面发展的真正心灵互通的共同体。在这个团队,思想政治理论课教师彼此携手,在“教的主体”和“学的主体”两者“互为主体”的情境中进行探究活动。

（三）思想政治理论课教师的“一身一任”

思想政治理论课教师的职业要求、主渠道的特点和“道”与“术”的共融，决定了思想政治理论课教师的“一身一任”。

1. 源自思想政治理论课的主渠道特点

“高等学校思想政治理论课承担着对大学生进行系统的马克思主义理论教育的任务，是对大学生进行思想政治教育的主渠道”①。其特点有二：一因其受到党中央和全社会的关心，具有规定学分和学时要求，全体本科生均需修读，实现全覆盖，受众个性差异大；二因其不仅传播马克思主义理论，更要解决大学生立场观点方法，加强对历史和现实的热点、焦点和难点的分析，教学内容纵横精深，涵盖经济、政治、社会、军事、文化等，需要教师具备“百科全书式的知识”。从本质上说，以必修课形式出现的思想政治理论课既有知识性，也有政治性，还具备致用性，承担着传播主流意识形态的根本任务。它强调教师应该站在知识立场利用主渠道有效地传播主流意识形态。

（1）思想政治理论课具备知识性要求

思想政治理论课传授的知识既包括博大精深的马克思主义理论体系，如哲学、经济学、法学、社会学、政治学、教育学、美学、心理学和历史学等方面的知识，也包括养成高素质人才的道德伦理及贴近现实的形势与政策等知识，还包括用于服务党的建设、国家安全、经济发展、社会和谐和政治稳定的基本知识，人类用于认识和改造世界、推进社会进步发展的基本原理，各学科专业学生学习知识和从事科研的基础理论和基本方法，其涉及面之宽深，是任何其他学科专业课程所传授的知识都无法比拟的。

---

① 教育部社科司. 普通高校思想政治理论课文献选编(1949—2008)[M]. 北京：中国人民大学出版社，2008：213.

思想政治理论课的相关知识表达有别于其他所有学科，它也"按照相关知识的特性和逻辑来对知识进行筛选、组织和表述，同时必须兼顾其作为思想政治教育手段的特性，结合政治性和意识形态的目的，达成政治性与知识性的'兼容'"①。由于课程知识具有意识形态的性质，思想政治理论课的学科知识中有很多与意识形态和政治有内在联系，与思想教育手段的特性并不矛盾。思想政治理论课课堂主渠道不仅需要教师富有技巧地把马克思主义理论及其相关知识的丰富内涵、逻辑结构、历史背景和发展过程系统传授给学生，还必须把马克思主义学说中那些过时的观点剥离出来，培养学生对纷繁复杂的社会现象的观察能力、思维能力和分析能力。因此，思想政治理论课课程的知识性必须得到尊重。

(2) 思想政治理论课具备政治性要求

列宁指出"在各方面的教育工作中，我们都不能抱着教育不问政治的旧观点，不能让教育工作不联系政治"②。思想政治教育的目的具有政治意识性，它体现了国家意志，即需要把受教育者培养成一定社会或阶级所需要的人。

2004 年，中共中央、国务院《关于进一步加强和改进大学生思想政治教育的意见》(16 号文件)对高校思想政治理论课作了完整界定："是大学生思想政治教育的主渠道"，是"大学生的必修课，是帮助大学生树立正确世界观、人生观、价值观的重要途径，体现了社会主义大学的本质要求"③。这既是高校思想政治理论课教学的本质定位，也是确定高校思想政治理论课教学的逻辑前提。

2005 年，中宣部、教育部制定并印发了《中共中央宣传部教育部关于进一步加强和改进高等学校思想政治理论课的意见》和实施方

① 田晓伟，李荣华. 高校思想政治理论课的知识立场及其体现[J]. 学校党建与思想教育，2012(1)：25.

② 列宁全集(第 39 卷)[M]. 北京：人民出版社，1990：399.

③ 教育部社科司. 普通高校思想政治理论课文献选编(1949—2008)[M]. 北京：中国人民大学出版社，2008：204.

案(简称“05 方案”)，对新形势下进一步加强和改进高校思想政治理论课教育教学工作作出全面部署，提出明确要求。从此，高校思想政治理论课课程设置框架得以规定，即高校本科层次思想政治理论课设置“马克思主义基本原理”、“毛泽东思想、邓小平理论和‘三个代表’重要思想概论”(已更名“毛泽东思想和中国特色社会主义理论体系概论”)、“中国近现代史纲要”和“思想道德修养与法律基础”等 4 门必修课①。

思想政治理论课不仅仅是一门课，它“关系到国家的前途、民族的命运，关系到我们党的执政地位”②。思想政治理论课的政治性体现在马克思主义必须占据主导地位，具体体现在每门课的教材教学体系核心内容和根本要求中。开设思想政治理论课的主要目的在于向大学生提供马克思主义理论基础，在于向大学生引领社会发展和人类历史走向，在于向大学生提供正确的行动指南和价值判断原则。

(3) 思想政治理论课具备致用性要求

思想政治理论课是科学性与政治性的统一，不仅具有思想政治性，还具有基础理论性。通过科学的“认识论”、“方法论”和“实践论”教育，思想政治理论课可以有针对性地培养学生在学科专业学习和社会实践中学会运用科学的思辨方法，养成正确地认识人、自然和社会等方面问题的习惯。

中共中央、国务院《关于进一步加强和改进大学生思想政治教育的意见》指出要“以大学生全面发展为目标”，思想政治理论课教学必须“贴近实际、贴近生活、贴近学生”，“要把思想政治教育融入大学生专业学习的各个环节，渗透到教学、科研和社会服务各个方面”③。该意见进一步明确了“培养什么人、如何培养人”是必须着力

① 教育部社科司. 普通高校思想政治理论课文献选编(1949—2008)[M]. 北京：中国人民大学出版社，2008：219.

② 马文. 东北片区高校思想政治理论课教师座谈会综述[J]. 思想理论教育导刊，2011(4)：21.

③ 教育部社科司. 普通高校思想政治理论课文献选编(1949—2008)[M]. 北京：中国人民大学出版社，2008：205.

解决好的重大现实问题和长远历史任务。

思想政治理论课的“致用”是一个为学生未来作准备和积淀的长期过程。我们应该从战略的高度和要求来考量思想政治理论课，着眼于为大学生提供主流意识形态理论基础的主体建构，为大学生提供正确的行动指南和价值判断原则。因为意识形态本来就是“文化”和“知识”的，思想政治理论课教师应该摆脱空洞、枯燥的说教及孤军奋战的“悲壮”，尽可能地以文化知识为载体，借鉴其功能和力量，直面社会热点难点问题，以知识和逻辑把大学生关心和疑惑的问题“努力讲全、讲透、讲实”，赢得他们对马克思主义意识形态的情感认同，增强学生认识问题、解决问题、明辨是非的能力。

2. 源自思想政治理论课的“道”与“术”共融

“道”与“术”这一中国特有的传统文化有其深刻内涵。“道”就是理论、理性，就是观察、思维、想象和判断能力，指向学生的人格、理想、人文观念和视野。“术”就是理论的操作性知识。把思想政治理论课放在整个社会教育环境的背景，“道”可以理解为一种主体性的反思和追问，而“术”则为工具理性帮助人们把智慧与学习得以扩展和应用。思想政治理论课不仅包括了系统的基本理论教育，而且也包括了日常的知识教育。

在日常生活中，一方面，一些学校对于思想政治理论课所属的马克思主义一级学科和思想政治教育二级学科缺乏认知和认同，“说起来重要，做起来次要，忙起来不要”已成为某些高校对待思想政治理论课态度的真实写照。另一方面，一些思想政治理论课教师受原有“非马”专业的思维定式和背景知识的束缚，自身的知识储备有限，对“道”的研究匮乏，对马克思主义学科相关理论或陌生或一知半解，有的甚至自作主张，胡乱创新，把自己熟悉的一些非马克思主义理论观点任意“嫁接”课堂，造成“道”的传授严重不足，或者“道”与“术”发生背离。

倘使思想政治理论课知识含量不高，学生就会厌烦抵触。仅仅是教师对现象的浅显描述，缺乏深入分析，或者部分思想政治理论课教师因受知识局限影响缺乏对理论内容的贯通阐释，即会导致“道”与“术”的不共融。这就容易使思想政治理论课衍生教条主义而形同虚设，最终丧失其本身的目的和意义。一些高校只是重视思想政治理论课的主渠道作用，而忽视其在大学生人性发展和精神价值建构中的导向价值。无论是“重道轻术”还是“重术轻道”，都没有能完整把握思想政治理论课内含的政党和国家意志。只有做到“道”和“术”的相生共融，思想政治理论课才能将教书育人无痕融入主流意识形态的传播中。

思想政治理论课的特殊性在于无论从课程设置与开设、课程要求与督查标准、教材编写、课程内容、学科依托等方面，无一不体现着政党、国家的意志。

首先，从课程设置与开设看。思想政治理论课并不是由各个学校自行设立的，而是由国家统一设立的课程，体现了社会主义大学的本质要求。新中国成立以来，我国高校任何一门思想政治理论课的设立，都是由国家教育主管部门，甚至党中央直接确定的；思想政治理论课课程方案的任何一次变更，都需要党中央和国家教育行政主管部门直接决策。在中国，高校思想政治理论课课程设置工作“是一项政治性、政策性和科学性很强的工作”①。思想政治理论课是每一位学生必修的公共基础课。“05 方案”本科思想政治理论课课程设置为四门必修课再加一门“当代世界经济与政治”选修课，另外，本科生都要开设“形势与政策”课。教育部在[2005]9 号文件里还规定了四门思想政治理论课总学分和“形势与政策”课学分。

其次，从统编教材看。思想政治理论课的统编教材内容由国家规定的，主要涉及社会主义意识形态的核心内容，体现了国家意志的要求。高质量的教材是提高思想政治理论课教学水平的重要前提。教材建设要“充分体现当代马克思主义发展的最新成果，全面反映党

① 教育部社科司.普通高校思想政治理论课文献选编(1949—2008)[M].北京：中国人民大学出版社，2008：219.

领导人民建设中国特色社会主义的生动实践和基本经验，全面反映在毛泽东思想、邓小平理论和‘三个代表’重要思想指导下哲学社会科学研究的最新进展”①。政党和国家的意识体现在思想政治理论课教材编写的领导和管理，统一编写和审查则保证了教材的科学性、权威性和严肃性。思想政治理论课的教学大纲内容和教材编写全部进入马克思主义理论研究和建设工程。伴随着新形势发展，教育部每年组织专家进行教材的统一修订与更新，增添党的一系列重要会议文件，特别要贯彻习近平系列重要讲话精神，充分体现全党的智慧，体现党的十八大以来的最新理论成果。

第三，从课程内容看。思想政治理论课四门课各有教学内容，它们形成“结构合理、功能互补、相对稳定”的课程体系②。其主要内容是“马克思主义立场、观点和方法教育，党的基本理论、基本路线、基本纲领和基本经验教育，开展科学发展观教育，开展中国革命、建设和改革开放的历史教育，开展基本国情与形势与政策教育”③。当然，思想政治理论课也是构成全面发展人才知识框架的奠基性课程，它也能提供给各专业学生必修的基础理论、基本知识和基本技能，为学生掌握学科专业知识、养成专门素质、发展专业技能等打下牢固的基础。但毕竟它与一般课程之间有根本的区别：一般课程重知识育人、重学科体系和知识体系的传授，而思想政治理论课特殊之处不在于考量学生究竟掌握多少“知识点”，更重要的是训练学生的理论思维，端正学生的价值导向，培养学生正确认识社会发展的规律，深化对中国特色社会主义理论和实践的认识，卓越地坚持和发展马克思主义基本观点和方法，坚定地认同新时代的中国马克思主义。

① 教育部社科司. 普通高校思想政治理论课文献选编(1949—2008)[M]. 北京：中国人民大学出版社，2008：215—216.

② 教育部社科司. 普通高校思想政治理论课文献选编(1949—2008)[M]. 北京：中国人民大学出版社，2008：215.

③ 教育部社科司. 普通高校思想政治理论课文献选编(1949—2008)[M]. 北京：中国人民大学出版社，2008：214.

第四，从课程要求和督查标准看。国家统一制定了思想政治理论课教学基本要求，对思想政治理论课的课程督查也遵循统一的国家标准。2011 年教育部社科司发布了第一号文件，印发《高等学校思想政治理论课建设标准（暂行）》的通知，要求“各省级教育部门要加强对在本地区办学的所有高校思想政治理论课的统筹协调，将各部委属高校的思想政治理论课纳入统一管理体系，组织本地区所有高校开展自查，对照有关指标逐项核对，对没有落实的项目要制定整改进度表”①。该标准共设一级指标五个项目，分别是“组织管理”、“教学管理”、“队伍管理”、“学科建设”、“特色项目”。其中，一级指标“组织管理”设立了“领导体制”、“工作机制”、“机构建设”、“专项经费”等四个二级指标。一级指标“队伍管理”的二级指标是“政治方向”，即专门对思想政治理论课教师提了要求：“思想政治理论课教师应坚持正确的政治方向，有扎实的马克思主义理论基础，具有良好的思想品德、职业道德、责任意识和敬业精神，在事关政治原则、政治立场和政治方向的问题上与党中央保持一致。”这个指标是 A 级指标，即核心指标。在一级指标“学科建设”下设立“学科点建设”二级指标，专门列出 A 级核心指标为“马克思主义理论学科点设在思想政治理论课教学科研机构，首要任务是为思想政治理论课教育教学服务”。

2015 年 9 月，教育部印发《高等学校思想政治理论课建设标准》，此标准是对三年前的《高等学校思想政治理论课建设标准（暂行）》进行修订后的版本，旨在“进一步加强高校思想政治理论课的宏观指导，规范组织管理、教学管理、队伍管理和学科建设”。新版本由“学校党政主要领导和分管领导每学期分别到堂听课 2 次以上，定期听取思想政治理论课教学工作汇报，解决实际问题”修改为“学校党委书记或校长每学年到思想政治理论课教研部门开现场办公会至少 1

① 教育部关于印发《高等学校思想政治理论课建设标准（暂行）》的通知[EB/OL]. http://www.edu.cn/zong_he_793/20110215/t20110215_577220.shtml

次，听取思想政治理论课教学工作汇报，解决实际问题。学校党政主要负责同志每学期至少讲授1次思想政治理论课。学校分管领导每学期到堂听课2次以上”，并且还将指标类型由B改为A*。在一级指标“队伍管理”中，新标准增加了“师德师风”一项。该项具体内容为“思想政治理论课教师具有良好的思想品德、职业道德、责任意识和敬业精神，无学术不端、教学违纪现象”，指标类型为A。新标准还在“队伍管理”一级指标下的“教师选配”指标里强调了“新任专职教师原则上应是中共党员，并具备马克思主义理论相关学科背景硕士以上学位”，指标类型为A。教育部新版标准更明确地体现了思想政治理论课的“社会主义大学的本质要求”，进一步彰显了国家意志。

最后，从学科依托看。2004年4月，中共中央召开马克思主义理论研究和建设工程工作会议，标志“马工程”正式启动。2005年，马克思主义理论一级学科和二级学科的确立，思想政治教育成为马克思主义理论一级学科下设的“马克思主义基本原理、马克思主义发展史、马克思主义中国化研究、国外马克思主义研究、思想政治教育”①等5个二级学科中的一个。思想政治教育专业名称在本科、硕士、博士三个层次得到统一。2008年4月，又增设中国近现代史基本问题研究二级学科。马克思主义理论一级学科共包括6个二级学科。思想政治教育学科具有理论性和应用性两个特点，其中思想政治理论课承担了马克思主义基本原理、中国化马克思主义最新成果的宣传与传播任务。学科的设立能给思想政治理论课教师提供宣传和传播所需要正确的原则和方法，而思想政治教育学科建设成果又为此提供了理论、原则、思路与方法。从学科的形态分布和内容可见，思想政治理论课教师肩负着研究和传授马克思主义和国家意志的特殊职责和使命。

---

① 教育部社科司.普通高校思想政治理论课文献选编(1949—2008)[M].北京：中国人民大学出版社，2008：223.

马克思主义理论学科无疑具有意识形态性，但它首先是科学。它集科学理论和意识形态于一体。思想政治理论课本身所属学科是专门为马克思主义理论传播而设立的，旨在研究马克思主义理论学科及其相关理论体系，其本身无论是理论源头、理论演进过程、理论体系的实际应用，还是当代中国马克思主义的发展、社会主义核心价值观的融入以及“中国梦”理论体系的建构及宣传教育，“四个全面”战略布局思想等都是思想政治理论课所要依托的学科体系。诚然，思想政治理论课教师所依凭的学科无非是对马克思主义理论体系的归纳学科化，本身就是主流意识形态的浓缩体系化产物。从这个意义上说，思想政治理论课教学内容就是国家主流意识形态。其知识体系本身也有传播功能，无论是来源、体系都和意识形态融为一体。虽然思想政治理论课也有其自身知识体系，但更重要的是它们与思想政治理论课教学体系研究相互依托，以课程教学为主要载体兼及实践教育对大学生进行集中统一的马克思主义理论教育。

3. 源自思想政治理论课的主流意识形态灌输属性

马克思主义是在回应时代问题中产生、在解决时代问题中发展的。在中国，高校思想政治理论课承担了主渠道阐释和灌输[①]国家主流意识形态的功能。意识形态性是高校思想政治理论课的根本属性。

学校通过开设思想政治理论课作为国家主流意识形态教育的主要途径和主导形式，对青年学生进行系统的马克思主义理论宣传、党的路线方针政策普及和教育，目的在于引领学生高度认同中国特色社会主义理论。课程直面当代大学生，而这些文化层次较高而思想活跃的青年群体，正处于世界观、人生观和价值观形成的关键时期。因而，思想政治理论课是对青年大学生进行主流意识形态教育的地

① 此处，“灌输”不是一般字面上的方法意义，而是源自列宁的思想政治教育“灌输”理论。“灌输”理论最早是由俄国普列汉诺夫提出，列宁把“灌输”的论述进一步系统化、理论化，并进行了新的理论创造，形成了科学的、完整的“灌输论”观点体系，使之成为马克思主义的重要原理。列宁“灌输论”的标志之作是他在1901—1902年所写的《怎么办?》。

位最关键、影响最持久、意义最深远的主渠道。基于对象的特殊性，思想政治理论课意识形态教育功能的实现更多地应该取决于教师对所授教学内容的深刻理解和研究，取决于教师是否能够做到以理服人，有效传递给学生建立在学术性基础之上的政治性。

当今中国面临世界多极化、经济全球化深入发展，文化多样化、社会信息化持续推进，世界范围内思想文化交流、交融、交锋更加频繁。发挥正能量的主流意识形态地位和功能发挥是在各种思想观念之间相互激荡、冲突的过程中确定起来的，一方面源于其自身科学性特征和阐释力，另一方面也源于当前环境下主流意识形态的成长与壮大。

多年来，一些高校的思想政治理论课教师惯习于意识形态的简单教化。他们以对马克思主义的绝对信仰为前提，认为只要学习了马克思主义的理论，掌握了马克思主义的方法，就可以解释人类社会中的一切现象，解决时代发展中的一切问题。然而，当今人们的思想观念、行为方式和生活方式发生了巨大改变，高校意识形态教育的难度有了进一步加大。中外文化、意识形态的碰撞，社会转型带来的各种社会问题，如市场竞争、贫富差距、期望与现实之间的落差等造成了当代大学生的心理忧虑和思想波动，“一些大学生不同程度地存在政治信仰迷茫、理想信念模糊、价值取向扭曲、诚信意识淡薄、社会责任感缺乏……等问题”①。一些大学生或明或暗地疏远甚至排斥主流意识形态的单向灌输。一些高校的思想政治理论课面临减弱甚至丧失了政治性，这无异于主动放弃意识形态领域的主导权。

思想政治理论课的教化性和科学性是统一的，意识形态性和学术性也是统一的，其信仰和理性也是统一的。以科研促进教学，将思想政治理论课回归学术层面，只有奠基于严格的科学研究基础，思想

---

① 教育部社科司.普通高校思想政治理论课文献选编(1949—2008)[M].北京：中国人民大学出版社，2008：203.

政治理论课才会挥发马克思主义理论科学精神的魅力。只有梳理出真理，充实科学的世界观、人生观、价值观，去实现马克思主义理论教化和共产主义信仰的目的，学生才能感受到马克思主义学说的正确性和说服力，才有可能被科学理论所折服，为马克思主义者的崇高理想和品德所感染，从而自然而然地确立其对马克思主义的坚定信仰。作为思想政治理论课教师也会在梳理出真理的过程中，荡涤心灵，从而使自身理论水平和政治素养得到提升。

（四）“一身一任”与思想政治理论课教师主体性

1. 从“应然”到“实然”

只有正确认知和坚定认同自身角色的特殊性，才能避免自身主体性的迷失。在宏观社会背景和微观的教育环境都发生了巨大变化的当今，思想政治理论课教师的“一身一任”面临着一些不确定性。思想政治理论课的角色特殊性容易受到“他者”怀疑，从而进一步动摇该角色的社会认同。

一方面，由于一些上级行政部门和所在学校作为“他者”并未真正意识到思想政治理论课教师的“一身一任”主体性对国家与学校发展所具有的重要价值，在为教师提供认同支持方面的所思所想所为尚有匮缺，政策条件保障尚未落实到位，思想政治理论课在高校考核评价体系中的地位和作用不够突出，思想政治理论课建设体系尚未完全形成，教师队伍整体素质亟待提升；公众“他者”对思想政治理论课教师的认识也有等同于其他任课教师的。当这一角色与上级行政部门、学校或社会公众、学生等对其持有的传统期望存在距离时，即便是思想政治理论课教师能自我认同此角色的存在价值，但现实中，他们也无法规避归一化的考核和职称晋升条例等带来的压力。

另一方面，随着高等教育的迅猛发展，思想政治理论课教师队伍有了较大幅度的增加。其中有相当一部分拥有高学历的思想政治理论课教师来自哲学、政治学、经济学等专业，属于“非马”学科背景。一些教师往往运用原有学科与专业的惯常思维，熟谙“非马”学科属性和话语体系，甚至简单地照搬其他人文类课程教学理论和教学方法来进行思想政治理论课教学。社会和所在高校通常更多地考量其学历和学科水平，重视社会认同和学生认同，相对缺乏对这些教师“一身一任”特殊身份自我认同状况的掌握。事实上，只有肩负起引导青年大学生更加全面客观地认识当代中国、看待外部世界的责任，具备“讲清楚”的能力①，理直气壮地利用主渠道阐释中国特色，才能担当起思想政治理论课教师的职业重任。

个人实现角色，必须要有期望并深切认同此期望。一个人要完成一个角色，首先需要知道自己将要充当的角色有一套什么样的行为模式。角色行为基于地位和身份，按照一定期望，选择一定行为模式去履行角色的外显行为。长期以来，人们对教师的角色期望不同于对研究者的角色期望。由此，从事教学实践的教师和进行理论研究的研究者也呈现给人们不同的形象。教师在学校里只是被动地听从管理人员、课程论专家、教科书编纂者的指导，而他们自己的意见则是无足轻重的，“他们的形象毫无专业意义”②。“责任、权利和义务，以及与周围他人的关系等等，都有社会组织及其机构作出明确规定，角色承担者应该说什么做什么，不应该说什么做什么，都有一定标准。”③承载思想政治理论课教学任务的教师有着国家、社会以及学生的角色期望，这是特殊角色所赋予他们的。强调教师的角色规定，是否就一定带来教师个体自我的遮蔽？如何将思想政治理论课教师的“应然”赋予更好地在现实中转化为“实然”存在和必须？

思想政治理论课教师作为角色承担者对自身地位和身份的主体自我实现行为还不尽如人意。究其原因，一是思想政治理论课教师可能难以完全把握和认同其角色赋予的特殊性，从思想政治理论课教师之外来谈论教师身份定位，势必会导致一些教师对自身身份丧

① 习近平.意识形态工作是党的一项极端重要的工作[EB/OL].新华网，http://news.xinhuanet.com/politics/2013-08/20/c_117021464.htm

② 宁虹.“教师成为研究者”的理解与可行途径[J].比较教育研究，2001(1)：49.

③ 庞树奇，范明林.普通社会学理论新编[M].上海：上海大学出版社，1998：156.

失应有的话语权，其主体性被“悬置”；二是思想政治理论课教师可能对角色期望和角色规定的自我认同尚存在着某种欠缺，被纳入某些预设境遇；三是思想政治理论课教师自身对角色期望和身份规定所作的判断和选择存在偏差，没有从教师主体性的“一身一任”内在特有维度来思考其所处的环境和情境。

从部分思想政治理论课教师自身从业动机看，他们往往会在学历要求、科研能力和教学水平评价这些显性职业评价指标上作出努力，以满足自身利益需求。还有一些思想政治理论课教师的自我认同和社会认同之间存在相互抵触，缺少使其“一身一任”身份得以维系的内部支持。总之，从“应然”到“实然”，“一身一任”有着主体内在的特有维度。

2. 特殊的政治角色

1994 年，中共中央《关于进一步加强和改进学校德育工作的若干意见》提出，要培养和造就一批“德育专家、教授、特级教师和理论家”①。2005 年，中共中央宣传部、教育部颁发《关于进一步加强和改进高等学校思想政治理论课的意见》，为高校思想政治理论课教师作出了明确的角色定位，即“马克思主义理论和党的路线、方针、政策的宣讲者，社会主义意识形态和精神文明的传播者，要不断提高马克思主义理论素养，提高科研能力和教学水平，做坚定的马克思主义者，做教书育人的表率，做大学生健康成长的指导者和引路人”②。

从高校思想政治理论课的特殊属性看，思想政治理论课教师“是党和政府与学生之间联系及其党的理论、政策与学生素质体系联系转换的桥梁”③，有着不同于一般教师的角色定位。思想政治理论课课程设置、学时和学分是由中央、部委确定，全部教材列入中央“马克

① 教育部社科司. 普通高校思想政治理论课文献选编（1949—2008）[M]. 北京：中国人民大学出版社，2008：154—155.

② 教育部社科司. 普通高校思想政治理论课文献选编（1949—2008）[M]. 北京：中国人民大学出版社，2008：216.

③ 王让新. 高校思想政治理论课教师角色的科学定位和有效实现[J]. 思想教育研究，2010(8)：40.

思主义理论研究和建设工程"重点教材,"教师队伍建设纳入国家和各级政府的专门培训计划"①。他们端的是"政治碗",吃的是"政治饭",干的是"职业革命家"的活,其终生所做的,就是为社会主义意识形态服务②。2015 年新颁发的《高等学校思想政治理论课建设标准》在更多的指标中框定了思想政治理论课教师这一特殊的政治角色,并再次明确,思想政治理论课教师不同于其他任何高校教师,而这也是高校思想政治理论课教师角色的本质属性,也是其存在和发展的基础。

以人为本是马克思主义一贯的社会价值取向,它强调尊重人的存在价值、需求价值和发展价值,是马克思主义关于社会与人的发展理论的重要特征。"未来共产主义社会的最本质特征是人的自由而全面发展……在那里,每个人的自由发展是一切人的自由发展的条件。"③人的发展从本质上来说就是一个不断地超越自我的历程。进入 20 世纪中叶,国外就兴起教育改革的浪潮,人本主义教育思想开始兴起。各国学者采用不同的研究方法、立场,力图发展人的主体性,弘扬人的主体地位。这种对"人"的关注,开拓了研究者的视野,越来越多的研究聚焦学生主体作用的发挥、教师主体性的研究、学生主体性和教师主体性的关系、教育管理者的主体性和整个教育系统的主体性研究④。

从思想政治理论课教育的理想层面上看,马克思主义"每个人的自由发展"的目标是教育所追求的目标,也是思想政治理论课课程的应有内容。因此,尊重学生的存在价值、需要价值和发展价值,离不开教师主体性的积极发挥。

首先,思想政治理论课教师主体性有着自身内涵。主体性是在个体与各种社会关系的互动中确立的。"他者"往往是认识自我的重

---

① 顾钰民.高校思想政治理论课教学方法研究[M].上海:复旦大学出版社,2012:序 6.

② 黄元全.高校思想政治理论课教师角色意识探析[J].思想理论教育导刊,2010(4):71—73.

③ 马克思恩格斯选集(第 1 卷)[M].北京:人民出版社,1995:294.

④ 张彦.思想政治教育主体性研究[M].广州:广东人民出版社,2006:21.

要参照。“主体是特定历史阶段的产物，不同的主体由于处于不同的阶级地位会形成不同的认知、观念和行为方式”①。思想政治理论课教师主体性是指其作为马克思主义理论的研究者和传播者在对大学生进行思想政治教育的教学对象性活动中所表现出来的特有的自觉认同度和积极能动性，也是一种角色的特殊存在及其意义。思想政治理论课教师只有认知并认同肩负的“一身一任”职责，才能更警醒自己。遗憾的是，目前，依旧有一些思想政治理论课教师，缺乏对自身职业的身份认同，其主体性与其国家赋予、职业所需和学生之要求不能完全匹配。

其次，时代主题决定思想政治理论课教师承担起特殊职责和角色期望。从新中国成立初期到改革开放全面深化的今天，时代主题决定着高校思想政治理论课的政治性任务的内容。无论如何，在高校由专职教师利用主渠道宣讲党的方针政策不会改变，思想政治教育的政治性任务没有变化。思想政治理论课教师承担着在课堂主渠道宣传马克思主义理论的特殊职责和角色期望，自始至终具有“一身一任”这个其他课程教师所不具备的特殊性。

第三，思想政治理论课教师具备特有的职业存在意义。教育既可弘扬师生主体性和独特性，又可达到师生间的经验共享与灵魂的感召。作为思想政治理论课教学任务的承担者，4 万余名思想政治理论课教师实施积极有效的课堂教学，才构成了完整的思想政治理论课教育。思想政治理论课教师是国家意识形态教育的直接执行者，也是高校教育科研工作中确保思想政治方向的“稳定器”②。美国政治学家奥勒姆认为：“任何社会为了生存下去都必须成功地向社会成员灌输适合于维持其制度的思想。”③资本主义国家“调节着自

---

① 但海剑，石义斌. 数字时代跨文化传播中的文化身份认同[J]. 武汉理工大学学报(社会科学版)，2009(4)：148.

② 包大为. 高校理论工作者不能在深化改革中失语[N]. 中国社会科学报，2013-11-22(7).

③ [美] 安东尼·M·奥勒姆. 政治社会学导论[M]. 董云虎，李云龙译. 杭州：浙江人民出版社，1981：365.

己时代的思想的生产和分配；而这就意味着他们的思想是一个时代的占统治地位的思想”①。他们必然要通过政治社会化使自己的意识形态渗透到社会公众之中，使其普遍接受，也必然会通过意识形态对统治地位合法化的辩护功能证明自己存在的合理。可以说，任何社会对其成员都有基本的要求与角色期待，“希望社会成员遵守共同的社会准则，掌握基本的生存技能与观念”②。教育的本质与意义可以是价值引导与自主建构的统一。总之，教育“受文化传统的影响才是最深的、最久远的”③。

从新中国成立初到今天，思想政治理论课教师必须服务于国家设置这个职业的主体利益，“真信、真用、真学、真教”，有效实现思想政治理论课教材体系向教学体系的转变、知识体系向信仰体系的转变。社会转型期的中国，人的主体性生成、发展缘于实践。教育对于实践起到间接的作用，是实践的因而也是主体性的重要环节。因此，无论是思想政治理论课课程设置、教学大纲、教材审定、教学方法的运用以及教育资源的分配、课堂内外的师生互动等，无一不潜藏着主流意识形态的要求。相比高校其他科目任课教师在治学传授之际可以较多强调批判、反思和怀疑的精神，思想政治理论课教师则承担着更多对现实的制度和政策的辩护任务和育人任务，旨在宣扬和传播国家主流意识形态和核心价值观，使青年学生认知并认同主流意识形态。

第四，思想政治理论课教师由“一身二任”向“一身一任”的转向。高校教师承担着知识生产与教书育人的“一身二任”。其他学科教师的“二任”可以分得很清楚，即知识体系的传授、科学研究和育人可以分开进行。但是，思想政治理论课教师除了兼具高校教师知识生产与教书育人的“一身二任”职业要求外，更有着自身鲜明特点，即他们

① 马克思恩格斯文集(第1集)[M].北京：人民出版社，2009：551.

② 李合亮.解析与建构：当代中国思想政治教育的哲学反思[M].北京：人民出版社，2010：125.

③ 顾明远.教育实践呼唤教育理论建设[J].中国高等教育，2006(6).

以“主流意识形态宣扬和传播”为主业，无论是知识传播、科研创新，还是育人服务，均以此为核心。他们的教书育人有着国家政策的特殊赋予和职责承载要求。因此，高校思想政治理论课教师的“一身二任”归根到底就是“一任”——做国家主流意识形态的学习研究和传播者。这种教书和育人的合一，体现于他们在思想政治理论课主渠道传播国家主流意识形态，体现于高校思想政治理论课的课程设置、教学目标、教学内容、教材使用、标准督查、学科研究等各个方面。

对21世纪的一代大学生，如何在传播国家主流意识形态的同时，使学生直接感受到所学理论“有用”，能帮助他们更快地适应社会，在未来的职业生涯中赢得先机和优势的知识？处于复杂多变的现实环境，思想政治理论课教师除了自身保持政治上的清醒和坚定，还必须从政治全局、社会全局和教育全局出发，时刻关注大学生的需求，实现课堂内外联动。他们不能简单沿用极“左”时期的“异化”教化，而应帮助学生切实体会到意识形态的科学性、知识性与理论性、深刻性，促使他们设身处地去关心和思考意识形态的基本问题，并真切感受到意识形态并非学生想象中“无边无际的、九分无用一分歪曲了的知识”①。它需要“用对基本事实的了解来发展和增进每个学习者的思考力”②，而不是“炫耀”和“吹牛”。只有经过思想政治理论课教师“深思熟虑的东西”，“而不是生吞活剥的东西”③，才能更有效地培养建设者和接班人。思想政治理论课教师引导学生用科学的理论思维和正确的价值导向，分析社会矛盾和思想困惑，用马克思主义中国化的最新成果主动为其解疑释惑，从而使思想政治理论课教学内容很好地“入耳、入脑、入心”。这就是“育人”。

究竟思想政治理论课教师“一身一任”主体性有着怎样的历史生成路径？如何面对“他者”认同的正面强化，从而获得更多的政策资

① 列宁专题文集：论无产阶级政党[M].北京：人民出版社，2009：281.
② 列宁专题文集：论无产阶级政党[M].北京：人民出版社，2009：282.
③ 列宁专题文集：论无产阶级政党[M].北京：人民出版社，2009：283.

源和对自我存在的认可？思想政治理论课教师的“一身一任”主体性构建又面临着哪些政策赋予、规约或其他弱化因素的困扰？如何将政策所赋予“一身一任”特殊主体性与思想政治理论课教师的自我认同相对接？如何多维建构“一身一任”特殊主体性？这些均值得我们继续探讨。

第二章

历史视阈："一身一任"主体性的沿革及其特点

人的主体性生成，是从有开始的。马克思"将'历史'的维度引入其主体性思想，赋予主体性以历史生成的丰富内涵"①。列宁也指出："要把问题提到一定的历史范围之内。"②主体性的现实生成是以历史为载体得以延续，不断创新的。人的主体性在不同的历史时期表现出不同的特点，具有不同的特征。

加拿大教育家富兰有一句名言："变革是一个过程，不是一个事件。"中国教育事业在新中国建立以后有了长足的发展，大致可以分为五个阶段，即："1949 年至 1957 年向苏联学习时期；1958 年至 1966 年'文革'之前'左'倾思潮时期；1966 年至 1976 年'文革'时期；1976 年至 1978 年拨乱反正时期；改革开放至今 30 年。"③本书以改革开放为界，切分新中国成立后 30 年和改革开放以来两个大阶段的若干小阶段，从身份认同视角见证新中国成立以来高校思想政治理论课教师始终具有的"一身一任"主体性。

---

① 赵海英. 主体性：与历史同行[M]. 北京：首都师范大学出版社，2008：83.

② 列宁选集(第 2 卷)[M]. 北京：人民出版社，1995：375.

③ 顾明远. 中国教育科学走向现代化之路纪实[J]. 北京师范大学学报(社会科学版)，2009(4)：5—18.

一、新中国成立后30年政治理论课教师主体性的特点

在任何具体社会形态中，统治阶级都十分重视对意识形态领域的占领，努力把自己的政治思想灌输给每一位社会成员。英国学者伊格莱斯顿说："学校和课程被要求成为工业社会中知识合法化和传递的基本手段，简而言之，成为确保社会体系稳定发展的社会控制的工具。"①美国政治学家奥勒姆认为"任何社会为了生存下去都必须成功地向社会成员灌输适合于维持其制度的思想"②。法国著名哲学家阿尔都塞在《意识形态与意识形态国家机器》一文中将宗教、教育、家庭、法律、政治、工会、传媒、文化等八个方面列为意识形态国家机器③。在阿尔都塞看来，学校是传播意识形态的重要场所，以"意识方式发挥作用"。课程是学校维护现存的社会结构、特权、利益及知识的基本工具，被人们视为知识合法化和传递的基本手段，成为确保社会体制稳定的社会控制的工具。政治合法化往往可以通过开设课程来实现。课程合法化又会促使政治经济体系的合法化，两者之间相辅相成。课程实施过程中教师的身份认同将影响到主体性现状，并直接影响到教学实效和一定时间内政治合法化的进程。

马克思、恩格斯在《共产党宣言》中写道："共产主义革命就是同传统的所有制关系实行最彻底的决裂；毫不奇怪，它在自己的发展进程中要同传统的观念实行最彻底的决裂。"④要"同传统的观念实行最彻底的决裂"，就必须通过意识形态的革命进行。

新中国成立后30年里，政治理论课教师虽然经历了新身份的确立、历史的曲折和认同，但是总体上始终保持着"一身一任"特点。他

---

① 转引自吴永军. 课程社会学[M]. 南京：南京师范大学出版社，1999：1—9.

② [美] 安东尼·M·奥勒姆. 政治社会学导论[M]. 董云虎，李云龙译. 杭州：浙江人民出版社，1981：365.

③ [法] 阿尔都塞. 意识形态与意识形态国家机器[EB/OL]. 李讯译本及英文原文 http://linkwf.blog.hexun.com/39587134_d.html

④ 马克思恩格斯文集(第2卷)[M]. 北京：人民出版社，2009：52.

们依然是完成预设课程与教学的工具和国家制度课程的忠实者①。

(一) 模仿苏联:新身份的确立与教师主体性的萌发

学校是正式的、系统的、有效的政治社会化渠道。高校政治课既有一般课程的基本属性,又有着特殊的国家意识形态属性。早在新中国成立前夕,中国共产党便采取“国家”权力模式,将课程权力高度集中于中央,通过开设政治课,提升学生政治素质。《中国人民政治协商会议共同纲领》第46条明确指出,中华人民共和国的教育方法为理论与实际一致,人民政府“应有计划有步骤地改革旧的教育制度、教育内容和教学方法”②。这为新中国成立初期政治课教学方法的改革提供了“法规”依据,具体的执行任务则相对集中地落到了当时的政治课教师身上。

新中国成立初期,中国社会进入了全面转型时期。这一时期,纷乱、复杂、多元并存,价值的冲突和思想混乱,不利于新政权的巩固,党加强对思想政治领域的整合势在必行。中共中央将原解放区局部范围里的新民主主义政治文化逐步推向全国,并将其渗透到社会各个领域。该时段,“学习苏联”被定为基本国策之一。向苏联学习教育经验是全国向苏联学习的一部分。

1. 政治课主渠道的确立和“政治课”教师新身份的赋予

(1) 高校政治理论课基本形态的确立

教学改革是学校教育改革中的一场攻坚战。1949年10月,华北人民政府高等教育委员会颁布的《华北专科以上学校一九四九年公共必修课过渡时期实施暂行办法》规定:本年度一、二、三、四各年级均必修:辩证唯物论与历史唯物论、新民主主义论。文、法、教育(或示范)学院毕业班学生必修政治经济学③。11月,华北区及京津两市

① 李德才.教学型高校要特别关注教师在课程与教学中的发展[J].现代教育科学,2010(6):8.

② 教育部社科司.普通高校思想政治理论课文献选编(1949—2008)[M].北京:中国人民大学出版社,2008:1.

③ 教育部社科司.普通高校思想政治理论课文献选编(1949—2008)[M].北京:中国人民大学出版社,2008:2.

专科以上院校主要负责人举行联席会议，明确指出课程改革的中心环节是加强政治课学习。这把开设政治理论课提升到居于整个高校课程改革中心环节的高度，确认了政治理论课在高校思想政治教育中的重要地位①。1950 年 2 月，《中苏友好同盟互助条约》签订，表明“中国要向老大哥学习”的态度。时任教育部副部长的钱俊瑞要求“加强对青年学生和旧知识分子的革命政治教育”，提出要“坚决和有计划、有步骤地改革旧教育的课程、教材、教学方法和制度”②。

在中央和教育部的号召下，全国各高校在课程设置、教学时数、教学原则、内容和方法等方面不断统一和完善，高校思想政治教育从此有了主渠道。“唯物论”、“新民主主义论”、“政治经济学”三门反映新政权本质特征的政治课，成为法定课程，“正式进入大学课程体系”③。1952 年 10 月，在教学实践的基础上，教育部规定开设“新民主主义论”、“政治经济学”、“辩证唯物论与历史唯物论”课程，对课程设置作了统一部署。1953 年，为适应过渡时期总路线的要求，高校增开“马列主义基础”课程，并作为必修课程开设。同时，教育方针也由新民主主义教育向社会主义教育转变。同年，中央人民政府高等教育部发出通知，将“新民主主义论”改为“中国革命史”，其教学目的在于“领会中国共产党和毛主席的光荣、伟大、正确”④。

通过对政治理论课程不断的完善，最终形成了“中国革命史”、“政治经济学”、“辩证唯物论与历史唯物论”和“马列主义基础”四门课程。这四门课程的确立，已初步体现出中国高校政治理论课的基本形态。

---

① 冯刚，沈壮海. 中华人民共和国学校德育编年史[M]. 北京：中国人民大学出版社，2010：3.

② 中央教育科学研究所. 中华人民共和国教育大事记(1949—1982)[M]. 北京：教育科学出版社，1984：14.

③ 鲍嵘. 学问与治理——中国大学知识现代性状况报告(1949—1954)[M]. 上海：学林出版社，2008：94.

④ 教育部社科司. 普通高校思想政治理论课文献选编(1949—2008)[M]. 北京：中国人民大学出版社，2008：16.

1955 年 4 月，高教部副部长刘子载指出："系统的马克思列宁主义理论教育是提高青年社会主义觉悟，培养青年辩证唯物主义世界观，培养青年共产主义道德和行为的基础。政治理论课是高等学校进行经常的、系统的政治思想教育的最基本形式。"①1956 年，高教部《关于高等学校政治理论课程的规定(试行方案)》对各高校政治理论课课程作了具体安排，初步形成了高校第一个马克思主义理论课程教学体系。政治课乃全校学生共同必修课，这从课程体系上保证了高校思想政治教育的主渠道。它覆盖到建国初期高校全体学生，使其都能有机会接触到系统的马列主义思想，用政治课来解决学生的思想问题②。

(2) 政治课教师的特殊职责及其得到的重视

第一，政治课教师被赋予"教育和教养的责任"。

在列宁看来，党校教员是办好党校的关键。他在写给喀普里学校学员的信中指出："学校的真正的性质和方向并不由地方组织的良好愿望决定，不由学生'委员会'的决议决定，也不由'教学大纲'等等决定，而是由教学人员决定的。"③列宁要求提高教员的地位，改善教员的物质生活条件。马列主义理论课以系统的课程教学为主。毛泽东曾说："对于马克思主义的理论，要能够精通它、应用它，精通的目的全在于应用。"④

新中国成立初期，党和政府就强调学校所有教师做到关注自己所任课程，使理论学习成为改造思想的武器，改造思想成为理论学习的目的。高教部提出，应该树立教师对学生"全面发展"负责的思想，通过课堂讲授及各种教学环节，课外辅导、教学实习、生产实习、个别谈话和课外活动等方式，从学术思想到道德品质，每个教师都应有向

① 教育部社科司. 普通高校思想政治理论课文献选编(1949—2008)[M]. 北京：中国人民大学出版社，2008：21.

② 教育部社科司. 普通高校思想政治理论课文献选编(1949—2008)[M]. 北京：中国人民大学出版社，2008：6.

③ 列宁全集(第 45 卷)[M]. 北京：人民出版社，1990：253—254.

④ 毛泽东. 整顿党的作风，毛泽东选集(第 3 卷)[M]. 北京：人民出版社，1991：815.

学生进行教育和教养的责任①。高教部用法令形式明确赋予每位教师以职责,政治课教师自然更是责无旁贷。

第二,马列主义理论师资队伍建设备受重视。

新中国成立初期,各级加强对师资队伍家底的排摸。早在1949年4月,教育部为培养提高师资,开始有计划地选派教师到一些院校进行学习。当时,各高等学校选拔教师78人到华北人民革命大学学习政治②。毛泽东在中共七届三中全会上曾阐述党对待知识分子的政策:"对知识分子要办各种训练班,办军政大学、革命大学,要使用他们,同时对他们进行改造。要让他们学社会发展史、历史唯物论等几门课程。"③然而即便如此,胜任教学的师资仍然缺乏,甚至开不出新课。根据1955年3月统计,上海16所学校四门政治课(马列主义基础、中国革命史、政治经济学、哲学),共有教师333人,按职别分:教授16人,副教授17人,讲师22人,教员17人,助教213人(开课83人,辅导助讲130人),在外进修58人。按政治面貌分:党员112人,团员164人,群众47人,民主党派10人。经各校初步审查(有的学校经党委研究同意)不适合任政治课师资的计有72人,占总人数的21.56%,其中因政治、历史问题而不适合的计有47人,因业务差但又无培养前途的有24人,因耳聋不适合的1人。因此仅剩230人左右④。所以只能由原来讲授政治、经济、法律、历史、哲学等课程并对马克思列宁主义"有研究和关心"的教授、讲师和助教,成立新哲学、新民主主义和政治经济学三个教研室。华北高等教育委员会号召将学生组织起来,互助相长,一道改造,以收到"教学相长"的效果。经过几年的多渠道建设,到1957年,高校思想政治理论课专任教师

① 中央人民政府高等教育部办公厅.高等教育文献法令汇编[M].北京:人民出版社,1957:136.

② 中央教育科学研究所.中华人民共和国教育大事记(1949—1982)[M].北京:教育科学出版社,1984:16.

③ 毛泽东文集(第6卷)[M].北京:人民出版社,1999:74.

④ 关于上海市16个高等学校的政治师资情况及意见的报告.上海档案馆馆藏档案,A23-2-47.

达5 457人,其中哲学教师1 390人,政治经济学教师1 341人,中共党史教师1 348人,政治学教师1 378人①,基本满足了高校思想政治教育课程的教学要求。

这一阶段,有关方面非常注重对政治理论课教师教学状况的调研,认为过去由于普遍缺少足够称职的政治理论师资,以致这些课程的教学水平一般都不高②。1955年,一份《上海市各高等学校政治理论课师资情况及调查意见》写到,在教学中就暴露出许多问题,主要是“理论脱离实际,教条主义和书呆子习气比较严重。……各校师资队伍庞杂,政治状况亦较复杂”③,还有“为数不少的学校的教师系滥竽充数,不能正确地宣传灌输马克思、列宁主义思想教育”④。新中国成立初期,高校本身面临着肃清高校教师和学生中存在的封建的买办的法西斯主义思想的重要任务,政治理论课教师一方面承担独特的社会责任和政治义务,必须用自己的言行通过自己的劳动在各个系统内部传达社会主流群体和社会主流意识形态的要求;另一方面则面临“教育者先受教育”,自觉接受马克思主义意识形态教育。1950年10月,教育部发出指示,要求对教职员和学生,不管其家庭出身怎样,均应按争取、团结、改造的政策,通过教育说服的方式,积极鼓励其前进⑤。

另外,加大对高等学校政治理论课师资的培养和选拔。1950年,全国各级学校教师积极参加寒暑假教师学习会、教师轮训班以及学习组织,学习《共同纲领》、新民主主义论、社会发展史和政治经济

---

① 转引自石云霞. 高校思想政治理论课程建设史研究[M]. 武汉: 武汉大学出版社, 2006: 24—25.

② 教育部社科司. 普通高校思想政治理论课文献选编(1949—2008)[M]. 北京: 中国人民大学出版社, 2008: 11.

③ 上海市各高等学校政治理论课师资情况及调查意见. 上海档案馆馆藏档案, A26-2-390.

④ 关于上海市16个高等学校的政治师资情况及意见的报告. 上海档案馆馆藏档案, A23-2-47.

⑤ 中央教育科学研究所. 中华人民共和国教育大事记(1949—1982)[M]. 北京: 教育科学出版社, 1984: 23.

学等，出现政治学习高潮①。同年10月，高教部发布通报，指出当前政治课教师基本特点是“一方面在政治上要求进步，热心学习；另一方面，则又表现为理论水平及政策水平不够”②。1951年7月，教育部指示：政治课应作为业务课之一，政治课教师尽可能由专人担任③。1952年，中共中央发出《关于培养高等、中等学校马克思列宁主义理论师资的指示》，筹划秋季开始在中国人民大学创设马克思列宁主义研究班，为全国各高等学校培养一部分政治理论师资，举办假期讲习班或其他有苏联专家和有经验的教师到各地讲学以及组织教学经验座谈会等方法来提高在职教师的教学和研究水平。

1950年至1952年末，教育部先后聘请苏联专家阿尔辛节夫、福民、达拉巴金、顾思明、戈林娜五人担任教育部顾问④。全国主要高等学校也开始聘请苏联专家担任学校顾问或直接任教授课。1950年至1957年间，中国人民大学聘请了98名苏联政治理论专家，他们既担任教学任务，又帮助我国培训思想政治理论课教师⑤，还撰写了相关教学研究论文。1953年到1955年期间，《教学与研究》杂志刊载的文章有相当部分是苏联专家的文章。每位专家都配备了年轻骨干教师作助手，教研室的老师都要跟班听课。为了扩大影响，苏联专家讲学期间，还办起了大学教师进修班和研究班⑥。20世纪五六十年代中国一批教育理论工作者，几乎都在这些进修班或研究班学习过。各大行政区选择高校举办马克思列宁主义研究班，培养高等

① 中央教育科学研究所．中华人民共和国教育大事记(1949—1982)[M]．北京：教育科学出版社，1984：32.

② 田军．高校马克思主义理论教育的历史回顾及其经验教训[J]．思想理论教育，1994(专辑二)：12.

③ 中央教育科学研究所．中华人民共和国教育大事记(1949—1982)[M]．北京：教育科学出版社，1984：44.

④ 顾明远．中国教育科学走向现代化之路纪实[J]．北京师范大学学报(社会科学版)，2009(4)：5—18.

⑤ 陈洪涛，张耀灿．新中国成立以来高校思想政治理论课教师队伍建设相关政策发展研究[J]．学校党建与思想教育，2009(7)：12.

⑥ 顾明远．中国教育科学走向现代化之路纪实[J]．北京师范大学学报(社会科学版)，2009(4)：5—18.

学校的政治理论师资。在人民大学进修的教师们接受了苏联专家的授课指导，能够有机会对马克思、恩格斯、列宁、斯大林的著作进行比较系统的学习，为以后成为马克思主义理论课专家奠定了深厚的基础。1955 年 7 月，高教部举办大连暑期政治经济学、哲学讲习班，以提高高等学校政治经济学、哲学两课教研组骨干的水平，改进政治课程的教学①。1955 年，中共上海市委高等教育科学工作部则委托复旦大学开办中国革命史讲习班，安排专题报告 7 次，座谈会 2 次②。

虽然，中央要求对政治理论课的师资不足者应注意适当补充；对不适于担任政治理论课的教师应作必要的调整……拟定加强师资培养训练的工作计划③。地方和高校都在关切政治课师资，然而，从全国范围来看，政治理论课师资量少质差，缺乏领导骨干的情况，几年来虽有所改进，但尚未得到根本改变。查阅 1955 年的一份《上海高等学校校院长座谈会记录》，记录有"政治课师资大家意见最多"、"目前最严重的是政治课师资问题"、"问题特别大"，"现在必须把力量放在原有师资水平的提高上"④。鉴于师资不足，各学校选拔高校助教和高年级学生中选拔优秀党员、团员在本校担任政治理论课程的助教或助理，逐渐培养他们成为高校新的政治理论师资。高等教育部也拟定了加强师资培养训练的工作计划，适当增加综合大学文、史、哲系科的招生名额，以增加培养对象的来源。1955 年 11 月，高教部颁发《关于加强培养哲学干部及哲学系工作的决定》，规定北京大学哲学系扩大招生，中国人民大学、武汉大学增设哲学系。

---

① 中央教育科学研究所. 中华人民共和国教育大事记(1949—1982)[M]. 北京：教育科学出版社，1984：135.

② 中共上海市高等教育科学工作部关于开办中国革命史讲习班和马列主义业务学校计划、通知、办法与批复. 上海档案馆馆藏档案，A23-2-82.

③ 教育部社科司. 普通高校思想政治理论课文献选编(1949—2008)[M]. 北京：中国人民大学出版社，2008：22.

④ 上海高等学校校院长座谈会记录. 上海档案馆馆藏档案，A23-2-21.

(3) 教材建设的相对滞后及其对政治课教师主体性的影响

第一,新中国成立初期高校政治课教材的匮乏。

顾明远主编的《教育大词典》对“教材”的定义为:教师和学生据以进行教学活动的材料,是教学的主要媒体。它包括文字性材料和非文字性材料、主导性材料和辅助性材料等形式。本义上的教材则是指学生学习中所使用的“教科书”,也称为课本。从这个意义上讲,教材的本质是“学材”,即学生学习的主要材料。教科书是透视课程内容的意识形态、社会控制的特征的有效途径。对教科书的分析既可从点面的角度进行,也可以作纵横比较,以便揭示教科书在不同时期,在不同内容上的价值取向①。

中共中央宣传部、教育部《关于进一步加强高等学校思想政治理论课教师队伍建设的意见》指出:政治课教师要以教材为教学基本遵循,教科书对于国计民生,影响特别巨大②。1949 年 10 月,时任中共中央宣传部部长陆定一指出,教科书要由国家办,因为必须如此,教科书的内容才能符合国家政策,而且技术上可能印刷得好一些,价钱也便宜些,发行也免得浪费。由于条件制约,新中国成立初期的高校政治课建设仅仅考虑到教学大纲而未涉及教材建设问题。1950 年,教育部规定在大学开设以“新民主主义论”为核心的马克思主义理论课程,该课程以毛泽东的《新民主主义论》为教材。1950 年代高校采用的《政治经济学》教材,苏联色彩浓厚。经过学习和反思,毛泽东提出要从中国国情出发,编写我们自己的《政治经济学》教材。上海市委宣传部组成专门小组编写教材,当时正上大学的倪大奇记得“我们在班上也参与过教材的讨论”③。一年后,包括复旦大学蒋学模教授在内的四位老师编写的《政治经济学》教材率先在上海出版。

① 胡春明. 教育社会学[M]. 北京:中国社会科学出版社,2006:194.

② 中央教育科学研究所. 中华人民共和国教育大事记(1949—1982)[M]. 北京:教育科学出版社,1984:5.

③ 王晶晶. 总书记关注高校思政课调整[N]. 南方周末,2006-8-10.

第二,高等教育部高校政治课教材建设统一部署。

教育部通过下发文件,对相关政治课教材建设等问题进行部署。这些文件是《关于华北区各高等学校1951年度上学期进行“辩证唯物论与历史唯物论”等课教学工作的指示》、《教育部关于全国高等学校马克思列宁主义,毛泽东思想课程的指示》、《中央人民政府高等教育部关于改“新民主主义论”为“中国革命史”及“中国革命史”的教学目的和重点的通知》、《中华人民共和国高等教育部关于高等学校政治理论课程的规定(试行方案)》等。时任高教部副部长的刘子载希望各高校建立和健全马克思列宁主义教研组的资料室工作,大量搜集政治理论课程的资料、图表、挂图及其他直观教材,予以陈列……高等教育部将逐步编订着较完善的四门政治理论课程的教学大纲并适当地解决教材问题,印发必要的教学参考资料,组织编制直观教材来帮助学校改进这方面的工作①。1955年2月,高等教育部、文化部联合印发《关于出版高等学校政治理论课程教学大纲的几项规定的通知》,要求今后凡高等教育部自编或委托研究机关、学校、个人编写的政治理论课教学大纲、课堂讨论提纲等,经高等教育部审查批准后,统一交高等教育出版社出版②。

第三,教材匮乏对政治课教师主体性产生激发和制约。

新中国成立后一直到1961年,教材问题没有得到解决,有些课程尚“没有教科书”③。教育部下发的《改进高等学校共同政治理论课程教学的意见》指出:“最近各地高等学校来电、来信、来人询问有关共同政治理论课程设置和教材问题的日益增多。”由于教材问题没有得到解决,使得“共同政治理论课程”要么“暂缓开设”,要么“选读

① 教育部社科司.普通高校思想政治理论课文献选编(1949—2008)[M].北京:中国人民大学出版社,2008:21.

② 冯刚,沈壮海.中华人民共和国学校德育编年史[M].北京:中国人民大学出版社,2010:89.

③ 教育部社科司.普通高校思想政治理论课文献选编(1949—2008)[M].北京:中国人民大学出版社,2008:41.

毛泽东同志的有关著作”①。与此同时,在1952—1956年,我国翻译出版苏联高等学校的教材1 393种②。教材虽不是学生学习的唯一材料,但是教材毕竟是课程目标和课程内容的主要载体形式,缺乏教材显然会影响到课程的实施效果。当时的政治课教师无法根据教材内容科学地选取教学方法。但它也给了教师尽可能多的自主教学空间,教师无法依赖书本。他们创造性地采取各种教学方法,组织各种教学资源。

(4) 教学方法的选择和教师主体性的体现

第一,“教学方法”为中国共产党的执政合法性寻求辩护。

从本质上说,教学方法是对学校课程管理的协调与规范,看似一种教学方法,实质是一种政治方法。合情合理的教学方法能为思想政治理论课合法性提供辩护。新中国成立初期,中国共产党执政后,立即着手在国家机关、企事业单位和各级学校普遍建立党组制度、宣传网制度、高校政治工作制度。高校开设马克思主义理论课程,将意识形态教育渗透在政治课中,渗透在课程设置、内容要求、师资选择、教材审订、效果评价等多个方面,而这无一不通过教师主体选择教学方法稳步有效推行中国共产党的意识形态教育,课程实施者——教师正逐渐认同新的价值观和教育理念,从而也为中国共产党执政的合法性寻求辩护。

第二,政治课教师开始自觉探索新的教学方法。

当时的政治课教师大都实行讲述、讲解和讲演的方式,这是适合当时的特殊情况与背景的,对于那些对马列主义还十分陌生的学生来说还是比较不错的方法。另外,不少课堂不只是一味的“先生讲,学生听”,而是一个群众运动,是利用政治科目提供的条件,自觉自愿改造自己的活动。翻阅相关档案,笔者也发现,当时有一些大学生对

① 胡晓伶,胡斌武.新中国成立后高校思想政治理论课程教材建设述略[M].当代教育论坛,2006(12上).

② 中央教育科学研究所.中华人民共和国教育大事记(1949—1982)[M].北京:教育科学出版社,1984:68.

政治课不感兴趣,也有想逃课或睡觉、甚至抗拒的。有的学生提出“大课是思想统制”。还有的学生则认为,自己的思想很正确,用不着改造。还有的讥讽教师,认为教师出身不好,没有资格上讲台讲授马克思主义理论。

考察新中国成立初期一些高校政治课的教学状况,不少当时管理者关切政治课师资和教学条件。而教师们也积极采取多种方法加强直观教育。他们想方设法理论联系实际,改革教学方法,如请人作专题报告、放电影、图片展览等,加强学生对理论原理的了解,努力为新中国培养第一代知识分子,使其改造好思想,积极投身于新中国的社会主义建设事业。

(5) 政治课教师的身份认同和主体性发挥的组织机制保证

第一,组织机制有助于弥补身份变迁和自我认同度的不足。

新中国成立初期,中央、学校和系各级领导都高度重视政治课教学。1950 年 7 月,教育部在北京召开全国高等学校政治课教学讨论会。10 月,教育部发布《关于全国高等学校暑期政治课教学讨论会情况及下学期政治课应注意事项的通报》,指出“高等学校应根据具体情况,成立政治课教学委员会(教学研究指导组)以作为政治课教学的领导机构”。从华北地区各大学文科系普遍开设政治课到形成完整的政治课教育教学组织机构,即“教育部—区市教学委员会—课程教学委员会—校教学研究组”,可谓组织严密。

然而在不少学校,这门功课进行得缺乏生气①。一些政治课教师由于身份变化缺乏适应,他们中或因为没有马克思主义理论学科背景而焦虑,或因为缺乏“辩证唯物论与历史唯物论”、新民主主义论等知识储备,以及缺乏实践经验和教学所需的解决目前实际问题能力,而显出相当的不自信。他们进入新的政治课教学领域,即产生莫名的陌生感,遭遇自我身份认同和社会认同偏低的烦恼。一些政治理论课教师指出,“政治理论课在高等学校里没有受到应有的重视,

① 方直.略谈改善政治课教学情况[J].人民教育,1950(1):23.

从学校领导直到学生，普遍存在着轻视政治理论课的现象”①。1952年10月，教育部发出《关于在高等学校有重点的试行政治工作制度的指示》，要求设立高等学校政治工作机构“政治辅导处”，协助教务处指导马克思列宁主义理论的教学。这为高校“政治课”奠定坚强政治基础，教育部领导钱俊瑞还亲自来清华大学给师生作形势报告，这既是鼓舞和鞭策，也有利于增进教师的身份认同。

第二，学校领导负责制度和教研活动有助于增进教师身份认同。

1955年，国务院全体会议第十七次会议批准《高等教育部一九五四年的工作总结和一九五五年的工作要点》，指出要切实改进政治理论课的组织和领导，校长和副校长对政治理论教研组应直接负起领导的责任，以逐步提高政治理论教学质量②。高教部要求各高等学校校长和副校长对政治理论课教研组负直接领导责任，学校、各系领导深入教师和学生中，了解师生思想实际，切实改进政治理论课教学。各课目的教学研究指导组作为课目的基本教学组织。中国人民大学集中教员智慧，统一制定总纲，再每人按照总纲备课，并且进行集体试讲，开展经常性的听课、座谈、讨论和批评③。政治理论课教研组的任务不仅是把政治理论课本身教好，并且要逐步组织和指导学生课外的政治思想教育，组织和指导全体教师的政治理论学习和学术思想批判工作，以便能在思想战线的各个方面成为学校领导的有力助手。

第三，名人讲授政治课有利于营造教师新身份认同的氛围。

由于师资数量不足和高素质师资缺乏，国家加强对各个地区培养政治理论师资和学校政治教育的领导，选派政治理论水平较高的干部到马克思列宁主义研究班及政治教育系或政治教育专修课教课

① 冯刚，沈壮海. 中华人民共和国学校德育编年史[M]. 北京：中国人民大学出版社，2010：120.

② 冯刚，沈壮海. 中华人民共和国学校德育编年史[M]. 北京：中国人民大学出版社，2010：99.

③ 云光. 关于中国人民大学马克思列宁主义教研室工作中的几点体会[J]. 教学与研究，1953(4)：22—23.

(专任或兼任),大力动员党委、政府、群众全体中政治理论水平较高的干部到学校兼课,或设专题讲座,帮助政治理论教师备课,要求各大行政区上报高校政治理论师资计划①。艾思奇曾在北京大学、清华大学兼任哲学教授多年,给大学生讲授马克思主义哲学课。后来任继愈教授曾回忆,艾思奇同志在北大讲课,大约 5 年左右,把马克思主义普及到高等学校,在北大留下了深刻的印象②。

新中国成立初期,上海的一些高校由于师资不足,便引入社会资源,请名人讲授政治课,这在当时的上海高校学生留下了深刻印象。如:交通大学开设了政治经济学、社会发展史等大课,请一些有名人士来文治堂讲课,当时的上海市委宣传部部长兼上海市政府秘书长徐平羽、经济学家孙冶方等名人都来作过报告③;复旦大学的胡曲园、党校的周抗、交大的彭康、师大的孙陶林、冯契等成立教学小组;科学院那边学哲学时,无人讲课,先听北京带来的钢丝录音(艾思奇的报告),不太清楚,便四五十人分成一组,一组组地听④。复旦大学化学系二年级团员钱道逊说过,“政治课系统、详细,以根本的原理原则上来说明问题,不能否认,不能驳斥,令人信服”⑤。名师讲授政治课或专题讲座,一方面有助于展示政治课魅力;另一方面也能帮助教师确证自己的新身份,让政治课教师获得更多的自我认同和社会认同。

2. 新中国成立初期政治课教师主体性发挥的成效与不足

(1) 新身份的确立和政治课教师主体性的最初萌发

综合评估新中国成立初期高校政治理论课教师主体性,我们对此应持积极肯定态度。1952 年到 1957 年,中国高校政治理论课的发

① 教育部社科司. 普通高校思想政治理论课文献选编(1949—2008)[M]. 中国人民大学出版社,2008: 11.

② 艾思奇[EB/OL]. 百度百科 http: //baike. baidu. com/view/67011. htm

③ 朱隆泉. 思源湖: 上海交通大学百年故事撷英[M]. 上海: 上海交通大学出版社,2006: 216.

④ 高等学校哲学师资情况报告. 上海档案馆馆藏档案,A23-2-47.

⑤ 上海档案馆馆藏档案,A26-2-353.

展和成长是迅速的，教师队伍从无到有、从少到多、逐渐成熟；教材由借用（苏联课本）到自编；教学由照本宣科到初步贯彻理论联系实际的方针①。这个时期是理论课的“黄金时代”。新中国成立初期的马克思主义理论教育取得积极成效，造就了20世纪50年代的大学生。当时的大学生在新中国成立前基本上就读于小学、初中或高中，他们中的大多数出身于地主、资产阶级或小资产阶级家庭。在有些学生的思想深处，一方面还在回味逝去的“天堂”，一方面对共产党能否治理好国家持怀疑态度。有的则采取逃避手段，不问政治和时事，潜心技术研究。1955年，全国高校学生中工农成分的学生比例仅为28.98%②。这部分大学生经受过血与火的洗礼，迎来了新中国的诞生。他们生在旧社会，由于多数是工农子弟，祖辈以至他们自己都有一本旧社会的血泪账。他们对新中国无限热爱，对党充满感情。他们具有高度的政治热情和政治参与感。由于正值冷战，中国和其他社会主义国家一样，意识形态彼此对抗，与西方相对隔离。由于信息不足，教育者的传授往往更易被人民接受。

1949年到1956年，高校马克思主义理论教育取得初步成效，学生的思想觉悟有了明显提高。不少学校学生争取入党、入团的人数不断增加；不少剥削阶级出身的学生，对资产阶级思想的侵蚀有了警惕，表示自己不愿再走父兄的老路。至于学生从理论上获得解决或进一步认识的一些问题，如对帝国主义本质的认识，对工人阶级领导、劳动光荣的体认、对苏联的道路就是我们的道路等的认识，这些收获是普遍的③。

当时给学生开政治课，对从事该课程教学的教师来说是一项很有挑战性的工作。一所高等学校中的马克思列宁主义教员，他“绝不

---

① 李正文. 谈谈大学马列主义理论课的几个问题[J]. 人民教育，1980(1)：50.

② 中共中央文献研究室. 建国以来重要文献选编(第三册)[M]. 北京：中央文献出版社，1992：318.

③ 上海各高等学校政治理论教育情况报告(第二次修正稿). 上海档案馆馆藏档案，A26-2-390.

应该是书本上的公式、结论的呆板的传授者，而应该是正确宣传马克思列宁主义的精神实质并向一切反马克思列宁主义观点斗争的理论阵线上的战士和新的科学理论的创造者"①。当时的清华大学大课委员会充分调动教师主体积极性，在大礼堂让教师给全体学生（甚至包括许多教师）讲课，取得很好的效果。大课委员会不仅让清华名师上讲台，而且聘请校外名家来讲课。中国人民大学主讲"马克思主义哲学"课的吴玉黎教书极为敬业、勤勉、刻苦……每晚总是……在25瓦的灯光下伏案读书、写作、备课②。厉以宁在《难忘的大学生时期——纪念北京大学经济学院一百周年院庆》一文中回忆，那时的政治课学习，着重于启迪和引导，而不在于刻板地、硬性地灌输某一种思想。启迪和引导有利于调动每一个教师的积极性和每一个学生的积极性③。

总之，新中国成立初期师生为政治课教与学都付出了大量的时间和精力。事实证明，当时高校在办学的数量上和规模上较以前有较大的进步，基本上建立了一套新中国的高校管理体制，培养的大学生后来大都成为社会主义建设急需的各条战线的骨干力量。它有利于新社会制度在全国范围内的确立，基本上完成对高校师生进行的新的政治文化理念输入。中国共产党始终牢牢掌握着意识形态的主导权，引领青年大学生逐步认同和接受新的政治制度，接受新的马克思主义意识形态，认同党的领导地位，为新政权政治文化体系得以存在奠定合法性基础，也为以后政治理论课课程体系的建设和发展奠定了良好基础。

（2）新中国成立初期政治理论课教师主体性存在不足

第一，"向苏联学习"的一边倒取向，部分消解了政治理论课教师

---

① 云光. 中国人民大学马克思列宁主义教研室工作中的几点体会[J]. 教学与研究，1953(4)：22.

② 吴忠民.《教学与研究》：两代人的情缘[J]. 教学与研究，2012(11)：94.

③ 厉以宁. 难忘的大学生时期——纪念北京大学经济学院一百周年院庆[EB/OL]. http：//econ. pku. edu. cn/yuanqing/displaynews. asp?id=6955

主体性。

新中国成立之初，确立了向苏联学习的“一面倒”方针。刘少奇指出：“我们要建国，同样也必须‘以俄为师’，学习苏联人民的建国经验。”①共和国第一次全国教育工作会议提出，建设新教育要以老解放区新教育经验为基础，吸收旧教育某些有用的经验，特别要借助苏联教育建设的先进经验②。自此，全国掀起了学习苏联教育经验的高潮。

凯洛夫的《教育学》认为，苏维埃教育学就是论述共产主义教育的科学③。他还强调教育学的“党性”原则，确定了教师在教学中的权威性、主导性。20 世纪 50 年代后至“文革”前，以前苏联教育家凯洛夫的教学理论为指导（在教学形式理论方面实质上与西方传统教学论是一致的），“凯洛夫教育理论体系”对我国教育科学产生了重要影响。

当时的政治课形式上学习、移植了苏联体系。中国人民大学的马列教研室管理“根据苏联的经验……采取单一的负责制”④，教研室“三年（指 1950—1953 年中国人民大学马克思列宁主义教研室成立以来的三年）多的工作过程，是学习和灵活运用苏联先进教学经验的过程”⑤。当时的中国人民大学邀请苏联专家为本校教师作题为《关于高等学校的讲课方法问题》的专题报告，从一般要求、备课、讲课、向马克思列宁主义经典作家学习演讲的艺术等多个方面进行面授⑥。但

---

① 中央教育科学研究所. 中华人民共和国教育大事记(1949—1982)[M]. 北京：教育科学出版社，1984：4.

② 中央教育科学研究所. 中华人民共和国教育大事记(1949—1982)[M]. 北京：教育科学出版社，1984：8.

③ [苏联] 凯洛夫. 教育学上册(16 版)[M]. 沈颖，南致善等译. 北京：人民教育出版社，1953：15.

④ 云光. 中国人民大学马克思列宁主义教研室工作中的几点体会[J]. 教学与研究，1953(4)：23.

⑤ 云光. 中国人民大学马克思列宁主义教研室工作中的几点体会[J]. 教学与研究，1953(4)：23.

⑥ 姆・斯・谢列兹聂夫. 关于高等学校的讲课方法问题[J]. 教学与研究，1955(1)：42—50.

也有人感慨,在"精神实质上,苏联共产主义教育对专家、学者和学生个体的尊重,其特别强调的整体育人的教育思想导向都未能为我们所吸取"①。

一些不顾中国国情的教条主义,契合了政权交替后翻身民众的期待,一度较深地影响了我国教学实际,其明显局限是"封杀了教师在理论和创造意义上探索教学工作的需求"②,政治课教师往往只能被动迎合国家和社会的需求,在进行价值选择时要么"随大流",要么"矫枉过正",自身主体性的发挥受到束缚,教育理论与实践难以有效创生……

1956 年,毛泽东指出:"学习苏联问题不要迷信,对的就学,不对的就不学"③。时任中共中央宣传部部长的陆定一也强调:"我们发现,有好些地方生搬硬套过苏联经验。……学习苏联是很重要的,但是绝不能一概照搬过来。"④

第二,愿望和现实可能性尚不契合,影响了政治课教师的理性认同。

在特定的政治经济结构背景下,课程便可以被理解为范围广、层次高的政治经济治理活动中的一个组成部分,承担起浓厚的政治意义和意识形态色彩。当时的中国人民大学曾规定,一切课程的讲授都必须以马克思列宁主义的理论作为基础⑤。该时期,不少政治理论课教师能尽可能地主动采取有计划有步骤的新颖教学方法,具体实施中十分注意理论联系实际,始终与党的中心工作相联系,也与党员干部和群众的思想实际相联系。

① 白萍. 回归本体:新中国高校德育思想演进研究[D]. 武汉:华中科技大学,2009:159.

② 叶澜. 重建课堂教学过程观[J]. 教育研究,2002(10):25.

③ 薄一波. 若干重大决策与事件的回顾:上卷[M]. 北京:中共中央党校出版社,1991:484.

④ 中央教育科学研究所. 中华人民共和国教育大事记(1949—1982)[M]. 北京:教育科学出版社,1984:167.

⑤ 彭明. 中国人民大学的教学方法[J]. 教学与研究,1953(4):3.

从新中国成立初期政治课课堂教学方法的实施成效来看，基本达到了“用政治课来解决学生的思想问题”的目的①。几年来高等学校政治教育是有成绩的，教师是积极努力的，“即令教师水准不高，但有决心把这门功课教好，也仍可改善教学状况的”②。1951 年 4 月，教育部将 1950 年度高校教学审查会议总结通报各校，指出各级学校“对政治课大多重视”，课程的精简有了比较明显的成绩③。但通过实践来看，当时的政治课教学中“还存在有教条主义倾向和形式主义倾向等不少的问题”④。“用政治课来解决学生的思想问题”只能是当时特殊情况制度建构的产物，整个高校教学工作不能仅仅围绕政治理论教育来进行，理论教育与专业教育往往会产生矛盾。在此矛盾中，政策导向不恰当地强调政治理论教育只会导致政治理论课教师的自卑感。毕竟政治课不能仅仅是自上而下的命令，它还应该是授受双方都积极互动参与的自觉运动，不是能用权力来强制学生接受。

另外，新中国成立初期我国对政治理论课“教学改革要求过高过急，以致学生的学习负担过重，影响学生健康，造成学生忽视政治与学习效果不高的现象”⑤。由于目标定得过高，又缺乏经验，造成教学工作“质量不高，数量不足，教学改革的速度不快，尤其是政治教学情况最严重，成绩最差”⑥。一些政治理论课教师缺乏对自身的身份认同，对一些问题认识不清，把握不到位。当时有关方面也已认识到，要讨论解决“政治思想教育中出现的‘过左’情绪，教学方法上的教条主义偏向，教学内容上的讲授重点不明确和教学组织不健全等

① 教育部社科司. 普通高校思想政治理论课文献选编(1949—2008)[M]. 北京：中国人民大学出版社，2008：6.

② 方直. 略谈改善政治课教学情况[J]. 人民教育，1950(1)：23.

③ 中央教育科学研究所. 中华人民共和国教育大事记(1949—1982)[M]. 北京：教育科学出版社，1984：36.

④ 社论. 切实改进教学方法[J]. 教学与研究，1955(11)：1.

⑤ 教学情况. 上海档案馆馆藏档案，A23-2-70.

⑥ 陈其五在高等学校和中等专业学校(院)长座谈会上的发言记录. 上海档案馆馆藏档案，A23-2-21.

问题"[①]。鉴于出现的问题，文件要求要在今后切实改进政治理论课的教学工作，提高教学质量，认真贯彻理论联系实际的方针，克服目前教学工作中脱离实际的教条主义偏向和背诵公式、死记条文、并在名词和概念上兜圈子的书呆子习气[②]。

第三，整体取向的社会教化部分遮蔽了政治课教师主体性。

1951年，第51期《中国青年》刊登了蒋南翔题为《论学校中的思想政治教育》的文章。该文指出"学校中的思想政治教育，应该不仅仅是政治课程所单独担当的任务，而是应该成为学校中所有课程所共同担任的经常任务"[③]。诚然，从旧体制到新社会，政治课教师群体主体身份认同出现了同质现象。去除"因政治、历史问题而不适合的"、"业务差，但又无培养前途的"、"身体健康条件等原因不适宜担任政治理论课教师者"，应该说，政治理论课教师队伍的纯洁性是有保证的[④]。新中国成立初期，由于长期生活在旧社会，他们需要调整心态以适应新的政治文化生态环境，要克服超阶级、超政治，要克服亲美、崇美思想，要加强学习，增进对政权的认同和感激。在大一统的初创期，许多历史记忆、思想资源是当时的教师们共有的，许多知识和内容等待着全新的诠释，在这种特殊语境下，个人话语、国家话语、民族话语及思想政治话语都能集体性达到相当程度的统一。

那时大多数的政治课教师均能自信自觉地将自己融入那个特殊的时代。他们坚持积极灌输，使大学生掌握马克思主义基本原理，给大学生带来启蒙。政治理论课程的地位和作用"在学校中与过去相比是逐渐上升的，一般扭转了学生的'政治课是卫生课，上不上无所

① 中央教育科学研究所. 中华人民共和国教育大事记(1949—1982)[M]. 北京：教育科学出版社，1984：22.

② 教育部社科司. 普通高校思想政治理论课文献选编(1949—2008)[M]. 北京：中国人民大学出版社，2008：21.

③ 冯刚，沈壮海. 中华人民共和国学校德育编年史[M]. 北京：中国人民大学出版社，2010：39.

④ 关于上海市16个高等学校的政治课师资情况及意见的报告. 上海档案馆馆藏档案，A23-2-47.

谓'的看法"①。但大部分的学生还只是把它作为一门课程来学，自觉要求学习政治课的还仅限于党员和部分优秀团员。

新中国成立初期的意识形态具有明显的理想主义特征，直接的、单一化的方式，可以使受教育的人数大大增加。然而，急于求成的政治目标和政治功能定位，简单化操作和疾风暴雨式的灌输可能导致学校马克思主义理论应有的理性逻辑受到阻滞，政治理论课的思想性与战斗性得以片面异常强化。"苏式"思维定式，一定程度上遮蔽了人们对自身民族文化的反思和承继，并阻碍了人们了解其他国家先进经验的视线。

另外，那时强调"学校所有教师在自己所任课程的各个教学环节中向学生进行思想政治教育……每个教师都应有向学生进行教育和教养的责任"②。对于政治课教师，更是强调其角色所应承担的政治宣传和知识传授要求。这种要求往往忽略了对教师个体本身发展的关注和培养，对马克思主义理论的可持续自觉灌输带来了一些不利影响。

（二）"革命教化"：身份认同偏差与教师主体性的遮蔽

1957 年以后，中国教育的独立探索渐渐开始。钱昌照代表在第一届全国人民代表大会第四次会议上发言，要求加强学校里的思想政治教育。他说，政治课的添设，政治教师的培养，政治工作干部的充实，政治教材的编制，课外政治思想教育的加强，都是刻不容缓的事③。跟新中国成立初期一样，高校德育苏联模式的基本体系、内容已在我国大致保留了下来，虽然在实质内容上已发生了变化。

1957 年开始了反右斗争。同年 12 月，高等教育部、教育部发出《关于在全国高等学校开设社会主义教育课程的指示》，规定在全国

① 上海各高等学校政治理论教育情况报告（第二次修正稿）．上海档案馆馆藏档案，A26-2-390.

② 中央教育科学研究所．中华人民共和国教育大事记（1949—1982）［M］．北京：教育科学出版社，1984：147.

③ 上海各高等学校政治理论教育情况报告（第二次修正稿）．上海档案馆馆藏档案，A26-2-390.

高等学校各年级普遍开设"社会主义教育"课程,要求全体学生和研究生必须无例外地参加学习。课程内容"以毛泽东同志的《关于正确处理人民内部矛盾的问题》为中心教材,同时阅读一些必须的马克思列宁主义经典著作、党的文件和其他文件"①,原开设的四门政治课一律停开,实际上是以政治运动、时事教育、日常思想工作、劳动锻炼等代替四门理论课教学。从此以后,除 1962 年贯彻"高教六十条"一度恢复过四门理论课外,基本上是名存实亡了②。

1958 年至 1960 年,是"大跃进"、大革命年代;之后是 1960 至 1966 年,是调整的年代。从 1958 年开始,全国掀起"大跃进"浪潮,喊出"大炼钢铁"、"赶美超英"口号。"教育大革命""左"倾浪潮则冲击了教育科学建设。1958 年,中苏关系开始恶化,至 1960 年完全破裂,苏联开始撤离专家。教育界开始了对苏联教育学的批判。无论如何,1949 年至 1966 年,我国培养了 155 万名毕业生,1.6 万名研究生,还有近 20 万名业余大学和函授大学毕业生,特别是工科毕业学生相当于国民党时期二十年工科毕业生总和的三倍③。

但肯定成绩不等于掩盖问题。

1. 政治理论课程具有鲜明的革命教化特征

(1) 新中国成立初期大学生和教师出现"热情消失"的现象

由于意识形态的一致,新中国成立后我们已接受了苏联的一些基本教育理论、教育制度、教学模式以至教学方法。在克服学习苏联经验中的教条主义错误,努力探索社会主义教育改革的道路时,"左"的干扰开始了。由于对意识形态领域内的阶级斗争形势作出错误的判断,以致从"肃反"、"反右"、"反右倾"起,对大学生和教师的情况一直是错误分析、错误地下结论。结果,"建国初期存在于大学生和教

---

① 冯刚,沈壮海. 中华人民共和国学校德育编年史[M]. 北京:中国人民大学出版社,2010:126.

② 李正文. 谈谈大学马列主义理论课的几个问题[J]. 人民教育,1980(1):50.

③ 袁长青. 对中华人民共和国高校改革四十余年的历史回顾与反思[A]. 科学发展观和中国高等教育——2005 年高等教育国际论坛论文汇编[C]. 2005:395.

师中的热情消失了"[①]，到了社会主义教育运动，特别是到了"文化大革命"，是非颠倒，黑白不分，给全民族带来了巨大的灾难[②]。

1959年以后，随着教育"大跃进"之后高校正常教学秩序的恢复，高等学校的政治理论课程也结束了只开一门"社会主义教育"课程的局面，并开始对课程进行相应调整。同年4月，教育部在北京举办马克思列宁主义课程教师学习会。高等学校公共必修的马列主义课程定为"社会主义"、"政治经济学"、"哲学"、"中共党史"四门。一段时期以来，高校逐渐丧失了它应有的独立精神和话语权。各高校的原有学者、教师包括政治理论课教师在内都自觉或不自觉地接受了"改造"，一些人选择了缄默，就连北大和一些名校的大家也不能独善其身。

（2）政治理论课教学开始呈现"革命教化"的特征

由于形势需要，北京大学等走在加强政治理论课教学"革命教化"的前列。全校既有密切结合各项政治运动、生产劳动和学生思想实际的政治思想教育课，也分别开设了系统的马列主义基础课。北京大学党委曾采取一系列措施提高政治课的教学质量。党委第一书记陆平担任了政治理论教研室主任，党委书记和副书记分别担任了社会主义和共产主义课各专题的讲授。各系的党总支也都指定专人负责政治理论教育工作[③]。当时，许多学校的党委书记和校院长都直接领导了政治课教研室的工作，并且亲自主讲政治课。

（3）"形势与任务"对师生思想与行为考察的强调

1961年，《改进高等学校共同政治理论课教学的意见》指出，高等学校共同政治理论课程包括两类：一是"马克思列宁主义基础理

① 厉以宁.难忘的大学生时期——纪念北京大学经济学院一百周年院庆[EB/OL]. http://econ.pku.edu.cn/yuanqing/displaynews.asp?id=6955

② 厉以宁.难忘的大学生时期——纪念北京大学经济学院一百周年院庆[EB/OL]. http://econ.pku.edu.cn/yuanqing/displaynews.asp?id=6955

③ 加强政治理论课教学　北大政治教育课和马列主义基础课同时并进[N].人民日报，1959-3-29(2).

论"，二是"形势与任务"①。至此，高校马克思主义理论教育又重新走上健康发展的轨道。7 月，《中华人民共和国教育部关于 1961—1962 学年度上学期高等学校共同政治理论课安排的几点意见》要求，针对"课程和教学内容很不稳定，没有教科书；教师数量和质量不能满足客观需要；学生的马克思列宁主义基础理论知识比较缺乏"等现象②，要求对没有系统学习过马克思列宁主义基础理论的约四千人左右（教师）在两三年内采用"短期集中，单科独进"的办法轮训一遍，采取有效措施，提高现有教师的政治、业务水平③。1961 年 9 月，经中共中央批准试行的《教育部直属高等学校暂行工作条例（草案）》（简称"高教六十条"），重新规定了高校的基本任务和学生培养目标，强调高等学校必须以教学为主，努力提高教学质量，一定程度上纠正了 1958 年以来在政治与专业、红与专方面出现的偏差，对 60 年代前期高校的人才培养起到积极作用。

经过几年探索与调整，中国高校的政治理论课程开始渐渐具有了自己的雏形，政治理论课程更强调"形势与任务"教学，更强调社会政治教化，也更强调对学生思想与行为的考察。1962 年，教育部《关于高等学校共同政治理论课教学安排的几点意见》指出，理、工、农、医院校可暂开设哲学、政治经济学、中共党史三门课程。与新中国成立初期一样，该时期高校共同政治理论课程的部分"教科书，短时期内不能编出"④。1963 年 3 月，新华社报道，北京大学社会科学各门学科的教师在教学中认真钻研马克思列宁主义理论，使教学内容不断充实和丰富，提高课程的教学质量。7 月，中共中央在北戴河召开

---

① 教育部社科司．普通高校思想政治理论课文献选编（1949—2008）[M]．北京：中国人民大学出版社，2008：41.

② 冯刚，沈壮海．中华人民共和国学校德育编年史[M]．北京：中国人民大学出版社，2010：160.

③ 教育部社科司．普通高校思想政治理论课文献选编（1949—2008）[M]．北京：中国人民大学出版社，2008：42.

④ 教育部社科司．普通高校思想政治理论课文献选编（1949—2008）[M]．北京：中国人民大学出版社，2008：46.

政治局会议，会议提出阶级斗争要“年年讲、月月讲、日日讲”。1964年10月，《中央宣传部、高教部党组、教育部临时党组关于改进高等学校、中等学校政治理论课的意见》规定了政治理论课的根本任务，确定了今后高等学校共同政治理论课，除继续开设“形势与任务”外，设置“中共党史”、“哲学”、“政治经济学”等课。该《意见》认为兴无灭资斗争改造学生的思想，“单靠政治理论课是不行的，……但是，把政治理论课教好，也是不可缺少的一个重要方面”①。

2. 打造“革命化”和“为政治服务”的政治理论课教师队伍

(1)“政治挂帅”：教师主体性被压抑

1958年，党的教育工作方针调整为“教育必须为无产阶级政治服务，教育与生产劳动结合”②。随后，从机构设置到师资认定，从教材选取到授课内容，教育体现了阶级性——为无产阶级政治服务，这也直接导致了教师和学生的主体性没有能得到更好的发挥。同年4月，教育部发布《对高等学校政治教育工作的几点意见(草稿)》，提出今后开设政治课的意见及补充、培养和提高政治课教师的办法。

1959年5月，《人民日报》发表题为《教师的主导作用与又红又专》的社论，党和政府对教师的要求尤其是政治课的要求依旧很高，“政治挂帅”要求教育事业用以“改造旧社会和建设新社会”③，绝对服从于主流意识形态需要，而教师评价和教学要求的理念发生着与之前不同的取向。许多高校的马克思主义理论课教师纷纷到各系担任兼职工作，与学生同吃、同住、同学习。由此，正常的教学秩序被打乱。教师们无暇也不可能撇开政治运动和生产劳动纯粹传授基本的马克思主义理论，教师正常教学和学科建设遭到剧烈冲击，教师与学生思想逐渐受禁锢，难以进行深入的理性思考。马克思主义理论课

① 教育部社科司.普通高校思想政治理论课文献选编(1949—2008)[M].北京：中国人民大学出版社，2008：50.

② 教育部社科司.普通高校思想政治理论课文献选编(1949—2008)[M].北京：中国人民大学出版社，2008：38.

③ 冯刚，沈壮海.中华人民共和国学校德育编年史[M].北京：中国人民大学出版社，2010：145.

程体系被取消，教材建设也陷于瘫痪状态。

(2) 角色外设要求与身份内在认同有冲突

1964年，《关于改进高等学校、中等学校政治理论课的意见》要求教师队伍必须革命化。该文件要求"政治理论课教师应当为反修、防修，培养革命接班人服务，成为马克思列宁主义、毛泽东思想的宣传员，兴无灭资的战士"①，同时，文件也要求政治理论课教师"既会教书，又会进行思想改造工作"，做学生的知心朋友，随同学生一起下乡下厂，还要社会主义教育运动，要求政治理论课教师"首先应当通读、精读毛主席著作，认真学习党中央重要文件，同时也要选读一些马、恩、列、斯的著作"。文件鼓励有条件的老师进行学术理论研究，规定高校政治理论课教师同全校学生的比例应当做到1∶100，校党委还应该积极帮助政治课教师解决听报告、看文件的困难等。

50年代后期到"文革"前夕，高校政治理论课教学动荡多变。虽几经纠偏，高校政治理论课的内容仍然渐渐被全面学习毛泽东著作所代替，"文革"期间则被迫中断。"教育与生产劳动结合的原则是不可移易的"，在很多情况下，政治运动左右着课堂理论学习，"教师的时间被政治运动占满了或挤掉了"，政治理论课教师忙于"为政治服务"②。

1960年，《人民日报》发表题为《高等学校要更好地促进知识分子劳动化》社论，认为我国文化革命的要求是"工农群众知识化"、"知识分子劳动化"③；1964年，《人民日报》发表题为《充分发挥政治理论课的战斗作用》社论，将政治理论课定位为"用马克思列宁主义、毛泽东思想武装青年……同资产阶级争夺青年一代"④的一个重要阵地。

① 教育部社科司. 普通高校思想政治理论课文献选编(1949—2008)[M]. 北京：中国人民大学出版社，2008：53.

② 厉以宁. 难忘的大学生时期——纪念北京大学经济学院一百周年院庆[EB/OL]. http://econ.pku.edu.cn/yuanqing/displaynews.asp?id=6955

③ 冯刚，沈壮海. 中华人民共和国学校德育编年史[M]. 北京：中国人民大学出版社，2010：153.

④ 充分发挥政治理论课的战斗作用[N]. 人民日报，1964-12-17(2).

这使一些政治理论课成了"语录课"，"人人用，堂堂用"，出现了"车间（田头）就是课堂"，"教材以生产为纲"，"学生编教材"等过火的做法①。

政治运动影响到教学方法和教学手段的各个要素，正常的高校马克思主义理论课教学受到极大冲击。"革命教化"的政治实用和特定理想，在相当程度上忽略了马克思主义理论课应有的逻辑、理论研究等。明显的意识形态特征话语和失序的政治运动导致教师内在认同不能同步匹配，他们既不能宏观也不能微观上实现"一身一任"主体性，无法对大学生进行马克思主义理论的正常宣传，青年学生也不可能系统学习马克思主义理论知识。

3. "革命教化"时期政治理论课教师主体性具有自身特点

（1）部分政治课教师遭遇的不公正评价产生对身份认同的抵牾

政治理论课教师必须"用毛泽东思想武装头脑，锻炼成为坚强的革命者，有充沛的革命热情，有一定的马克思列宁主义理论和实际的知识，有做学生思想工作的能力"②。政治理论课教学的根本改进，要求教师队伍必须革命化。然而，在党的"八大"会议上，知识分子的大多数仍"被划入剥削阶级的范围"③。由于对知识分子属性的错误划分以及对知识分子的极端鄙视和不信任，使得不少教师包括政治理论课教师或被批判，或处于被改造的境地，极大地影响了政治课教师的身份认同，也削弱了教师工作积极性。

（2）政治格式化导致教师主体性日渐被淹没

从国际背景来看，该时期西方发达国家开始掀起基础教育课程改革运动，日益重视科学知识内容的强化。反观我国，从"知识分子劳动化"到要求"教师队伍必须革命化"，极"左"和反右使得政治化格

① 毕霞，孙其昂. 改革开放前高校马克思主义理论教学模式反思[J]. 江苏高教，2001(4)：48.

② 冯刚，沈壮海. 中华人民共和国学校德育编年史[M]. 北京：中国人民大学出版社，2010：205.

③ 中共中央文献研究室. 关于建国以来党的若干历史问题的决议(注释本)[M]. 北京：人民出版社，1983：260.

式化的烙印十分明显，也使当时的中国高校发展在一定程度上偏离了教育本身的规律。一批高校政治理论课教师对自己的身份缺乏自信，对自身身份的理解有了偏差。当正常的学术观念和政治批判之间画上等号时，政治热情和理性学术便产生了不可调和的隔阂，教书和学术研究的教师主体性便日渐被遮蔽，他们的自我认同、地位和灵魂开始受到挑战。从新中国成立初期到"文化大革命"前，政治理论课教师更多的表现为社会的代言人、规范的代言人。政治理论课教师对高等教育理论研究呈现出些许苍白。尽管曾在高教领域开展过政治思想与专业学习关系问题的讨论，但强烈的政治色彩，导致人们不再能重视政治思想教育的理论和观点。政治理论课教师也"没有跳出简单引证或诠释马列经典著作的某些话语或现时领导人观点的窠臼"①。

（三）极端教化：身份认同和教师主体性的缺失和异化

1966—1976 年是高校马克思主义理论课课程体系的曲折发展阶段。由于"文化大革命"的极"左"路线主导，马克思主义理论课声誉被严重破坏。教师被作为"资产阶级知识分子"、"反动学术权威"和"臭老九"而大加批判，很多教师身心惨遭迫害和摧残。"一身一任"教师主体性出现异化。

1. "泛化"的政治教育使马列主义理论课教师声誉遭毁

"文革"期间，高校教育几近荒诞。教科书"假左真右"，实用主义为我所用，表面上好像很重视学校政治课的教学，有的地方甚至规定了政治课要占全部教学时间的三分之一②。但是，实际上学生并未学多少马克思主义的基础知识。"理论联系实际"下削弱的是对马克思主义基本原理的教与学。那时，突出政治、"以阶级斗争为纲"和"坚持无产阶级专政条件下继续革命的理论"成为高等学校政治理论

---

① 袁长青. 对中华人民共和国高校改革四十余年的历史回顾与反思[A]. 科学发展观和中国高等教育——2005 年高等教育国际论坛论文汇编[C]. 2005：396.

② 万茂福. 彻底批判"四人帮"的假左真右，搞好马列主义理论课的教学[J]. 荆州师专学报，1978(发刊号)：4.

课的主要内容。多数教师由于形势教育取代了系统的理论教育，头上的棍子逼着按照林彪、“四人帮”规定的那一套讲，致使马列主义理论课的信誉丧失殆尽①。马列主义理论教师的声誉也随之遭到毁坏。

2. 课程的名存实亡使政治理论课教师主体性消失殆尽

“文化大革命”期间，课程被砍掉，教研室被砸烂，教师队伍被打散，马列主义理论课名实俱亡②。政治理论课教师队伍严重流失，他们被分期、分批到工厂、农村、部队，政治上接受再教育，业务上进行再学习③。在高校，工农兵学员则充分发挥出了主动性和创造性，甚至参加到改革教材的工作。在教师“印发讲义或讲授提纲，提倡自学”④时期，“一身一任”的政治理论课教师主体性却消失殆尽。相关课程被削弱、破坏，教育者和被教育者关系颠倒，“开门办学”取代了课堂教学，马克思主义理论教育主渠道被冲垮，原本还有些独立意识独立人格的个体逐渐消失，政治理论课教师应有的辨别能力和质疑能力受到削减。

3. 极端的教化使部分政治理论课教师主体性发生异化

这十年的高校政治理论课延续了1958年“教育为无产阶级政治服务”的方针，政治理论课的基本定位走向极端。这种极端的社会教化方式使得政治课本身的意义付之阙如，一方面让政治理论课教师主体性受到更为严重的遮蔽；另一方面教育领域所奉行的对“人”的加工和塑造的“物”的方式不可避免地导致了教育对“人”的异化⑤。马克思主义认为，异化是指人的物质生产与精神生产及其产品变成异己力量，反过来统治人的一种社会现象。异化概念所反映的，是人

---

① 李正文.谈谈大学马列主义理论课的几个问题[J].人民教育，1980(1)：52.

② 李正文.谈谈大学马列主义理论课的几个问题[J].人民教育，1980(1)：50.

③ 教育部社科司.普通高校思想政治理论课文献选编(1949—2008)[M].北京：中国人民大学出版社，2008：63.

④ 教育部社科司.普通高校思想政治理论课文献选编(1949—2008)[M].北京：中国人民大学出版社，2008：63.

⑤ 高伟.生存论教育哲学[M].北京：教育科学出版社，2006：12.

们的生产活动及其产品反对人们自己的特殊性质和特殊关系。在"文革"期间,教师原有的身份感和主体能动性丧失了,他们中一些人不可避免地异化为对主导意识形态的单一注释。

主体自身的异化是在主客体关系中发生的,是主体的主体性的丧失,是主客体地位的倒置①。荒唐与蒙昧、混乱和颠倒,带给政治理论课教学的是空白,留给政治理论课教师自身认同和"他者"认同的诸多困惑。他们将自身定位为"传声筒"和他人意向的"转换器",没有把自己当成一个理性的有见解、能独立判断和有决策能力的人。此时,政治理论课本身"丧失了科学性,走上了一条畸形的价值诉求之路"②。政治理论课教师主体独立精神进一步退化,自尊进一步丧失。

需要指出的是,政治理论课是直接为党的路线、方针和政策服务的,它不可能摆脱党的指导。党的路线比较稳妥和正确,政治理论课的主渠道作用就能正常发挥。倘若党的路线发生了偏差和失误,时代主旋律被异化,政治理论课就必然受到影响,政治理论课教师的身份被异化也是自然而然的。

(四) 拨乱反正:身份认同的恢复和教师主体性的重现

"文化大革命"结束后,高校恢复高考招生。经过拨乱反正,教育事业得以恢复和发展。然而,"左"倾错误的影响依然存在。高校发展面临不少问题,恢复高考后的北京大学许多教员也是"多年没有教书,没有看书"③。邓小平回到中央工作以后,形势才出现了转机,教师身份认同得以渐渐恢复,"一身一任"主体性也得以渐渐复苏。

1. 恢复高考:倡导全社会尊重教师

1977 年 6 月,《人民日报》发表文章《正确认识、充分发挥人民教师的作用》指出,人民教师在教育学生的过程中体现着重要的主导作

---

① 郭湛. 主体性哲学[M]. 昆明:云南人民出版社,2002:204—205.

② 张耀灿. 思想政治教育学前沿[M]. 北京:人民出版社,2006:97.

③ 袁长青. 对中华人民共和国高校改革四十余年的历史回顾与反思[A]. 科学发展观和中国高等教育——2005 年高等教育国际论坛论文汇编[C]. 2005.

用。教师"能否以政治统帅业务，自身有没有理论与实践相统一的比较完全的知识，讲授是否得法，这些都直接影响到学生能不能在德、智、体几方面得到全面的发展"①。同年9月，邓小平明确提出"两个估计"是错误的。年底，恢复高等学校入学全国统一考试，使青年人看到了前途、看到了希望。

1978年3月和4月，全国科学大会和全国教育工作会议分别召开，对教育战线进行拨乱反正，为我国教育事业和教育科学研究走上正轨起了重要作用。4月，邓小平在全国教育工作会议上发表讲话，指出："一个学校能不能为社会主义培养合格的人才，培养德智体全面发展、有社会主义觉悟的有文化的劳动者，关键在教师。"他倡导全社会尊重教师，对于优秀的教育工作者，应该大张旗鼓地予以表扬和奖励，应努力提高现有教师队伍的教学能力和教学质量，教育部和各地教育行政部门，要采取切实有效的措施，比如充分利用广播、电视，举办各种训练班、进修班，编印教学参考资料等，大力培训师资……希望广大教师努力在政治上、业务上不断提高，沿着又红又专的道路前进②。

2. 走出阴影：马列主义理论课教师主体性复苏

(1) 马列主义理论课教师身份认同的开始恢复

1978年，《教育部办公厅关于加强高等学校马列主义理论教育的意见》强调了马克思主义理论在中国高等教育中的地位，指出"马列主义理论课是社会主义各类高等学校的必修课。开设马列主义理论课，是新中国大学区别于旧中国大学，社会主义高等学校区别于资本主义高等学校的一个重要标志"。因此，教师必须教好，学生必须学好，各级领导必须管好，该意见要求"有计划地组织各种形式和规模的马列主义理论讨论会、报告会、教学经验交流会，还组织马列主

---

① 冯刚，沈壮海. 中华人民共和国学校德育编年史[M]. 北京：中国人民大学出版社，2010：347.

② 教育部社科司. 普通高校思想政治理论课文献选编(1949—2008)[M]. 北京：中国人民大学出版社，2008：69.

义水平较高的教师到各地讲学"①。随后，教育部恢复了"文化大革命"以前那种利用每年暑假举办的全国理论课骨干教师讲习班或学习会。各地各高校开始重视理论课教师的水平提升，要求采取多种形式分期分批地培训现有教师。教育部商请高级党校专门举办理论课教师学习班，中国人民大学举办理论课教师的进修班，有条件的重点综合性大学的马列主义理论专业扩大进修生名额②。

（2）拨乱反正时期政治理论课教师主体性的渐渐复苏

首先，一批有经验的马克思主义理论专业教师重新走上讲台。高等学校理论课教师队伍整体表现出"数量缺、水平低、任务重、后继乏人"③。有的院校由于教师缺乏，有些理论课一直开不出来。许多教师身体素质越来越差，有的教师只好长期带病坚持工作。为此，《教育部办公厅关于加强高等学校马列主义理论教育的意见》要求各院校"应设置专门机构"④，加强对理论教育的领导，从体制上支持和帮助马列主义理论课教师完成本职工作，从文件、资料的提供以及分期分批对教师的培训，保证教师正常的教育教学工作。

其次，教学环境受政治斗争影响的程度明显减弱。高校开始探索新政治理论课体系的构建。由于受到新中国成立初期苏联模式的影响，也由于社会主义国家大学与西方的意识形态有着本质差异，在制度建构层面我国高校依然选择了 50 年代形成的社会政治教化机制和知识传授的教育模式。

第三，政治理论课教师已开始渐渐恢复身份认同。这个时代，恢复高考后进校的学生有了一定程度的思考，许多青年人逐渐从政治

---

① 教育部社科司．普通高校思想政治理论课文献选编（1949—2008）[M]．北京：中国人民大学出版社，2008：70．

② 教育部社科司．普通高校思想政治理论课文献选编（1949—2008）[M]．北京：中国人民大学出版社，2008：74．

③ 教育部社科司．普通高校思想政治理论课文献选编（1949—2008）[M]．北京：中国人民大学出版社，2008：73．

④ 教育部社科司．普通高校思想政治理论课文献选编（1949—2008）[M]．北京：中国人民大学出版社，2008：74．

的盲目走向了思想上的独立。高等教育“逐渐从纯政治化和意识形态化的阴影下走了出来,更加重视高等教育中对人的培养,而不是简单地对人的改造或某种格式化的塑造”①。由于时代的变迁,师生之间开始出现双向式交流。虽然,大学生的“自我意识”与“自主选择”观念开始不断加强,但是,政治理论课教师在“培养什么人”和“怎样培养人”问题上依然未能达成根本共识。

二、改革开放以来思想政治理论课教师主体性的特点

十一届三中全会后,我国教育发展进入新阶段。随着教学改革的开展,政治理论课课堂教学有了不少新的组织形式,教学过程从教师“权威”开始向重视学生接受转变。改革开放以来,中国教育发展可分为三个小阶段:第一个阶段是1979年至1984年,主要是教育反思,为我国教育的重建和发展提供可资借鉴的经验;第二个阶段可分为1985—1993年、1993—2004年两段,前段在我国经济体制由计划经济向市场经济转变的形势下,我国教育界探索建立新的适应社会主义市场经济的现代教育体制和理论体系,后段是从1993年开始探索中国教育现代化,创建有中国特色教育理论体系;第三个阶段是2005年至今。与之相对应,高校政治理论课教学也有了阶段性发展,既有教育反思阶段“改进和加强高等学校马列主义理论”课程恢复,又有之后“85方案”、“98方案”和“05方案”的试行。高校政治理论课教师的身份认同也从重构走向逐步增强,主体性从苏醒走向较大幅度的提升。

(一)教育反思:身份认同的重构与教师主体性的复苏

1. 马列主义理论课的地位恢复和教师的培养和提高

(1)马列主义理论课的恢复与重建

这一阶段是马列主义理论课的恢复时期,主要是为纠正“文革”

---

① 袁长青.对中华人民共和国高校改革四十余年的历史回顾与反思[A].科学发展观和中国高等教育——2005年高等教育国际论坛论文汇编[C].2005:400.

期间“以阶级斗争为纲”的教学内容。1978 年,全国教育工作会议提出,开设“马列主义理论课”是社会主义高等学校的重要标志之一。1980 年 7 月,教育部关于印发《改进和加强高等学校马列主义课的试行办法》的通知指出,高校马列主义理论课的任务是“自觉地为社会主义现代化建设服务,为人民服务”①。该文件要求“各高等学校一般都应该建立马列主义教研室”,要求全国高校本科开设“中共党史”、“政治经济学”、“哲学”三门课,指出马列主义教师的主要职责,是从事教学和科研,“要充分调动马列主义教师的积极性”②。1982 年,中宣部、教育部联合召开高校政治理论教育座谈会,提出“不应把政治理论课单纯看做是传授科学思想方法和专业知识的课程”③。以此为标志,直到 1985 年,课程建设的主要工作是恢复正规化的马列主义理论教育。

1984 年,邓小平指出:“在青年中发现和培养马克思主义者,是一个很重要的任务。现在发现的还少。大学、中学的政治课都要认真改进。”④同年 9 月,中央宣传部、教育部联合发出《关于加强和改进高等院校马克思主义理论教育的若干规定》的通知指出,把马列主义理论课作为必修课,是社会主义大学区别于资本主义大学的重要标志。

(2) 马列主义理论课教师的培养和提高

1979 年 5 月,全国高校政治理论教师共计 13 458 名⑤。但多数教师是近几年毕业的工农兵学员,理论水平低,文化科学知识差,有

① 教育部社科司.普通高校思想政治理论课文献选编(1949—2008)[M].北京:中国人民大学出版社,2008:86.

② 教育部社科司.普通高校思想政治理论课文献选编(1949—2008)[M].北京:中国人民大学出版社,2008:89.

③ 冯刚,沈壮海.中华人民共和国学校德育编年史[M].北京:中国人民大学出版社,2010:461.

④ 冯刚,沈壮海.中华人民共和国学校德育编年史[M].北京:中国人民大学出版社,2010:499.

⑤ 教育部社科司.普通高校思想政治理论课文献选编(1949—2008)[M].北京:中国人民大学出版社,2008:75.

的还读不懂马列原著，有的甚至连伦敦在哪里都不知道①。那时，当政治教员的同志就有许多苦恼了，“思想跟不上，去年是那样说，今年是这样说，到底哪个对”②。中老年教师也缺乏学习进修的条件，大多数“迫切需要提高”。因此，举办假期讲习会和短期进修班，是当时提高教师素养的有效方法。

1979 年 7 月至 8 月，教育部分别和中共北京市委、上海市委、黑龙江省委在北京、上海、哈尔滨举办高等学校政治理论课教师暑期讲习会。参加三个地区暑期讲习会的教师有 1 000 余名③。1980 年 4 月，教育部、共青团中央《关于加强高等学校学生思想政治工作的意见》肯定马列主义理论课“教师是政治思想和科学文化知识的传播者”④，要求教育行政部门要采取措施，培训教师，改革教材，交流经验，提高教学质量，恢复被林彪、“四人帮”败坏了的马列主义理论课的声誉。该意见认为那种取消或削弱马列主义理论课的主张是错误的，并就马列主义教师的培养和提高作了部署，首次提出教师应努力提高自己的理论水平，发扬党的优良传统和作风，成为学生的表率。各校党委应组织马列主义教师有计划地外出参观和进行社会调查，所需经费应列入学校预算。该意见还强调应该解决教师队伍的职称和待遇，切实提高各级学校思想理论课教师的地位⑤。同年 7 月，教育部发布《改进和加强高等学校马列主义课的试行办法》，指出“要充分调动马列主义教师的积极性”。1984 年，《关于加强和改进高等院校马克思主义理论教育的若干规定》要求教师认真备课，把教学变为

---

① 教育部社科司．普通高校思想政治理论课文献选编(1949—2008)[M]．北京：中国人民大学出版社，2008：77．

② 王若水．在上海全国高等学校马列主义理论课教师暑期讲习会上的讲话[J]．中共山西省委党校学报，1980(1)：2．

③ 冯刚，沈壮海．中华人民共和国学校德育编年史[M]．北京：中国人民大学出版社，2010：395．

④ 教育部社科司．普通高校思想政治理论课文献选编(1949—2008)[M]．北京：中国人民大学出版社，2008：81．

⑤ 教育部社科司．普通高校思想政治理论课文献选编(1949—2008)[M]．北京：中国人民大学出版社，2008：89．

师生一起运用马列主义的立场、观点、方法研究和讨论问题的过程,坚决克服“注入式”的教学方法,要求教师积极开展科学研究工作,正常开展评审职称,主要“考察教学效果,考察教师转变学生思想的本领,同时也要考察教师的科研成就”。

2. 教师面临打开国门的考验与历史的挑战

“文革”结束,社会的急剧转型,对外开放也引来国外人本思潮。一些高校教师和青年学生中开始凸显主体自我意识,他们开始寻找自我、实现自我、寻求自我人生的归属感。马克思主义理论课教师面临巨大的考验和历史的挑战。他们也跟整个教育界一起开始学习外国教育经验,并首先瞄准了发达国家。美国、英国、法国、联邦德国、日本和苏联的一些教育教学理论和思想开始逐渐为国人熟悉。人民教育出版社从 70 年代末起还组织力量,陆续编译出版了《外国教育丛书》33 种①,全方位地介绍外国基础教育、师范教育、高等教育、职业技术教育的概况、特点和改革发展趋势,这在全国也是最早的,为打开世界教育之窗作出了可贵的尝试。

在高校恢复和重视马列主义理论教育,并且把理论课作为社会主义大学本质特征的体现,是一项重要战略举措。改革开放以来,对思想政治教育师资队伍的培养工作被提到更加重要的地位②。1978 年,针对当时高等学校理论课教师队伍存在的“数量缺、水平低、任务重、后继乏人”现象,教育部颁发了《关于加强高等学校马列主义理论教育的意见》。文件充分肯定了过去 28 年高校政治理论课的积极作用,明确“马列主义理论课是社会主义各类高等学校的必修课;开设马列主义理论课,是新中国大学区别于旧中国大学,社会主义高等学校区别于资本主义高等学校的一个重要标志”③。文件还就师资的

---

① 人民教育出版社课程教材研究所. 邓小平旗帜指引教材改革和发展[EB/OL]. http: //www. skycedu. com/ex/web/old/teacher/jyxx/28. htm

② 教育部社科司. 普通高校思想政治理论课文献选编(1949—2008)[M]. 北京:中国人民大学出版社,2008:74.

③ 教育部社科司. 普通高校思想政治理论课文献选编(1949—2008)[M]. 北京:中国人民大学出版社,2008:70.

补充和提高，提出了多项有针对性的举措，尤其对于理论课教师水平的提高，列举了六点办法①。

改革开放头几年，教育部领导已清醒地认识到“马列主义理论课应该有它的科学性、系统性、完整性”②。马列主义理论课的教学“总的说是向上的，许多学校的领导重视这门课，不少教员努力教课，学生努力学习”③。大多数课堂的秩序比较好，涌现了一批教学效果好的老师④。随着人的主体意识觉醒，为社会主义现代化服务的要求贯穿教育领域，教书育人有了新的时代要求。已有部分一线教师开始以研究者的眼光审视教学理论与教学实践中遇到的各种问题，反思自身行为。人性复归有了新的内涵，对教师立德树人的要求也随之提高。

3. 惯性沿袭还是能动超越：马列主义理论课教师的“身份纠结”

此阶段，一些马列主义理论课教师开始积极探索如何适应新形势的要求改革政治课，创造了一些新的经验⑤。在具体活动领域，一些教师开始增强自身教学主体身份意识，使教学成为一种自觉的实践，但是他们的外显行为中尚缺少行动的自主性、能动性和超越性。毕竟，刚刚转变的教师尚“纠结于”政治性与学术性的分离与整合。虽然，1979 年和 1980 年，一些马列主义理论课一线教师已开展了与教学有关的科学研究工作，论文发表于《人民教育》和《教学与研究》等期刊。但是教师自身对课程与教学的专业理解尚不足，也还没有拥有相应的高学历和合理的学科背景支持。

总体上，高校恢复和重建马克思主义理论课，教师们的身份随着

① 教育部社科司．普通高校思想政治理论课文献选编（1949—2008）[M]．北京：中国人民大学出版社，2008：74.

② 彭佩云．马列主义理论课要努力做到有战斗力，有说服力，有吸引力[J]．教学与研究，1983(2)：5.

③ 胡福明．上好马列主义理论课[J]．人民教育，1979(7)：8.

④ 彭佩云．马列主义理论课要努力做到有战斗力，有说服力，有吸引力[J]．教学与研究，1983(2)：2.

⑤ 彭佩云．马列主义理论课要努力做到有战斗力，有说服力，有吸引力[J]．教学与研究，1983(2)：2.

“必修课”地位而得到重新确认,但教师的身份认同却依旧面临着改革开放初期外来思潮冲击以及“文革”后政治泛化带来的重构。另外,改革开放初期,一些学校领导不够重视,有些学生上政治理论课时不专心听讲,或看其他书籍,或做其他作业,个别学生甚至无故缺课。虽然已有部分教师开始关注教学科学研究,但多数马列主义理论课教师对教学研究的关注度相对较弱。高等学校马列主义理论队伍,“存在着青黄不接、后继乏人的问题”①,总体上看,教学质量不高,有些教师信心不足。

这一时期,有关部门开始将“有没有战斗力、说服力和吸引力”作为衡量马列主义理论课教学效果的一个尺度。这说明,政治规训与知识灌输依旧是当时突出的问题。教师身份认同的重构并逐步强化,仍然存在着历史惯性沿袭带来的困难。

(二)从“85 方案”到“98 方案”:时代要求与教师主体自觉

这一时期可分为两段:“85 方案”和“98 方案”。20 世纪 80 年代中期,我国经济和社会发展进入了一个新的历史时期。1985 年,《中共中央关于教育体制改革的决定》指出,学校应充分调动师生员工和社会各方面的积极性。它拉开了教育全面改革的序幕,实现了全党全国在教育思想上真正向为社会主义现代化建设服务的转变。为了增强马列主义理论教育的现实性,1984 年,中宣部、教育部印发《关于加强和改进高等院校马列主义理论教育的若干规定》,提出要在全国高等院校增设“中国社会主义建设基本问题”课程。

1.“85 方案”:教师身份认同开始提升和主体性的重视

(1)“85 方案”的确立与学科的设置

80 年代初,学校马列主义理论课教学和教材存在着脱离中国社会实际、脱离学生、脱离时代的严重不适应状况。1985 年,《关于改革学校思想品德和政治理论课教学的通知》再一次强调指出,改革马克思主义思想理论课的教学,关键是坚决贯彻执行理论联系实际的

① 胡福明.上好马列主义理论课[J].人民教育,1979(7):11.

方针，明确要充分依靠和调动广大教师的积极性，坚定、积极而又有步骤地做好这项工作。1986年，国家教委把高等学校的政治理论课确定为四门，即“中国革命史”、“中国社会主义建设”、“马克思主义原理”、“世界经济与国际关系”①。1987年，《关于高等学校思想教育课程建设的意见》提出设置“形势与政策”、“法律基础”两门必修课，“大学生思想修养”、“人生哲理”、“职业道德”三门课可因校制宜有选择地开设。至此，“85方案”课程体系基本形成。

1984年，国家教委决定在高校设置思想政治教育专业。1987年，国家教委颁布《普通高等学校社会科学本科专科目录》，在“马克思主义理论、思想政治教育类”学科门类下设“思想政治教育”专业，首次将“思想政治教育”列入本科专业目录中。同年，国家教委印发《关于思想政治教育专业培养硕士研究生实施意见》的通知，决定从1988年开始培养思想政治教育专业硕士研究生。1988年，中国人民大学“科学社会主义原理”博士点下设立了马克思主义原理研究方向，这是中国博士生教育层次的第一个马克思主义理论教育研究方向，这为马克思主义理论学科建设奠定了重要基础。到1995年，马克思主义理论教育专业与思想政治教育专业已各有硕士点35个，中国人民大学还设立了马克思主义原理博士点②。学科点的设置大大增强了教师的身份认同度。

(2)“85方案”时期教师身份认同开始提升，主体性开始得到重视

第一，“既教书又育人”：马克思主义理论课教师面临着角色新要求。

1985年颁布的《中共中央关于改革学校思想品德和政治理论课程教学的通知》要求教师尽量采取启发式的教学方法。教师可以引

---

① 教育部社科司．普通高校思想政治理论课文献选编(1949—2008)[M]．北京：中国人民大学出版社，2008：110.

② 陈洪涛，张耀灿．新中国成立以来高校思想政治理论课教师队伍建设相关政策发展研究[J]．学校党建与思想教育，2009(7).

导学生通过切实而自由、引人入胜的讨论，掌握马克思主义的方法和理论原则。文件要求"建设一支坚持党的路线、有马克思主义觉悟和理论修养、有比较丰富的社会科学文史知识和必要的自然科学知识、热心于青少年思想理论教育工作的师资队伍"；充分发挥各级学校特别是教师的主动性、创造性和积极性①。

1986年，国家教委关于高等学校进一步贯彻《中共中央关于改革学校思想品德和政治理论课程教学的通知》的意见，明确指出"改革政治理论课教学，关键在于教师"，要求教师"既教书又育人"，在教学中不仅要传授知识，而且要以自己对共产主义事业、对马克思主义真理的坚强信念感染和教育学生，关心并帮助学生在思想上、政治上健康成长。意见要求努力克服脱离实际、脱离时代的弊病，坚持理论联系实际的方针，积极地投入教学改革②。1987年，国家教委颁发《关于进一步改革高等学校马克思主义理论课（公共课）教学的意见》，指出"建设一支政治上坚定、具有马克思主义理论素养、坚持理论联系实际、热心学生思想政治教育的理论课教师队伍，是改革马克思主义理论课教学的根本保证"③。文件旨在鼓励教师理论联系实际，搞好教学，深入学生，教书育人，"调动马克思主义理论课教师从事科研的积极性……对学生提出的重大疑难问题作出有说服力的解答"④。同年，《中共中央关于改进和加强高等学校思想政治工作的决定》指出，"办好社会主义的高等学校，培养德才兼备的学生，教师起着决定性的作用"，要求创造条件逐步建立马克思主义理论课新师

① 教育部社科司.普通高校思想政治理论课文献选编(1949—2008)[M].北京：中国人民大学出版社，2008：108.

② 教育部社科司.普通高校思想政治理论课文献选编(1949—2008)[M].北京：中国人民大学出版社，2008：111.

③ 教育部社科司.普通高校思想政治理论课文献选编(1949—2008)[M].北京：中国人民大学出版社，2008：120.

④ 教育部社科司.普通高校思想政治理论课文献选编(1949—2008)[M].北京：中国人民大学出版社，2008：121.

资培养基地①。

第二，"得到社会的高度尊重"：教师身份认同有了提升。

虽然，"多数学生对教学改革反映是好的"②。中央也较改革开放初期更多地重视了马克思主义理论课教师队伍建设。然而，由于种种因素，"多年来，我们的一些同志埋头于具体事务，对政治动态不关心，对思想工作不重视"③。1989 年前后，邓小平多次指出："我们最大的失误是在教育方面，思想政治工作薄弱了，教育发展不够。"④"许多思想工作没有做，好多话没有讲清楚。"⑤针对"在高校的马克思主义理论教育中还相当普遍存在理论脱离实际和淡化意识形态的倾向"⑥，1991 年，《国家教育委员会关于加强和改进高等学校马克思主义理论教育的若干意见》要求："马克思主义理论课教师必须与党中央保持高度一致，坚持四项基本原则，旗帜鲜明地反对资产阶级自由化；在思想上坚信马克思主义，具有全心全意为社会主义教育服务的精神；在业务上具有马克思主义理论基础、比较丰富的人文社会科学知识和必要的自然科学基础知识，并经过一定的实践锻炼。"意见强调"提高教师队伍的政治和业务水平，是提高教学质量的关键"，还列出马克思主义理论课教师队伍建设中还存在许多亟待解决的问题，如教师队伍政治和业务素质不齐、队伍不够稳定等，"鼓励教师深入学生，了解学生的思想情况，做到既教书又育人"，"围绕教学开展科学研究"，要求学校各部门协助和支持，加强和改进高校马克思主

① 教育部社科司. 普通高校思想政治理论课文献选编(1949—2008)[M]. 北京：中国人民大学出版社，2008：125.

② 教育部社科司. 普通高校思想政治理论课文献选编(1949—2008)[M]. 北京：中国人民大学出版社，2008：118.

③ 邓小平文选(第 3 卷)[M]. 北京：人民出版社，1993：325.

④ 邓小平文选(第 3 卷)[M]. 北京：人民出版社，1993：290.

⑤ 邓小平文选(第 3 卷)[M]. 北京：人民出版社，1993：327.

⑥ 教育部社科司. 普通高校思想政治理论课文献选编(1949—2008)[M]. 北京：中国人民大学出版社，2008：139.

义理论教育工作①。

1993年，《关于新形势下加强和改进高等学校党的建设和思想政治工作的若干意见》首次提出"两课"概念，明确指出："马克思主义理论课和思想政治教育课是学生思想政治教育的主渠道，是社会主义学校的本质特征之一。"该意见要求："贯彻理论联系实际的方针和'少而精'、'要管用'的原则，以增强说服力和有效性为目标。以改进教学内容和方法为重点，注意相辅相成，深入进行教学改革。"②意见还专门指出，要加强"两课"教师队伍的建设，在补充人员、阅读文件、培训提高、参观考察、出国交流、职称评定、奖酬金分配等方面实行倾斜政策。1994年，中共中央颁布《关于进一步加强和改进学校德育工作的若干意见》，强调"教师最关键，要认真履行《教师法》规定的教书育人任务，言传身教，为人师表，引导学生德智体全面发展"③，要"建立表彰制度，增强德育队伍的事业心和使命感，并使他们的工作得到社会的高度尊重"④。

(3) "85方案"时期，"两课"教师身份认同困惑和主体性状况分析

第一，"两课"教师的身份认同依旧存在困惑。

查阅中国知网，键入"主题"为"马列主义理论课"，1979—1985年期刊论文不到15条信息。1992年以后，高校"两课"教师的教学研究空前活跃，仅1985—1995年期刊论文显示即有804条。"85方案"时期，"两课"教师中存在一些较为严重的断层现象，如"年龄断层、结构性断层、知识性断层、技术性断层"⑤；"两课"教学内容与社会教育

① 教育部社科司.普通高校思想政治理论课文献选编(1949—2008)[M].北京：中国人民大学出版社，2008：141.

② 教育部社科司.普通高校思想政治理论课文献选编(1949—2008)[M].北京：中国人民大学出版社，2008：148.

③ 教育部社科司.普通高校思想政治理论课文献选编(1949—2008)[M].北京：中国人民大学出版社，2008：153.

④ 教育部社科司.普通高校思想政治理论课文献选编(1949—2008)[M].北京：中国人民大学出版社，2008：155.

⑤ 任重.学习《教师法》，提高"两课"教师素质[J].贵州师范大学学报(哲社版)，1994(3)：106.

环境的差距较大，教师处于双重人格之中；“两课”应将坚定正确的政治方向放在首位，但不少学生则视“两课”教育为“无所谓”；高校“两课”教师感受着周边轻视的氛围，面临着工作负担沉重，教学难度增大，而培训、晋职、待遇等难以尽如人意等问题①。除了对其提高素质的资金投入太少，职称评审的科研要求与课内教学实际的能力也存在偏差；“两课”教师学科与专业的特殊性考虑欠缺；“两课”教师的信息要求，长期得不到基本满足。

第二，“一专多能”的“倒逼”：“两课”教师积极提升自我。

该时期，各高校提倡一名“两课”教师能讲授两门以上马克思主义理论课，或讲授马克思主义理论课、其他专业课或新开边缘学科课程，既可拓宽教师知识面、提高整体素质，还可降低教育成本，有利于结合各校专业和新学科的建设。“一专多能”效果因人而异。有些学科与“两课”看似跨度较大，教师在追逐这些原本与政治理论课教学“风马牛不相及”的学科时，身份认同度也随之弱化，有的教师从此“移情别恋”离开了“两课”岗位。当然，也有的“两课”教师则从其他学科中汲取了先进的教学理念和教学方法，既拓宽了教师的知识面，又提升了教师自信心，反过来强化了自身认同。这阶段的“两课”教师已开始有较多机会得到进修和提高。为避免低层次的重复劳动，教师们呼吁教学信息资料情报网络应有健全，“除图书馆外，有关文件以及一些资料应向教师开放”②。一些高校已着力建设电化教学，并实现区内互通、资源共享。总之，思想政治理论课教师的身份认同与主体性是与改革开放以来中国现代化进程同步同构的。

虽然，中央及地方出台了一系列政策，各高校及一些教师们尽力增进理论课教师身份认同，强化“一身一任”的理论课教师主体性。但是，随着改革开放的深入，传统的理论课还是难以弥补大学生政治

---

① 钟惠英. 政治理论课教师必须讲政治[J]. 高校理论战线，1996(11)：20.

② 任重. 学习《教师法》，提高“两课”教师素质[J]. 贵州师范大学学报(哲社版)，1994(3)：97.

认同要求与思想迷惘现状之间的落差。尤其是80年代末到90年代初,社会主义低潮的大环境给“两课”教育教学带来严峻考验,“两课”教师是否具备积极的应变和调控能力?他们能否跳出经典的理论框架,追踪研究新情况新问题?如何不回避,不绕道,发挥教师的主体积极性,创造性地改变课堂教学的绵软无力?

纵观该时段,“两课”教师个体素质和群体素质表现为几个“不”和一系列“老化”趋势:“不”表现为数量不足、政治和业务素质不齐、教师队伍已出现青黄不接……“老化”既表现为知识结构老化,师资大都属于纯理论型,知识结构较为单一,思维方式也显现纯政治化,他们对现代科学技术知识、趋势缺乏理解,缺乏社会主义市场经济及相关知识的知晓,缺乏对国外思潮的准确把握。这种“老化”也表现为年龄结构老化,“师资来源短缺,思想理论教育各学科报考者寥寥”①。“一身一任”的“两课”教师主体性状况发生悄然变化,教师的选择呈现多元化。“两课”教学岗位留不住人,跳槽者频现,即使留在教学一线,不少教师也是人心浮动,而且越年轻的教师越不安心执教,教师队伍中的职业认同度有减弱趋势,教学与科研的自觉程度也出现减弱趋势。

社会主义市场经济重新调整了人们的利益关系,起初几年体制机制的不完善,容易使人们陷入思想困惑和认识误区。热点、疑点和难点的解读,需要“两课”教师强化身份认同,站到教学第一线理直气壮地予以解疑释惑,这也倒逼着“两课”教师产生自我提升的主体需求。

复旦大学原社科部副主任姚惠福珍藏多年的一份装订整齐的资料,从一个侧面印证着一位前辈对自己职业的强烈认同。早在1996年,复旦大学社科部便建立了“读一本好书”的学习制度,组织大家反复研读马列原著、《邓小平文选》和以江泽民同志为核心的党的第三

① 李家珉.对高校马克思主义理论教育现状的反省[J].思想理论教育,1994(专辑二):41.

代领导人的有关重要讲话，通读邓小平传记、中国和世界史以及其他高水平的理论学术专著、国外重要的流派译著等，形成原著—讲话—传记—历史—年谱—专著、译著等一整套比较科学的读书序列。在研读基础上，复旦大学社科部定期召开读书报告会，深入交流读书体会，在各种学科、各种视角、各种观点的相互碰撞启迪中，整合出新的见解与认识。这样，一方面教师科研成果在有关报纸杂志上发表，通过社会检验的方式最终巩固教师头脑中不断增强对党的基本理论、基本路线和基本纲领的全面把握；另一方面则有利于充实教学内容，提高教师身份认同，促进课堂教学质量提升。

第三，"两课"教师、德育专家和理论家面临角色新要求。

1996 年，《全国高校"两课"管理工作座谈会会议纪要》中写道：改革开放以来，中央对高校"两课"教学改革提出了新的更高的要求，"两课"一定要"讲政治"。首先，要求加强有关"两课"的硕士和博士研究生教育，培养和造就一批出色的"两课"教师、德育专家和理论家①。其次，调整"两课"教学内容，使其与不断深化改革带来的新情况、新问题配套。

改革开放以来，世界风云变化，国际竞争日趋激烈，科技发展迅速，尤其是在建立社会主义市场经济体制环境里，怎样帮助青年学生认清人类历史的走向和社会主义发展的前景，使他们树立坚定正确的政治方向？如何帮助学生增强抵制错误思潮和拜金主义、享乐主义、极端个人主义腐朽思想侵蚀的能力？这是该时期"两课"教学及改革要求紧紧围绕的根本目标，也是需要"两课"教师强化身份认同、增强主体性以解决新情况新问题。自此，现代化"两课"教学方法得到提倡。国家教委鼓励和组织教师开展课外教学，支持和指导学生骨干和积极分子开展课外理论学习，要求教师充分利用影视资料，开展电化教学②。

---

① 教育部社科司．普通高校思想政治理论课文献选编(1949—2008)[M]．北京：中国人民大学出版社，2008：160.

② 教育部社科司．普通高校思想政治理论课文献选编(1949—2008)[M]．北京：中国人民大学出版社，2008：160.

1991年，《国家教育委员会关于加强和改进高等学校马克思主义理论教育的若干意见》指出：实践证明，广大高校马克思主义理论课教师队伍，从总体上看是好的和比较好的①。就上海高校"两课"改革状况而言，该阶段采取"面上不大动，点上用深功，试点出经验，滚动推全面"的方针。如华东理工大学建立了以四门新的必修课为主干课程，三十多门配套选修课为扩充课程的新的课程体系。那时，上海举办六期"两课"骨干教师培训班的学员，遍及49所高校，后来基本上都已成为各校"两课"的学科带头人，全市高校已初步形成了一支思想、科研、教学都比较过得硬的中青年骨干教师队伍②。一些高校也创造条件，提供教师接触社会的机会，或社会考察，或有计划地选送"两课"教师出国进修或考察。

高校马克思主义理论课教师除了自身有扎实的马克思主义理论功底之外，还必须拓宽知识面，在增加人文科学、应用社会科学方面的知识的同时，尤其要多增添一些现代科技知识。"85方案"更多地关注了大学政治理论课教育教学的思想性、教育性内涵，更多地关注大学生的成长需求，并形成了一系列的组织保障制度。教师是一个具有独一性的"人"。思想政治理论课教师的"生活经验、背景、校内与校外的生活方式、教师的生命周期等都会深刻影响教师对教学的看法"③。

这里，笔者以华东师范大学社科部卢娟作为80年代教师个案加以阐析④。

---

① 教育部社科司.普通高校思想政治理论课文献选编(1949—2008)[M].北京：中国人民大学出版社，2008：141.

② 1993年上海教育[M].上海：上海教育出版社，1994：162.

③ 徐斌艳.教师专业发展的多元途径[M].上海：上海教育出版社，2008：3.

④ 卢娟，1936年生，中共党员，教授，享受国务院特殊津贴。长年从事校文科硕士生"马克思主义原著选读"和"科学社会主义理论与实践"等课程教学，以"终身之计莫如树人"的信念成为学生探索社会和人生奥秘的良师益友，胡乔木同志生前曾写信给予极大的鼓励。出版个人专著、合编教材6本，发表论文近30篇。卢娟曾任华东师范大学社科部(或称马列主义教研室)教学主任、主任。她先后7次被评为学校先进工作者、优秀教师，获评1985年度上海市劳动模范、1986年全国教育系统劳动模范、1992年全国师范院校"曾宪梓优秀教学"二等奖、1993年"上海市优秀马列主义教师"称号。

卢娟有着对所从事的“马克思主义思想理论教育”教师身份的强烈认同。她认为,倘若“马克思主义思想理论教育”教学不能对学生的思想和感情以陶冶教益,不能给学生的行为以指导,必然会受到人们的怀疑;倘若一个教师不能从其推崇的教学中获取信仰,同样也无法说服学生,这是她执著的信条。卢娟从教40余年,一直兢兢业业、满怀激情,是对自己教学和学生的热爱让她如此的执著和乐此不疲!多年来,卢娟老师把理论素养的提升放在第一位。她执著的信条促使她发挥出优秀教师特有的主体性。

她积极提升理论素养。她“在繁忙的教学过程中,挤出时间学习了马克思主义的早期和晚年著作、马克思主义哲学发展史和欧洲哲学史,在自己比较系统了解马克思主义哲学著作的基础上给学生讲授马克思主义哲学原理。所以,卢娟老师的课堂不仅仅局限于讲干枯的几个结论,她把这些结论放到自己积累的一个更广阔的背景知识之上,认真揭示马克思主义自身魅力。……开拓了学生的视野,给学生以思维方法的启迪”①。她主动向有关专家请教,每天孜孜不倦地阅读研究大量的西方哲学的书,边学边为学生作比较讲授,让学生心悦诚服。

她努力改进教学方法。她每次上课前都会问自己:“第一句话怎么讲?内容怎么安排?”有一次,学校邀请她上党课,她很精心地准备了自己的教案,但上课前,她偶然看到央视播出的杨澜专访非洲一个小国的马拉松运动员带伤坚持比赛的素材。便立即把这个事例充实到教案中,把可能枯燥的内容讲活了。

她特别注重学生的需求,着力调适师生关系。但面对多元思潮冲击,如何坚持主流意识形态的一元主导,是卢老师常常思

① 为人师表,满腔热情树栋梁;因材施教,一片丹心育桃李——社科部教授卢娟老师专访[EB/OL]. 华东师范大学社科部,http://www.skb.ecnu.edu.cn/jxdt/display.asp?id=16

考的重点。课下很多学生不但把学习中遇到的问题与卢娟老师一起探讨,感情生活上遇到的难题也向她求教。79级一位女同学恋爱受挫,卢娟老师及时给予疏导,鼓励她走出阴影。在毕业后的第一个中秋节,这位学生写了长达15页的信表达谢意,同时更深入地与卢娟老师进一步探讨人生等问题。

她践行教改,勇于实践和探索,她的主体性发挥也得到社会的承认。《解放日报》《光明日报》纷纷报道卢娟老师课程改革先进事迹。

说故事(叙事)和叙事研究可以“帮助人们从经历中获得意义从而有助于教师的专业成长和个人发展”①。卢娟老师的个案昭示其成功秘密,即对“两课”教师“一身一任”主体性的理解和践行。正是因为卢娟老师有着对所从事的“马克思主义思想理论教育”教师身份的强烈认同,她才会主动把自身理论素养的提升放在第一位,才主动学习经典理论,努力改进教学方法,着力调适师生关系……

卢娟老师自觉地将其个人生活经验、生活感觉、价值观的投射到所从事的教书育人事业中。这一个案展示了思想政治理论课教师主体性建构既离不开外在“培养”、“塑造”、“激励”和“开发”,更来源于她内在认同,以及由此而投入的积极互动。

2. “两课”发展时期,“一身二任”主体性的多元化发展

20世纪90年代,“两课”(即“马克思主义基本理论”和“思想品德”两类课程)格局建立起来。但是,“两课”教材和师资力量等方面存在较多的实际困难,在学理和队伍建设方面依旧缺乏较为有力的学科支撑。

(1)“98方案”的设立

在高校原有的“85”课程体系的基础上,1993年8月,《关于新形势下加强和改进高等学校党的建设和思想政治工作的若干意见》第

---

① 黄景.教师身份·教师能动·教师自主:二十年从教经历的反思[J].教育学术月刊,2010(8).

一次提出了"两课"称谓，即马克思主义理论课和思想政治教育课程，"两课"是学生思想政治教育的主渠道，是社会主义学校的本质特征之一，"两课"要注意加强教学的针对性，从理论和实践的结合上，回答学生普遍关心的"热点"问题。

1995 年 10 月，《关于高校马克思主义理论课和思想品德课教学改革的若干意见》的通知，正式规范了"两课"称谓，并在沿袭原有课程方案的基础上，要求"两课"教学要"以邓小平同志建设有中国特色社会主义理论为中心内容"，以《邓小平同志建设有中国特色社会主义理论学习纲要》为教学纲要，把邓小平同志建设有中国特色社会主义理论编成教材，进入课堂，用以教育武装青年学生①。该《意见》强调了对教师队伍的要求，希望能培养和建设一支坚信马克思主义，政治上与党中央保持高度一致，有扎实的马克思主义理论基础和一定的科研能力、比较丰富的人文社会科学知识和必要的自然科学基础知识以及一定的思想政治教育经验、献身思想理论教育事业的教师队伍②。之后的两三年，国家教委和各省教委陆续确定了一些高校进行"两课"改革试点，一些学校陆续开设了"邓小平理论"课程。

1996 年，全国高校"两课"管理工作座谈会在广州召开，要求加大教师教学方法的改革力度，大力推动教学手段的现代化，切实重视师资队伍建设工作，加强有关的硕士和博士研究生教育，培养和造就一批出色的"两课"教师、德育专家和理论家，特别要注意跨世纪优秀人才的培养。1997 年初，政治理论课呈现出"教学体系总的看是偏大，同时学术性、知识性的内容有增大之势"③。

1998 年 4 月，中央政治局常委讨论高等学校政治理论课程教学改革方案，研究了高校开设"邓小平理论"课和"两课"教学与改革问

---

① 教育部社科司. 普通高校思想政治理论课文献选编（1949—2008）[M]. 北京：中国人民大学出版社，2008：158.

② 教育部社科司. 普通高校思想政治理论课文献选编（1949—2008）[M]. 北京：中国人民大学出版社，2008：160.

③ 奚广庆. 学习六中全会精神　深化高校政治理论课改革[J]. 教学与研究，1997(1)：7.

题，这在新中国历史上是史无前例的。会议确定了新的高校"两课"课程方案。6月，《关于普通高校"两课"课程设置的规定及其实施工作的意见》颁发，规定本科课程设置为："马克思主义哲学原理"、"马克思主义政治经济学原理"、"毛泽东思想概论"、"邓小平理论概论"、"当代世界经济与政治"（文科开设）、"思想道德修养"、"法律基础"，同时开设"形势与政策"①。由此，"98方案"的8门课程在"两课"教学中得以实施。为落实党的"十五大"精神，进一步解决好邓小平理论"进教材，进课堂，进头脑"，中宣部、教育部明确要求，充分发挥"两课"教师的积极性和创造性，认真抓好师资培训工作。要制定师资培训计划，加强教师培训基地建设②。同年年底，教育部成立普通高等学校马克思主义理论课和思想品德课教学指导委员会。1999年秋季学期，所有高等学校原则上开始实施"98方案"。随着"三个代表"重要思想在全党指导地位的确立，"邓小平理论概论"于2003年调整为"邓小平理论与'三个代表'重要思想概论"。

（2）学科建设和"两课"教师主体性的发展

人们在积极探索加强和改进高校思想政治教育课程规律的过程中，对课程建设与学科发展的关系问题达成越来越自觉、清晰的认识，相应地马克思主义理论教育相关学科也都获得了一定程度的发展。1994年，中共中央发布《关于进一步加强和改进学校德育工作的若干意见》，强调思想政治教育是一门科学，要把思想政治教育作为人文社会科学的重点学科加以建设③。1995年，国家教委颁发《关于高校马克思主义理论课和思想品德课教学改革的若干意见》，要求

① 教育部社科司．普通高校思想政治理论课文献选编（1949—2008）[M]．北京：中国人民大学出版社，2008：183.

② 教育部社科司．普通高校思想政治理论课文献选编（1949—2008）[M]．北京：中国人民大学出版社，2008：185.

③ 教育部社科司．普通高校思想政治理论课文献选编（1949—2008）[M]．北京：中国人民大学出版社，2008：154.

把“两课”作为学校的重点课程加以建设①。1996年，利用学科目录调整的机会，1984年设立的思想政治教育专业被改为“马克思主义理论与思想政治教育”，设在政治学一级学科之下，形成了独立的二级学科。1999年，《教育部、国务院学位委员会关于开展高等学校教师在职攻读硕士学位工作的通知》批准以中国人民大学、清华大学、武汉大学等15所高校为培养学校，“在1999年至2004年间，使3 500名左右在任‘两课’专职教师通过在职学习的方式，获得了硕士学位”②。同时，相关学科毕业的一些中青年博士充实到“两课”队伍中。但很遗憾，各高校也出现了好多博士与“两课”对不上号的现象③。

1997年初，国家教委希望从“讲政治”的高度，更加重视政治理论课学科建设，特别是教师队伍建设④，毕竟教师“自身马克思主义理论素养差，政治上不清醒，不坚定，怎么去教育学生”⑤？

教育者必须先受教育。自2000年起，教育部社政司采取三种形式开展教师培训工作：其一，用三年时间选拔100—150位45岁以下的中青年骨干教师引入滚动培训的行列；其二，请专家为各高校开展每门课的课程教学培训；其三，全面提高在任“两课”教师综合素质培训的力度，使从事高校“两课”专任教师工作三年(含三年)以上、政治素质较好、热爱“两课”教学工作的教师，通过联考入学培训获取硕士学位。

在北京大学，“邓小平理论”课采取名师专题讲座形式，“一个本

① 教育部社科司.普通高校思想政治理论课文献选编(1949—2008)[M].北京：中国人民大学出版社，2008：160.

② 教育部社科司.普通高校思想政治理论课文献选编(1949—2008)[M].北京：中国人民大学出版社，2008：187.

③ 选自2003年复旦大学牵头的综合组调研资料之一：复旦大学《“两课”专家访谈》(时间：2003年5月16日，地点：华东师范大学社科部，访谈专家卢娟，访谈人姚惠福、王贤卿).

④ 奚广庆.学习六中全会精神　深化高校政治理论课改革[J].教学与研究，1997(1)：7.

⑤ 马绍孟.充分发挥高校哲学社会科学在社会主义精神文明建设中的重要作用[J].教学与研究，1997(1)：11.

科生能够在一个学期里,通过一门课程,听到这么多知名教授的授课,这在北京大学的教学史上是空前的”①。学生从“用心、用情”授课的任课教师身上学到了怎样做学问、怎样做人。2003年2月,教育部颁发《关于进一步深化“三个代表”重要思想“三进”工作的通知》指出:“三个代表”进学生头脑,首先要进“两课”教师头脑。“两课”教师必须多学一点、早学一点、学好一点、学深一点,这是高质量上好“两课”的基本前提和重要保证②。时任北京大学马克思主义学院院长的陈占安教授表示,老师应该有这样一种观念,只要是有利于学生的学习,老师再麻烦、再辛苦,也是应该的③。

(3) 期待新的变革:“两课”教师主体性呈现多元化发展趋势

90年代中期以后,随着社会主义市场经济的建立与发展,中国整个国家和社会均在剧烈的社会转型时期经受着强烈的思想冲击与震撼。互联网的迅速发展开阔了人们的视野和思维,全方位地影响着人们的思想和观念,这也不可避免地影响到了高校“两课”教师。据2004年的一份“大学生思想政治教育”调研报告④显示,多数教师高度认同中国现有的社会主义发展道路。但是,近年来,大学教师的价值观发生了深刻变化,但呈现出多元化发展趋势。

首先,数据显示一些公共理论课教师有着与其身份不尽相符的“半信半疑”。调查对专业课教师和公共理论课教师作了比较。公共理论课教师在“爱党爱国”选项中得分高于专业课教师,但“敢讲真

---

① 陈占安.北京大学开设“邓小平理论”课的基本情况及其特点[J].教学与研究,1998(6):23.

② 教育部社科司.普通高校思想政治理论课文献选编(1949—2008)[M].北京:中国人民大学出版社,2008:194.

③ 杨晨光.“两课”可以很精彩——北京大学马克思主义学院“两课”教学工作侧记[N].中国教育报,2004-6-25(3).

④ 此次“大学生思想政治教育”调查乃团中央学校部与中国青少年研究中心于2004年10月至12月,联合开展的。调查采用问卷调查与座谈、访谈相结合的方法,在北京、上海、福建、湖南、辽宁和陕西六省(市)20所高校发放问卷5 000份。其中大学生问卷4 000份、教师问卷1 000份,分别回收问卷3 774份和945份,所有回收问卷均为有效问卷。http://q.sohu.com/forum/10/topic/5428217

话”和“公平公正”方面略显不足，在所有选项中得分最低。有的教师和学生认为，公共理论课教师对教科书中的观点持“半信半疑”的态度①。一些教师只会套用马克思主义经典理论的观点，不能灵活地分析实际问题。另外，一些理论课教师未能转换表达话语，口号式的教条灌输不能契合学生的接受特点。

其次，公共理论课教师评价度低于专业教师。一些学生对高校政治理论课教师持有相当的抵触与冷漠。调研数据显示，公共理论课教师在“学术声望”、“学生欢迎程度”、“进修机会”、“经济收入”等方面比专业课教师差；对“评优机会”和“专业水平”的评价，公共理论课教师则分别低于专业课教师 29.3 个百分点和 24.3 个百分点②。教师反映，学生对公共理论课的重视程度比专业课低。公共理论课的“经费投入”、“学科建设”与“教材建设”普遍落后于专业课。

第三，明确学科地位，加强教材建设。随着公共理论课的设立和发展，作为其学科基础，逐步形成了“马克思主义理论与思想政治教育”学科。“05 方案”前，该学科硕士点已逾百家，博士点达 27 家③。作为二级学科，“马克思主义理论与思想政治教育”挂靠在政治学一级学科之下。时值公共理论课教材改革已经进行了十余年，但是理论体系、框架和内容仍显陈旧。因此，明确其学科地位和学科内涵，加强内容创新，促进公共理论课的教材建设等日显必要。

整体看，1998 年“两课”课程新方案工作取得了明显进展，为引导大学生树立科学的世界观、人生观和价值观起到了重要作用，各地高校已开始着力将“两课”列为重点课程来建设。耕耘在“两课”主阵地、主渠道课堂上的教师正开始渐渐走出政治意识形态的简单遮蔽，他们开始以“专业知识人”的身份和地位从事其独立的探索，教师自

---

① 中国青少年研究中心团中央学校部课题组.“大学生思想政治教育”调研报告[J].中国青年研究，2005(7).

② “大学生思想政治教育”调研报告[EB/OL]. http://q.sohu.com/forum/10/topic/5428217

③ 中国青少年研究中心团中央学校部课题组.“大学生思想政治教育”调研报告[J].中国青年研究，2005(7).

我认同逐渐有了提升。此时的"两课"教师，既希望高校政治理论课延续以往理想化的"理性建构模式"，又在直接面临变迁的洪流冲击时开始显示出积极的主体思考。调研反映出的主要问题是"课时比较多，课堂效果不很理想，在许多学校都程度不同地存在着教师难教、学生学习积极性不高的问题"①。问题也包括：少数教师素质不高，敬业精神不强，理论功底欠缺；个别青年教师"讲马列不信马列"②；一些青年教师不管学生听不听，讲完了事。比如老师讲辩证法讲得累死了，但学生讲辩证法就是变戏法，青年教师不像老教师那样去想法解决问题③。另外，一些高校在体制机制上的落实不到位，也影响了"两课"教师的身份认同和工作积极性。在一些座谈会上，有些教师将"两课"教育教学情况概括为"上层文件不务实、中层学校不落实、基层教学不踏实"④。这说明，"两课"教育教学依旧存在着不适应新形势、新情况和新挑战的问题，已到非改不可的时候。2004年，思想政治理论课"05 方案"正式确立。

三、身份认同与思想政治理论课教师主体性的历史交互

认同是指"现代在现代社会中塑造的、以自我为轴心展开和运转的、对自我身份的确认"⑤。考察新中国成立以来思想政治理论课教师身份认同与教师主体性沿革，不难发现两者之间存在着多元多变

① "邓小平与当代大学生思想政治教育座谈会"发言摘要[J]. 思想理论教育导刊，2004(8)：18.

② 选自 2003 年复旦大学牵头的综合组调研资料之一：复旦大学《关于政治理论课课程改革的实施方案》(征求意见稿)。该课题组调研范围涉及多个省市 50 多所各类普通高校，组织了万人问卷(面向学生)、千人座谈(包括高校主管党政领导、从事"两课"教育教学的教师和专家学者、非"两课"的专家学者、上述人员中已经退休的领导和教师、本科学生和研究生，等等)、百人专访(主要包括资深领导和专家学者)等调研活动。

③ 选自 2003 年复旦大学牵头的综合组调研资料之一：复旦大学《"两课"专家访谈》(时间 2003 年 5 月 16 日，地点：华东师范大学社科部，访谈专家卢娟，访谈人姚惠福、王贤卿).

④ 选自 2003 年复旦大学牵头的综合组调研资料之一：全国普通高校"两课"教育教学调研综合组调研报告(初稿).

⑤ 王成兵. 当代认同危机的人学解读[M]. 北京：中国社会科学出版社，2004：9.

的历史交互。然而，思想政治理论课教师"一身一任"主体性始终未变。

(一) 多元多变："一身一任"教师主体性的受动与顺应

身份认同不足是指一种人的自我身份感、价值和意义感的缺失。思想政治理论课教师的身份认同是指他们的自我身份感。新中国成立以来，尤其是改革开放以来，高校思想政治理论课教师总体来说有着较为理性的身份认同。然而，思想政治理论课教师自身认同感与其应有的国家赋予角色要求相比尚有欠缺。这欠缺受到历史性和自发性要素的限制，教师身份认同以及与之联动的主体性表现出阶段性特点。

1. 历史性和自发性因素的限制和教师的认同转换

(1) 人的主体性受到历史性限制

人是在一定的社会关系结构中得以生存和发展的，个人是整个社会之网上的一个纽结。社会关系是人的发展的重要资源。社会的发展最终是为了个人的全面而自由的发展。而人性不是一成不变的，整个历史不过是人类本性的不断改变而已[①]。不同历史阶段，人与自然、人与他人的社会关系各不相同，这也体现了人的有限性。不同历史时代，社会生产力达到不同发展水平，社会发展也表现出各不相同的时代性特点，人的主体性毫不例外地受到历史性限制和各种自发性因素的限制。

(2) 开始了单一国家政治身份向兼具学科研究和传播的身份认同转换

新中国成立初期到"文革"期间，受刚性制度的强力操控，政治课教师完全听命于意识形态指挥棒，政治课自发成为亦步亦趋的教化工具。到改革开放以后，由于西方思潮涌入，政治理论课教师开始渐渐摆脱以往"政治紧身衣"，有意识地建构起适合自身发展的教学话语。历史地看，新中国成立初期至改革开放前，政治理论课教师的认

---

① 马克思恩格斯选集(第1卷)[M]. 北京：人民出版社，1995：172.

同大多停留在国家和政治身份认同的层次上。当然,期间也有对照搬苏俄理论的反省等主体身份的自觉萌发。这一自觉,为马列主义理论自身的回归奠定了基础,有利于政治课今后更好地服务于社会现实。改革开放后,思想政治理论课教师逐渐开始从单纯国家政治身份转向马克思主义学科研究和主流意识形态有效传播的“一身一任”身份认同和建构。

在学科内容上,实现思想政治理论课所属马克思主义一级学科从无到有的转化。虽然,从课程体系调整到马克思主义理论一级学科的确立,不少学者和教师尚未能实际进行学科学理性概念、范畴和命题的真正“消化”。虽然,一些学者研究马克思主义理论学科往往会无视国内实际情况,研究的问题容易造成“水土不服”、难以扎根;一些学者研究学科和思想政治理论课建设实践基本脱节,无法用学科解释当代中国特色社会主义理论体系的实践,空洞的理论话语无法服众。但也留给后人提升的空间,能够更深入地探究如何坚持马克思主义理论体系,将中国现实的具体问题讲清楚,说明白。

在学科方法上,表现思想政治理论课教师被动产生着对于学科和知识的身份认同。因为大量西方人文社会科学方法涌入,思想政治理论课课程体系面临着调整改革,学科建设也提上议事日程。然而,全球化浪潮以及政府政策导向多方影响着马克思主义理论学科的发展机理,部分思想政治理论课教师的学科内在性需求依旧没有得到合理释放。

从思想政治理论课教师主体看,他们依旧难以走出身份“过弱”和“过强”的两难困境。“过弱”的身份意识表现为教师习惯于被动完成教学任务。“过弱”的身份认同感,是一种长期以来的惯习思维定式,其观念浸染人心。“过强”的身份认同,建立在对“中国特色、中国风格、中国气派”的主流意识形态强势话语的依赖,思想政治理论课教师作为主渠道的传播者主体性被重新激活并得以畅扬,继而获得极大合法性。但“过强”的身份意识有时也表现为部分教师存有单纯强势灌输，不多思量科学研究及多层面的教书育人。无论是“过弱”的认同，还是“过强”的认同，都应该理性审视，毕竟身份认同包含着自我认同和他者认同的统一。

2. 社会顺应度的变化折射出教师的能动性和受动性

(1) 能动地展现思想政治理论课教师主体性

中国知识分子会在任何境遇下找寻意义世界和心灵构造。真理标准问题大讨论、思想解放运动的深化、高等教育的改革以及经济建设的发展，为高校思想政治理论课建设和发展提供了契机。无论是改革开放初期拨乱反正重建课程体系，还是“85 方案”、“98 方案”，直至“05 方案”，思想政治理论课教师都在积极适应形势变化。他们坚定地奋斗在教学第一线，付出了辛勤劳动。如在上海“两课”调查统计数据中，有90%的受访学生认为“两课”教师“教学态度很认真、精神状态很好”和“较认真”①。思想政治理论课的发展总是建立在适应时代发展和教学实践具体要求的基础上，思想政治理论课教师身份认同和主体性也体现出各时期不同维度下的历史继承性和现实稳定性，体现了主体理想性和现实性的矛盾和冲突，体现出教师主体性的受动性和能动性。

(2) “一身一任”始终是思想政治理论课教师的根本职责

新中国成立以来，思想政治理论课课程改革总体上呈现以“赋权”、“专业化”为特征的制度变迁：一方面，希望教师既能尊重一纲一本教科书和教学大纲，又能拥有对思想政治理论课课程与教学的设计、决策、评价与管理权力；另一方面，又希望教师同时成为自身专业发展的主体，从而不断探究、持续反思、终身学习。《教育法》、《教师法》、《教育改革与发展纲要》等诸多法律和政策法规的颁布，在不同程度上提出了许多指导性意见。近些年来，各级政府也采取了各种举措，不断提高思想政治理论课教师物质待遇，提供在职攻读思想政治教育专业博士和硕士学位的机会，但思想政治理论课教师教书育

① 李家珉.对高校马克思主义理论教育现状的反省[J].思想理论教育，1994(专辑二)：40.

人,承担“培养什么人、如何培养人”这一必须牢牢把握的根本职责从来没有变化。毕竟思想政治理论课教师是一种约定俗成的称谓,这一称谓被赋予特定的身份、地位和象征意义,体现出合法性和可能性。

因此,从整体来看,20 世纪 80 年代以来高校思想政治理论课已开始在科学化和学科化轨道上行进,思想政治理论课教师也不再简单纯粹灌输政治意识形态。他们的个体价值利益诉求有了萌动。教师将拥有更多的专业化发展机会,更有底气地从事教学与研究。思想政治理论课开始明确转向“为人的教育”,而不是“人为的教育”,勇于直面时代变化带来的新挑战和新要求。

(二) 从遮蔽到明确:“一身一任”主体性的历史生成

1. 思想政治理论课的角色定位与教师主体性的变迁

(1) 思想政治理论课教师的观念变革顺应着课程的发展轨迹

1949 年以来我国高等院校课程设置,变动最大的当属政治理论课①。近 30 年间就变动 7 次,频繁的变动对教学模式的稳定与创新产生了极大影响。思想政治理论课教师也伴随着走过了一段曲折路程。从 1949—1956 年“以俄为师”照搬苏联“大一统”的课程模式“用政治课解决一切问题”,到 1957—1976 年“为政治服务”、“以阶级斗争为纲”;从改革开放直至今天,高校思想政治理论课教师的课程和教学意识逐渐从自发走向自觉,走出了从显性遮蔽到相对明确的发展轨迹。总体上,新中国成立初期我们摒弃个人,倡导培养“政治社会人”,思想政治理论课教师主体性一度被社会政治价值所遮蔽。20 世纪 80 年代后,随着对个体价值利益的渐渐关注,政治意识形态课程也渐渐摆脱神话,思想政治理论课教师开始回归目标共性和个性的和谐,理论研究、学科化发展和问题意识的探讨,他们开始在寻求理想、信念和意义的同时寻求秩序的建构。不过,从政治意识形态单

---

① 以中国革命史为例,从新中国成立初开设“新民主主义论”,1953 年改为“中国革命史”,1957—1958 年停开而改为“社会主义思想教育”,1959 年恢复“中国革命史”,1961 年后改为“中共党史”,“文革”期间又改为“中共两条路线斗争史”,“文革”结束后又改成“中共党史”。

纯传播到结合教书育人，思想政治理论课教师的观念变革和制度变迁仍然有很多问题需要关注。

(2) 思想政治理论课教师主体性具有历史生成性

"人是在历史中生成的，离开了历史性，就没有人的主体性，只有在历史的反思中，我们才成为生成的主体。"①法国著名社会学家布迪厄将"场域"定义为在各种位置之间存在的客观关系的一个网络。"场域"具有历史生成性，它是作为主体的人与社会结构相互作用历史地生成的。在历史境遇中，新中国成立初期的政治课教化契合了20世纪50年代形成的中国良好社会氛围及其内在机理。不断变迁、演进的新中国高校政治理论课程体系契合了共和国的缔造者所努力营造的制度环境。20世纪50年代后期以来，在长期的"以阶级斗争为纲"思维内，高校思想政治理论课在课程设置、课程政策和内容层面上几经振荡。

只有在实践的历史发展和文化的历史传承中，思想政治理论课教师主体性才能得以延续和创新。改革开放以后的"两课"时期，由于依旧"定位太高、太空"，依旧没有能做到专业身份的"恰如其分，实事求是"，政策上所赋予教师的专业身份"未必就是现实中教师们所认同的专业身份"②。2003年，卢娟老师也认为"两课"教育"过分拔高不行，但降低到专业课也不行，它有特殊的功能"。③ 时代对思想政治理论课教师职业提出了外在的规定性要求，教师承担了特殊的身份角色，如果有些教师不能按照社会赋予的角色去规约自己，则被视为阻抗或落后。

2. "一身一任"思想政治理论课教师主体性的历史呈现

(1) 从课程设置看

总体上，思想政治理论课教师始终能积极配合国家在政治课课

---

① 周启杰. 历史：一种反思性的文化存在——雅斯贝尔斯视野下的生存历史性研究[D]. 黑龙江大学，2004：294.

② 张军凤. 教师的专业身份认同[J]. 教育发展研究，2007(4A)：41.

③ 选自2003年复旦大学牵头的综合组调研资料之一：复旦大学《"两课"专家访谈》(时间2003年5月16日，地点：华东师范大学社科部，访谈专家卢娟，访谈人姚惠福、王贤卿)。

程设置上所发生的屡次调整:新中国成立后,政治课教师承担着马克思主义意识形态的课堂灌输和引导职责;改革开放以来,中国共产党高度重视意识形态领域的交锋和斗争,适时调整课程设置,积极应对国内外挑战并科学引领意识形态建设;“85 方案”时期,教师们已能在课堂教学中处理好课程体系中的史论结合以及历史与现实的结合。

然而,教师中也存在主体性“躲避”和主动提升迟缓的现象。不少教师开始主动迎合大学生接受旨趣。这一阶段,上海有高校在全校本科生中普遍开设 4 门马克思主义理论必修课:“中国历史与国情”、“当代西方社会分析”、“中国特色社会主义论”、“马克思主义哲学与当代”,并开设 5 门思想品德必修课:“大学人生学”、“法律基础”、“大学生实用心理学”、“美学原理”、“职业理想与行为选择”,还开设 36 门与上述必修课相配套的包括政治科学、法律与社会、哲学与文化、经济与管理四大类内容的选修课①。9 门必修课加上 36 门配套选修课,倘若任课教师不能很好地把握必修课和选修课之间的关系,隐藏于琳琅满目配套选修课后的“一身一任”教师主体性可能真的会被遮蔽。

“98 方案”时期,教师承担理论课和思想品德课两个内容的课程体系和教学体系,尽可能使两大课程体系相辅相成,并且较好地处理好以邓小平理论“三进”为中心内容的“结构合理、功能互补的‘两课’课程体系”②。“05 方案”正式以“思想政治理论课”来概括原来的“两课”,针对当代大学生的思想和生活实际,“在课程设置上突出了如何进行马克思主义基本原理、中国社会现实和中国历史这三个方面结合为一体的教育,切实增强对当代大学生的全面的思想政治教育”③。相较“98 方案”,“05 方案”是更具有“结构合理、功能互补、相

① 以邓小平建设有中国特色社会主义理论为指导,以有效育人为尺度,开创“两课”教育的新局面[J].华东理工大学学报,1995(4):3.

② 教育部社科司.普通高校思想政治理论课文献选编(1949—2008)[M].北京:中国人民大学出版社,2008:159.

③ 顾海良.高校思想政治理论课程体系的演化及其基本特点[J].教学与研究,2007(2):5—11.

对稳定的课程体系”①。

无论是新中国成立后30年，还是改革开放以来30年，伴随着课程体系的一次次调整，产生着或弱或强的变动，但是思想政治理论课教师依旧保持着“一身一任”的主体性坚守。

（2）从教材建设看

教材是高校思想政治理论课建设的基础，它具有重要的导向性与权威性。从十一届六中全会后，全国各高校把《关于建国以来党的若干历史问题的决议》作为政治理论课的基本教材。“85方案”时，教师开始编写教学大纲，试用教材、推广示范教材。在改革开放后十多年中，华东师范大学社科部自编或参与编写的教材和教学参考资料约有几十种版本②。“98方案”实施后，教育部社科司组织编写《邓小平理论概论》教材示范本和推荐本，各省市教育主管部门组织编写的教材也不断涌现。教师主体性也较多地体现在教材编写和备课、教学方法探索等诸多方面。随着多媒体发展和应用的日渐普及，各级思想政治理论课教学参考资料、电子教学辅助资料也不断涌现。

“05方案”后，思想政治理论课教材进入统编和严审时代。于是，教师们开始把更多的时间和精力投入到大胆探索教材的活化使用和教学手段的创新方面，从增强社会实践环节、推进多媒体教学和网络互动等，精品课程和重点课程建设等方面最高程度提高思想政治理论课教学效果。另外，进入21世纪，针对一些领域出现错误言论和思潮，思想政治理论课教师在统编教材基础上，积极主动添加“教辅”和“活页”等，结合中宣部等部门组织编写的一系列重要理论读本和重要理论文章，使课堂教学内容更具时效性和针对性，用正能量有效排除“杂音”和“噪音”等思想干扰。

---

① 教育部社科司.普通高校思想政治理论课文献选编(1949—2008)[M].北京：中国人民大学出版社，2008：215.

② 顾雪生.领导者要站在改革开放的前沿——谈改革开放初期政治理论课改革的一点体会[EB/OL].华东师范大学社科部，http://www.skb.ecnu.edu.cn/jxdt/display.asp?id=17.

(3) 从教师队伍建设看

提升高校思想政治理论课质量,教师是关键。新中国成立初至改革开放前,马克思主义理论教学队伍中,教师人数偏少,年龄偏轻,学历偏低,职称偏低。此外,教师收入低,教学条件差,严重影响了教师身份认同。

教育部在"85方案"出台前后采取了许多措施,如补充师资力量和新生力量,建立马列主义教研室,提高教师队伍的素质与水平,逐步解决教师在工作条件、生活待遇和职务等方面所遇到的实际问题,开始重视抓好教学骨干和"两课"教研部负责人的培养和培训工作,要求学校发现并推广优秀教师的典型经验,采取示范课等形式推广。

"98方案"期间,教育部抓紧"两课"教师的学习与培训工作,举办四门课的骨干教师培训班、讲习班、备课会和教学观摩活动[①]。教育部和国务院学位委员会正式启动高校"两课"教师在职攻读硕士学位培养工作。计划用3—5年的时间,完成3 500名左右在职"两课"教师攻读硕士学位的培养,从而使高校"两课"教师队伍中硕士以上学位的比例达到30%以上,整体素质有较为明显的提高[②]。此项举措是为落实《面向21世纪教育振兴行动计划》,全面推进素质教育,特别是加强思想政治素质教育的迫切需要。"98方案"时期,"两课"教师开始关心自己专业成长,提升自己学历学位。在职攻读硕士学位从学科上强化了"两课"教师自身认同,有利于提升"两课"教师专业素质,对于整个思想政治理论课教师队伍建设起到很大推进作用,催生了一大批优秀青年教师。

(4) 从教学方法创新看

创新是一种主体价值。恩格斯曾说:"我们的理论是发展着的理

---

① 教育部社科司. 普通高校思想政治理论课文献选编(1949—2008)[M]. 北京: 中国人民大学出版社,2008: 194.

② 按照教育部有关规定,在"两课"教学岗位工作3年(含3年)以上、年龄一般不超过40岁的"两课"教师均可报考。"两课"教师在职攻读硕士学位入学考试实行联考制度。由教育部社政司和国务院学位办组织有关专家命题,统一考试,统一阅卷,统一录取。参见李伦. "两课"教师学历提升有新径[J]. 中国高等教育,2000(7): 46.

论，而不是必须背得烂熟并机械地加以重复的教条。”①思想政治理论课教师应把每一个人尊重为受教育主体，充分发挥学生学习主动性。社会变迁带来课程体系的变革、教材政策的变化、教师队伍的优化和教学方法的创新，都为思想政治理论课教师主体性实现提供了更多可能。新中国成立以来，思想政治理论课教师紧密围绕形势任务进行政治课教学，做到理论与实际相结合，取得积极效果。然而，曲折时期，跟着政治运动亦步亦趋，没能依据课程应有的知识体系开展教学，应该说是不恰当的。改革开放以来，教师们开始理性对待传统教学方式与现代教学方式，尽可能做到两者之间的有机结合。虽然，受其影响摇摆在传统和现代教育方式之间，但“一身一任”的教师主体性实质不变。

（5）从领导体制建设看

加强和改进高校思想政治理论课教学，需要切实有力的领导体制作保证。“85 方案”期间，中共中央明确指出，贯彻党和国家的教育方针，改进和加强思想政治工作，关键在校、系两级领导。为把创新理论落实到教学实践，华东师范大学社科部领导组织教师参加改革实践与社会调查，组织教师积极参加理论研讨活动②。“98 方案”后，教育部社政司统一管理马克思主义理论课和思想品德课。从中央到地方，还有各高校，都开始重视对思想政治理论课的领导，把马克思主义学科作为重点学科、把思想政治理论课作为重点课程，开始实施精品课程和重点课程建设，极大地提高了课程教学质量和效果，为“一身一任”的思想政治理论课教师主体性实现提供了政策支持和条件保障。

（6）从学科建设看

改革开放初，不少思想政治理论课教师甚至包括一些分管领导

---

① 马克思恩格斯文集（第 10 卷）[M]. 北京：人民出版社，2009：562.

② 顾雪生. 领导者要站在改革开放的前沿——谈改革开放初期政治理论课改革的一点体会[EB/OL]. 华东师范大学社科部，http：//www. skb. ecnu. edu. cn/jxdt/display. asp?id=17

也有对思想政治理论课学科建设存在认识误区，认为思想政治理论课就是宣讲课，教师要做的就是搞好教学。一些教师较少考虑学科依托，缺乏从事科研的自觉性、自主性和能动性，狭窄地将科研认同为"个人兴趣"可有可无，殊不知缺乏科研支撑的思想政治理论课教学，均不可能具备应有的解释力和针对性。

"85 方案"期间，中央要求思想政治理论课教师"紧密结合教学改革和提高学生思想觉悟的需要，有计划有组织地开展科学研究"①。从"85 方案"的"两课"看，"马克思主义哲学"所属哲学一级学科；"政治经济学"所属的理论经济学一级学科；"中共党史"、"科学社会主义与国际共产主义运动"、"马克思主义理论与思想政治教育"等所属法学学科门类的政治学一级学科；"法学理论"、"经济法学"等所属法学学科门类所属的法学一级学科。长期以来，主要设置课程与所属学科的不契合性，造成高校思想政治理论课得不到真正的"码头"，教师找不到学科归属。

学科建设是加强和改进思想政治理论课的基础②。"98 方案"期间，思想政治理论课学科关系初步得到构建，但尚未及时得以理顺。近年来，随着马克思主义理论一级学科及所属二级学科的建立，思想政治理论课课程均有了相应的主干学科支撑，中央还强调高等学校必须加强"马克思主义理论与思想政治教育"硕士点和博士点建设。然而，毕竟马克思主义理论一级学科及所属二级学科独立设置的时间还不长，其"学科建设、学术研究和学术规范正处于建构的初始阶段"③，很难在短期内使高校现有思想政治理论课教师的学科背景、研究方向与马克思主义理论一级学科相匹配，而教师也很难将原有学科背景和专业方向在短时期内自觉调整到马克思主义理论学科要

---

① 教育部社科司．普通高校思想政治理论课文献选编（1949—2008）[M]．北京：中国人民大学出版社，2008：121.

② 教育部社科司．普通高校思想政治理论课文献选编（1949—2008）[M]．北京：中国人民大学出版社，2008：214.

③ 吴国清，葛笑如．"思政课"改革小议[J]．江苏高教，2010(1)：153.

求的研究领域。

高校思想政治理论课教师在特定历史语境中承担着特定的身份角色,并经历了特殊时代的角色转换。曾经的一段时间内,凭借着强大的国家机器、绝对的经济控制和有效的政治运动,政治课教师身份得到单一的诠释:他们是一支站在高校讲台宣传党和政府声音的群体,成了纯粹的"教书匠",充当了政府的"政治宣传机器"。这种对政治的盲从,既没能服务好政治,也损害了思想政治理论课本身,也影响了思想政治理论课教师自身形象。

进入21世纪,思想政治理论课教师开始有了越来越多的自我觉醒,他们开始审视主体性特点,探索自身主体性的实现。他们渐渐摆脱沉重的角色承载和身份焦虑,既关注社会政治人的培养,也强调个人主体性的养成,开始探寻思想政治理论课教师的内涵以及对存在意义与价值的理解和追问。他们开始摆脱原先整体取向的社会教化模式,走出政治的完全遮蔽。他们开始深入研究马克思主义学科,"批判性"地审视"社会发展和人的发展以及思想政治教育本身"①,探索理性而又鲜活的课堂教学模式。他们将知识传播和理论研究融合到马克思主义理论的传播与研究,"一身一任"思想政治理论课教师主体性从历史遮蔽与扭曲中逐步恢复并日渐明晰。

然而,面对现阶段政策"他者"的正面强化要素的大力支持,不可否认依旧存在着部分弱化要素,面临如"他者"认同不足,部分思想政治理论课教师自身身份认知不足,甚至还有部分教师索性不认同等诸多问题。如何强化教师身份认同,更充分地构建"一身一任"的思想政治理论课教师主体性?如何避免由历史的惯性沿袭而来的"强控制"形式,避免政治规训与知识灌输的负面影响而导致青年学生对思想政治理论课的逆反和疏离?如何避免角色赋予和部分教师原先已有学科背景冲突时的迷惘和困惑?我们将着手分析身份认同的"05方案"以来思想政治理论课教师主体性现状,阐释影响主体性的各种要素。

---

① 张耀灿.思想政治教育学前沿[M].北京:人民出版社,2006:203.

第三章

现实关照:“一身一任”主体性的影响要素

在研究中,提出问题非常重要,但分析解决问题所遇到的障碍更为重要,而寻找并分析障碍背后的原因则至为关键。在不同历史时代,思想政治理论课教师主体性表现出各不相同的特点。“一身一任”的思想政治理论课教师主体性有着历史生成性,它同样也受到诸多现实因素的影响。这些因素是逐步获得和交叠互动的,在多元、复杂性中表现出一致与冲突。

思想政治理论课教师的身份认同由“他者”认同、自我认同和群体认同三个维度组成。其中,“他者”认同展现了思想政治理论课教师主体性发展的生存关系图式,自我认同是思想政治理论课教师主体性发展的内在因素,群体认同是思想政治理论课教师主体性构建的现实衡量标尺。来自“他者”的认同究竟如何展现思想政治理论课教师主体性发展的生存图式?如何使思想政治理论课教师既在变革中拥有更多的主体自觉和责任担当,更有必要深入地进行自我身份认同的意义建构?自我身份认同如何从内在根本性地影响思想政治理论课教师主体性发展?思想政治理论课教师群体认同又如何成为现实生活中的衡量标尺?

“05 方案”以来,思想政治理论课教师肩负的被期望值越来越高。他们必须既传道又授业,既研究又解惑。2015 年,《普通高校思想政治理论课建设体系创新计划》要求，建设一支对马克思主义理论真学、真懂、真信、真用的教师队伍。倘使思想政治理论课教师仅有对教书育人的“一身二任”的认同，而缺乏对自己传道育人“一身一任”特有身份的认同，没有从心到行的根本改变，对马克思主义理论真学、真懂、真信、真用的教师主体性便难以真正实现。

一、“他者”映射：“一身一任”教师主体性的外部因素

身份认同是主体与他者在互动、比较中的确认与追求自我位置与角色的文化实践。“身份认同是人们对我(们)是谁以及他(们)是谁的理解，反过来，即他人又是如何理解自我和他人的。”①思想政治理论课教师的身份认同不但涉及自身主体性，还面临着来自“他者”包括政策、社会、受众、其他学科教师的支持和挑战。这种支持是显性的。然而，挑战和冲击在一定程度上是隐匿的，确实存在着的。思想政治理论课教师在与“他者”互动中品味着身份认同的确证和困惑。这种确证和困惑制约了“一身一任”教师主体性的实现。

(一) 来自“05 方案”的支持和政策“他者”的被动

1. 身份认同的强化与教师主体性的凸显

2002 年召开的党的第十六次代表大会，提出了政治建设和政治体制改革要求，社会主义政治文明的建设为高校思想政治教育提供了重要的政策支持和保障。“以人为本”理念开始在制度层面建构，各方面的体制机制得到重新加强。2005 年初，高校思想政治理论课进入深化改革时期。思想政治理论课建设更进一步得到了党和国家的重视。

(1)“马工程”的确立对教师身份认同的促进

2004 年 1 月，中共中央发出《关于进一步繁荣发展哲学社会科学的意见》，提出实施马克思主义理论研究和建设工程(简称“马工

---

① Haralambos, Michael & Holborn, Martin. *Sociology: Themes and Perspectives* [M]. London: Harper Colins Educational, 2000.

程”)的重大决策。这是一项旨在巩固马克思主义在意识形态领域指导地位的基础工程,是一项重大的理论创新工程。之后,中共中央办公厅转发《中央宣传思想工作领导小组关于实施马克思主义理论研究和建设工程的意见》,对实施工程作出部署。“马工程”的实施使高校思想政治理论课教师增强了使命感和政治意识,有意愿去主动夯实自己的马克思主义理论功底,从而提升自身教育教学能力。

2004年,中共中央颁发《关于进一步繁荣发展哲学社会科学的意见》,要求抓好马克思主义师资队伍建设,着力培养一批中青年马克思主义理论教学骨干。同年,中共中央、国务院颁布《关于进一步加强和改进大学生思想政治教育的意见》(16号文件),首次将“两课”改称“思想政治理论课”(简称思想政治理论课),并明确指出,高等学校各门课程都具有育人功能,所有教师都负有育人职责。该意见对新时期的大学生思想政治教育提出了一些新要求并作出了全面部署,提出要全面加强思想政治理论课的学科建设、课程建设、教材建设和教师队伍建设。

2005年,中宣部、教育部联合印发《关于进一步加强和改进高等学校思想政治理论课的意见》,要求“充分发挥教师的主导作用,提高马克思主义理论的说服力和感染力。充分发挥学生学习的主体作用,激发学生学习的积极性和主动性”。文件明确指出,提高高等学校思想政治理论课教育教学质量和水平,关键在教师。同时文件也明确了高校思想政治理论课教师新的角色定位,即“高等学校思想政治理论课教师是马克思主义理论和党的路线、方针、政策的宣讲者,社会主义意识形态和精神文明的传播者”①。同年,中共中央宣传部、教育部印发了《〈关于进一步加强和改进高等学校思想政治理论课的意见〉实施方案》(“05方案”),要求把稳定教师队伍、提高教师

① 教育部社科司.普通高校思想政治理论课文献选编(1949—2008)[M].北京:中国人民大学出版社,2008:216.

素质作为当前和改进思想政治理论课的一项基础性工作来抓①。

(2)"05 方案"后教师主体性支持政策的相继出台

第一,思想政治理论课教师队伍建设的新一轮推进。

在学科已定、教材已定情况下,提高思想政治理论课教师素养成为有效解决"学校'思政课'实效性不强"的关键。根据中共中央宣传部教育部[2008]5 号文件"本专科思想政治理论课专任教师要总体上按不低于师生 1∶350—400 的比例配备"的要求,目前我国思想政治理论课专任教师数量还有上升趋势。近年来,国家采取脱产进修、攻读学位、名师指导、社会考察、国内外学术交流等举措,力争在 5 年内培训数百名学术带头人和数千名骨干教师②,较大程度上提升了高校思想政治理论课教师的整体素质。2005 年 2 月,由中组部、中宣部、中央党校、教育部和解放军总政治部联合举办的第一期全国高校哲学社会科学教学科研骨干研修班在中央党校开班。

2008 年 3 月,教育部决定实施"高校思想政治理论课教师在职攻读马克思主义理论博士学位"专项计划。7 月,国务委员刘延东在加强和改进高校思想政治理论课工作会议上讲话,从政治要求、理论素养、教学能力、师德人格和总体队伍要求等几方面进一步明确了高校思想政治理论课教师队伍的要求③。9 月,《中共中央宣传部教育部关于进一步加强高等学校思想政治理论课教师队伍建设的意见》指出,应该以教学科研组织建设为平台,以选聘配备为基础,以培养培训为抓手,以学科建设为支撑,以制度建设为保障,以实现教学状况明显改善为目标,努力建设一支政治坚定、业务精湛、师德高尚、结构

① 教育部社科司.普通高校思想政治理论课文献选编(1949—2008)[M].北京:中国人民大学出版社,2008:221.

② 教育部社科司.普通高校思想政治理论课文献选编(1949—2008)[M].北京:中国人民大学出版社,2008:217.

③ "应该是立场坚定、始终与党中央保持高度一致的队伍。应该是马克思主义理论素养高、人文社会科学基础知识扎实、学贯中西、功底深厚的队伍。应该是善于运用现代教育教学手段、创新教学方法的队伍。应该是师德修养好,有人格魅力和亲和力的队伍。应该是老中青结构合理、教学领军人才不断涌现的队伍。"

合理的教师队伍①,对高等学校思想政治理论课教师准入素质作出了更严格的要求,即实行教师任职资格准入制度②。

2010年,教育部部长袁贵仁指出,用更大的精力、更有力的举措,提高思想政治理论课教师的政治地位、社会地位、职业地位,千方百计把优秀人才吸引到这支队伍中来③。翌年,教育部印发《高等学校思想政治理论课建设标准(暂行)》的通知(教社科[2011]1号)④,在教师队伍管理培养培训规定中,明确指出所有专任教师"必须参加省级或中宣部、教育部组织的示范培训或课程培训或骨干研修"。

近年来,教育部开展的全国优秀教师评选表彰工作中,首次增加了全国高校优秀思想政治理论课教师奖项,这充分肯定了思想政治理论课教师在大学生思想政治教育主渠道中所作的贡献。随着一系列支持性政策文件的密集颁布,主渠道方面所作的制度安排以及对教师的培训规划等也更加周密和细致,一方面对思想政治理论课教师要求越来越高;另一方面,思想政治理论课教师已处于最能让自己提升身份认同和促进教师主体性的新时代。

第二,一级学科的设立使思想政治理论课教师有了"以业为乐"的前提。

"05方案"特别强调了高校思想政治理论课课程对学科建设与发展的依托,明确提出学科建设是加强和改进思想政治理论课的基础。2005年底,国务院学位委员会、教育部决定增设马克思主义理

---

① 中共中央宣传部教育部关于进一步加强高等学校思想政治理论课教师队伍建设的意见[EB/OL]. http://baike.baidu.com/view/2945096.htm

② 思想政治理论课教师必须坚持正确的政治方向,热爱马克思主义理论教育事业,具有良好的思想品德,有扎实的马克思主义理论基础和相应的教学水平、科研能力。新任教师原则上应是中国共产党党员,具备相关专业硕士以上学位,工作期间应兼职从事班主任或辅导员工作。在事关政治原则、政治立场和政治方向问题上不能与党中央保持一致的,不得从事思想政治理论课教学。

③ 焦新.努力把高校思政课建设成学生真心喜爱终身受益毕生难忘的优秀课程[N].中国教育报,2010-5-14.

④ 教育部关于印发《高等学校思想政治理论课建设标准(暂行)》的通知[EB/OL]. http://www.moe.edu.cn/publicfiles/business/htmlfiles/moe/moe_772/201102/114966.html

论一级学科及所属“马克思主义基本原理”、“马克思主义发展史”、“马克思主义中国化研究”、“国外马克思主义研究”和“思想政治教育”5个二级学科①。2008年，为进一步强化高校思想政治理论课的学科支持，国务院学位委员会在马克思主义理论一级学科下增设了“中国近现代史基本问题研究”二级学科。至此，高校思想政治理论课形成了完善的学科支撑体系。按照教育部《中共中央宣传部教育部关于组织高校思想政治理论课骨干教师研修的意见》安排，5年内，分批选拔优秀思想政治理论课教师攻读思想政治教育专业硕士学位和博士学位。

马克思主义理论学科能为思想政治理论课建设提供学科支撑。经过十年建设发展，马克思主义理论学科在教材、教师、教法、教研、教点等方面取得了斐然成绩。全国各地涌现了不少敬业、勤业、乐业的思想政治理论课教师，体现了教师责任感和使命感。可以说，马克思主义理论一级学科助力一批青年教师成功完成由学生向教师身份的转化，也强化了在岗教师的学科归属感和对所在部门的认同感。而今，已经到了抓好马克思主义学科领军人物培养的时候。这些领军人物必须有马克思主义的信仰，也必须具有马克思主义理论和实践运用的扎实功底。

(3)“05方案”以来思想政治理论课教师主体性的现状

第一，全国思想政治理论课教师主体性呈现总体平衡上升态势。

近年，随着马克思主义理论研究和建设工程统一教材的编撰使用、教师的培训、教学方法改革以及生均20元参观考察经费的保证，高校思想政治理论课教师的理论基础、教学技能和学科视野均有了一定程度的提升。虽然，从空间条件看，由于中国东中西部所处位置不同，存在差序格局，各个地方经济发展也呈阶梯状递减。然而，经济发展不直接等同于教师主体性发展。总体上，思想政治理论课教

① 教育部社科司. 普通高校思想政治理论课文献选编(1949—2008)[M]. 北京：中国人民大学出版社，2008：223.

师身份认同相比较以往有了强化趋势，教师主体性没有呈现出较严重的不平衡状态。

在北京，市教委以讲学、访学、培训、进修为载体，努力培养造就一批用马克思主义武装起来、理论功底扎实、勇于开拓创新的学科带头人，一批年富力强、政治和业务素质良好、锐意进取的青年理论骨干和高水平创新团队①。如近些年来，清华大学思想政治理论课教学先后有5门课程被评为国家精品课程、1项教改成果获第五届国家级教学成果一等奖、1项教改成果获第六届国家级教学成果二等奖、2项成果获北京教育教学成果一等奖，思想政治理论课教学团队被评为首届"国家级教学团队"，成为全国首个思想政治理论课国家级教学团队②。在教学方法改进、教学质量提升方面，清华大学也同样走在改革前沿，他们从摸索研究型教学，到"因材施教、教学相长、在线课程、研究型教学"四种模式并行，改革经验引人瞩目。"百本好书、百篇论文、百人课件、百个历史图像、百道问题、百部图片"这"六个一百工程"的实施和四门在线课程"慕课"的推广，使学生由被动式学习转向主动式学习，积极性大为提高。

在广东，省教委构建思想政治理论课建设评估工作体系，组织实施"名教师骨干教师培养工程"、"优秀青年教师团队培养工程"、"优质课程建设工程"和"理论素质提升工程"，培养了一大批有影响的名师、骨干教师和模范教师；倡导跨省区高校思想政治理论课青年教师教学基本功联赛，使得一批极具潜质的优秀青年教师脱颖而出；优质课程建设覆盖了全省3/5的高校，有效促进了全省课程建设和教师队伍教育教学能力的提高，促进了教学方式方法不断创新，多样化的教育教学模式深受大学生的欢迎。广东省大学生对思想政治理论课教师及教学的满意率不断提高，从2007年的89.2%上升到2011年

---

① 马克思主义理论研究和建设工程工作会议发言摘编（二）[N]. 人民日报，2012-6-8(16).

② 艾四林. 着力在"真信"上下工夫——清华大学以改革创新的精神加强思想政治理论课建设[J]. 高校理论战线，2011(9)：80.

的 93.2%①。

高校生均 20 元经费专门用于思想政治理论课教学。教师可以组织学生开展更多的教学实践活动，极大地提高马克思主义理论的现实说服力。山东、浙江、湖北、辽宁等其他省份，也一样在培训师资、提升思想政治理论课教师质量方面花了很大力气。在山东，如山东大学积极鼓励、支持马克思主义学院的教师参加社会考察活动，自 2005 年开始，历年来按人均 2 000 元的额度划拨专项考察经费，6 年来，投入经费近百万元，考察地点除北京、上海、武汉、长沙、井冈山、香港、澳门等国内省(市)外，还涉及韩国、越南、俄罗斯等国家②。在浙江，2007—2009 年省教育厅先后举办了 15 期培训班，培训了专职教师近 2 000 名，省财政安排专项经费 60 余万元③。在湖北，武汉大学近年来多次组织思想政治理论课赴美研修学习，该项活动“有利于进一步提高思想政治理论课教师队伍的素质和地位，增强上好思想政治理论课的底气”④。在辽宁，如大连理工大学，案例教学探索风生水起⑤。

在云贵川，同样活跃着一批优秀的思想政治理论课教师，他们积极发挥主体性。如西南交通大学以研究促进教学，已完成或正在主持的国家社科基金项目 6 项、省部级科研项目 16 项，“中国近现代史纲要”教学团队被评为国家级教学团队，思想政治理论课数字化教学平台初步建立，“毛泽东思想和中国特色社会主义理论体系概论”、

---

① 马克思主义理论研究和建设工程工作会议发言摘编(二)[N]. 人民日报，2012-6-8(16).

② 把队伍建设作为系统工程 全方位提升思政课教师素质(山东大学)[EB/OL]. 2010-4-3. http://www.pxjd.sdu.edu.cn/info/1015/1071.htm

③ 浙江省采取有力措施切实加强高校思想政治理论课教师队伍建设[EB/OL]. http://www.moe.edu.cn/publicfiles/business/htmlfiles/moe/moe_2154/200911/54136.html

④ 第二批思政课教师赴美研习总结会召开[EB/OL]. 2011-12-2. http://news.whu.edu.cn/003/2011-12-02/12562.html

⑤ 大连理工大学思政课引进案例教学——“三贴近”赢得学子心[N]. 中国教育报，2012-12-10(5).

"中国近现代史纲要"被评为国家级精品课程①。西部地区同样高度重视思想政治理论课建设及教师培训工作，如甘肃省兰州市近年来在省市领导的大力支持下，积极为青年教师创造机会参与实践调研。

第二，思想政治理论课教师主体性的总体提升——以上海为例。

首先，从上海高校思想政治理论课组织机构、学科布点及教师队伍现状看。截至 2011 年，上海全市有 56 所高校的思想政治理论课教学科研组织机构是独立二级机构，占 87.5%；有 8 所高校则非独立，占 12.5%。其中，根据数据库学校填报信息，29 所公办院校已全部建立了独立的二级思想政治理论课教学科研组织机构②。

在 2011 年的全市高校调研中，只有复旦大学和华东师范大学具有一级学科博士点。除具备一级学科博士点高校外，上海交通大学、华东理工大学、上海财经大学和上海师范大学具有"马克思主义中国化研究"二级学科博士点；同济大学具有"马克思主义基本原理"和"思想政治教育"二级学科博士点；上海大学具有"思想政治教育"二级学科博士点。上海高校思想政治理论课教学科研组织机构的一级学科硕士点和二级学科硕士点主要分布在 14 所高校③。

截至 2011 年下半年，在上海高校思想政治理论课教研组织中，共有男性教师 450 人，占总人数的 49%；女性教师 469 人，占总人数的 51%。出生于 1960 年以前的教师占 18.9%，出生于 60 年代的教师占 30.6%，出生于 70 年代的教师占 34.4%，出生于 1980 年以后的年轻教师占 16.1%。上海高校思想政治理论课教师队伍中具有高级职称的占 46.7%（教授约占 11.4%，副教授约占 35.3%）、讲师职

① 西南交大特殊政策"惹"火思政课[N]. 中国教育报，2012－6－14(3).

② 2011 年上海高校思想政治理论课教师队伍数据报告。数据来源：上海市学生德育发展中心"上海高校思想政治理论课教师队伍数据库"，覆盖全市所有公办院校（除上海第二军医大学因是部队院校，相关数据涉密未能参加调查）、行业办高职高专和民办高校。以下简称"2011 年上海高校思想政治理论课教师队伍数据报告"。

③ 上海高校思想政治理论课教学科研组织机构的一级学科硕士点和二级学科硕士点主要分布见附录五。

称的约占 47.3%①。有 60.6% 的思想政治理论课教师毕业于国家“985”工程高校，22.4% 的思想政治理论课教师毕业于国家“211”工程高校（见表 1）②。超过 80% 的思想政治理论课教师毕业于国家重点建设高校，说明思想政治理论课教师队伍素质起点较高。

表 1　上海市高校思想政治理论课教师毕业院校分布

毕业院校类别	人数(人)	百分比(%)
“985”工程高校	557	60.6
“211”工程高校	206	22.4
一般高校	154	16.8
民办高校	2	0.2

在上海的高校思想政治理论课教师中，毕业于法学类专业的教师最多，约占 30%，这是因为思想政治教育专业隶属“法学”；其次为毕业于哲学类专业教师，约占 26.8%；再次为历史学、政治学、教育学、社会学等（见表 2）③。由此看来，上海高校思想政治理论课教师的学科专业背景依旧没有改变多年来的“杂”，而没有走“单一”路线，思想政治理论课教师若能通过培训、自学，提高对自己特有身份的认同，对自己的原有学科进行“改造”和“重构”，处理好“05 方案”新课程的整合性要求，“杂”而多样的学科背景完全可以有用武之处的。

表 2　上海市高校思想政治理论课教师最后学历专业分布

专　业	人数(人)	百分比(%)
法　学	276	30
哲　学	246	26.8
历史学	161	17.5

① 2011 年上海高校思想政治理论课教师队伍数据报告。
② 2011 年上海高校思想政治理论课教师队伍数据报告。
③ 2011 年上海高校思想政治理论课教师队伍数据报告。

续 表

专 业	人数(人)	百分比(%)
其 他	129	14
政治学	76	8.3
教育学	24	2.6
社会学	7	0.8

在上海,一些高校如"985"、"211"工程高校,还有一些普通高校早已推行"博士"学位最低门槛。2011年下半年,高校思想政治理论课教师最高学历为博士和硕士学位者比例均超过三分之一,分别占37.3%和39%。两者相加,已有76%的教师拥有研究生学历。学士则占少数(见表3)①。

表3 上海市高校思想政治理论课教师学历、学位分布

最高学历所占比例(%)			最高学位所占比例(%)		
博士研究生	硕士研究生	本科及以下	博士	硕士	学士
38.4	32.1	29.5	37.3	39	23.7

思想政治理论课教师队伍职称结构较为合理,高级职称占46.7%(教授约占11.4%,副教授约占35.3%),讲师职称约占47.3%(见表4)②。

表4 上海市高校思想政治理论课教师职称分布

职 称	人数(人)	百分比(%)
教 授	105	11.4
副教授	324	35.3
讲 师	435	47.3

① 2011年上海高校思想政治理论课教师队伍数据报告。
② 2011年上海高校思想政治理论课教师队伍数据报告。

续 表

职 称	人数(人)	百分比(%)
助 教	38	4.1
其 他	17	1.8

其次,近年来上海市高校思想政治理论课教师队伍建设采取了一系列举措:

举措一,加强师资队伍建设。自1994年以来,上海市一直坚持高校优秀思想政治理论课教师选拔培养工作。2005年,上海市科教党委、市教委认真贯彻中央高校思想政治理论课设置新方案,如召开分管书记、教学部门负责人、教研室主任等会议,提出工作要求;加强师资培训。教委组织了对全市高校79名思想政治课教研室负责人的专题培训。委托有关高校,全市层面上成立四门必修课的教学协作组①。2006年,上海市委把队伍建设调研列为市委常委会年度重点审议专题;2007年,召开上海高校思想政治教育教师队伍建设推进会;2009年,上海市委办公厅、市政府办公厅转发了《关于进一步加强和改进上海高校思政课建设的若干意见》,对高校思想政治理论课的教学方法改进、教师队伍建设、学科建设等提出了明确要求。同年,上海市教委正式成立了上海市学生德育发展中心。之后,时任市委副书记的殷一璀和副市长沈晓明等深入高校调研听课,了解机构设置情况,进一步明确队伍建设的思路、任务和责任。在《上海市高等学校思想政治理论课三年发展规划(2005—2007)》中,上海明确提出要争取在较短期间内初步形成一支能够适应新形势和新任务的专任教师队伍,建立名师互聘制度,成立名师工作室,扩大优秀教师的辐射面和影响力;充分发挥现有骨干教师的作用,将他们主讲的精彩课程作为全市思想政治理论课教学的公共

① 新时期上海教育发展研究(1983—2005)[M].上海:上海社会科学院出版社,2005:113.

资源①。自此,上海每年举办多次上海高校思想政治理论课建设推进会及教学论坛,加强思想政治理论课队伍建设和教师培训,形成名师团队②。上海市立足思想政治理论课教师队伍的特点,明确专业化培养目标,注重分层分类,极大地增强了培训实效。

举措二,积极开展分层培训工作。上海实施了"100+50+若干"的队伍培养计划(表5)③,依托各类党校、高校和名师工作室④等,开展岗前培训、专题培训、课程轮训、骨干研修,并根据培训对象和内容,采取教学观摩、理论研修、委托课题、结对带教、基地建设、社会考察等多种培训形式。

表5　思想政治理论课教师在职进修情况

年　份	参加1—6个月脱产或半脱产进修情况(次数)	参加半年及以上脱产或半脱产进修情况(次数)	进行国内访学或国外访学情况(次数)
2008年	26	2	28
2009年	28	7	16
2010年	27	3	18
小　计	81	12	62

相关数据显示,2009年,全市中青年教师(40岁以下)参加全国五部委组织哲学社会科学教学科研骨干研修班人次9次、中宣部教育部高校思想政治理论课骨干教师研修班人次18次、上海市哲学社会科学教学科研骨干教师研修班人次39次、上海市教委组织培训情况人次126次;2010年,参加以上培训的次数分别为5次、14次、43次、131次。

---

① 上海市高等学校思想政治理论课三年发展规划(2005—2007)[EB/OL]. http://www.shmec.gov.cn/attach/hdpt/22.doc

② 2009年上海高校思政课建设着力做到"四个强"[N]. 解放日报,2009-2-18.

③ 以面上轮训和骨干研修为重点,力争在五年内形成100名左右中青年优秀教师、50名左右教学和科研骨干、若干名学科带头人。

④ 2008年起,上海市为施索华、李梁、胡申生等一批教学特色鲜明、教学效果突出的思想政治理论课教师设立了名师工作室。截至2013年,上海市已遴选8个名师工作室。2015年底,上海市启动新一轮高校思想政治理论课名师工作室(2016—2018),已遴选10个名师工作室。

举措三，强化实践锻炼。上海依托雄厚的经济基础，大力开辟思想政治理论课教师社会实践基地，如西藏、新疆、西柏坡、古田、青海原子城等地，每年暑期都组织骨干教师分 20 多条路线，开展国情考察，这对促进教师理论和实践的紧密结合大有裨益。

举措四，探索思想政治理论课教师培养途径。聘任首批上海高校思想政治理论课指导专家、设立“名师工作室”、专项计划（如除在“曙光计划”、“晨光计划”等各类人才培养计划中，为高校思想政治理论课教师单列指标外，还为思想政治理论课教师量身定做了“阳光计划”①，实现“选课题资助人”转变为“选人给课题”）、配套文件②、教学质量③、课题支持、教学论坛、“思政月”等。在上海，各高校也纷纷推出加强师资队伍建设等配套“组合拳”④。

第三，思想政治理论课教师身份认同有待强化，主体性存在差异。

“05 方案”以来，总体上广大思想政治理论课教师的精神面貌和

---

① “阳光计划”是一项专门针对高校思想政治教育中青年骨干教师的人才培养计划，于 2009 年底开始设立并实施，具体分为思想政治理论课教师类、思想政治教育教师类两大类，每类每年各评选 10 人，共 20 人，每人一次性资助项目经费 3 万元。2010 年还新增设了党建类。

② 上海根据中央 16 号文件的要求制定了 17 个配套落实文件，把加强和改进大学生思想政治教育的各项任务落到实处。

③ 在教法改革上，近年来，聚焦小班化教学、考试方法改革、实践教学等关键环节，在复旦大学、华东师范大学、华东理工大学、上海海洋大学、上海大学、上海师范大学、上海对外贸易学院、上海立信会计学院等八所高校进行教学改革试点，提升了教学吸引力和感染力。组织复旦大学、上海交通大学、上海财经大学、华东政法大学等 6 所高校编写《六个“为什么”》系列丛书，为教师提供教学参考资料。在上海大学开展“六个为什么”进思想政治理论课试点工作，积极探索“问题解析式”教学模式，并通过“1＋8”教学改革试点，“超级大课堂”等有力推动思想政治理论课教育教学和管理创新。

④ “05 方案”刚颁布，上海交通大学、华东理工大学党委一次性下拨 20 万元经费，作为实施新课程方案的启动经费。其他高校除了专项经费以外，教务处还以精品课程、重点课程（有些学校称为一类课程）、教学成果等各种方式和途径，对思想政治理论课教师培养进行实质性支持和鼓励。复旦大学将 6 个板块通识教育变为“1＋6”，即：以思想政治理论课为圆心开设课程，进而把思想政治理论课改革与学校整体教学改革贯通起来；上海大学将哲学社会科学等学科学术造诣深厚的专家引入课堂，“项链模式”教学替代单人授课。上海财经大学按照思想政治理论课四门课的架构设立四个名师工作室。

业务水平有了很大改观,大学生的学习兴趣和满意程度显著提高,高校“思政课”作为大学生思想政治教育的主渠道作用得到充分发挥①。2010年上半年,刘延东同志对上海市高校思想政治理论课建设作出专门批示:“上海思政课教学模式改革富有新意,请对其经验效果进行系统评估总结的基础上,在条件成熟的其他高校可进行试点推广。”②大学生对思想政治理论课教学的认同度有所提升。与此同时,教师职业荣誉感和认同感得到不断增强,越来越多的教师把个人职业发展、学科研究与思想政治理论课教学紧密结合起来,涌现出不少学生信任、信服的良师益友。

但是,受到社会大环境的影响,一些领导和教师对思想政治理论课功能及其教师自身身份特殊性和重要性认识依旧不到位,自轻思想政治理论课的现象时有存在;一些学生尚缺乏思想政治理论课学习热情;部分教师自身素质有待进一步提高,一些教师在一些地方的某些高校相对地位较低,尤其是一些高职院校或民办院校。这固然与客观上办学机制、人事编制和生源层次不一有关,但主观上,也与在这些院校从业的思想政治理论课教师学历和职称层次普遍相对较低有关联。从人员的结构看,上海市思想政治理论课教师队伍已基本解决“青黄不接”的状况。但从人员的整体素质上讲,发展还是不太平衡的。就教学与科研这两个主要方面来说,教学方面已基本实行“交接班”了,但教师教书育人与科研素养方面存在的问题还不小。改革开放30多年来逐步形成的上海市思想政治理论课学科带头人或主要骨干教师,除了其中有些已走上各级领导岗位、有些“转行”到其他哲学社会科学领域以外,留下来“坚守阵地”并“颇有建树”的,目前也已陆续面临着退休。上海正在抓紧选拔和培养有着强烈身份认

① 李长春.在马克思主义理论研究和建设工程工作会议上的讲话(2012年6月2日)[EB/OL]. http://politics.people.com.cn/GB/1024/18059679.html

② 中共上海市教育卫生工作委员会,上海市教育委员会.加强整体规划　聚焦关键环节　扎实推进高校思想政治理论课教师队伍建设[EB/OL]. http://www.stuln.com/gcgxszjsjs/jyjl/2010-11-26/Article_60967.shtml

同的思想政治理论课学科带头人和中青年骨干师资，注重对他们进行身份认同教育，以及包括科学研究和学科建设在内的主体综合素质和能力的培养。

2. 思想政治理论课教师的“被赋予”

改革开放尤其是“05 方案”以来，思想政治理论课教师的“一身一任”主体性正越来越得到正面强化。然而我们也发现它面临着来自政策“他者”的若干被弱化因素。一些思想政治理论课教师认为自身角色是“被赋予”的。他们认为政策“他者”对“一身一任”的教师主体性认同的支持力度依旧有待强化。他们自身对于职业的意义、价值与行动的界定，也存在着“被动”现象。

(1) “被赋予”和相对疏离

受中国历史文化传统影响，两千多年的封建专制统治淹没了人的主体性。这种否认人的主体性的意识观念至今仍然具有很大的影响力。在中国，政府与大学自始至终有着千丝万缕的联系。在高校，不可否认存在着多元权力主体，那便是国家、学校、教师和学生。在法定权力的规约下，各主体的地位有很大不同，实力上产生巨大失衡，部分主体的权力弱化乃至完全消解。思想政治理论课教师是国家意识形态教育的直接执行者，为保证意识形态教育的严肃性和准确性，思想政治理论课教师被赋予了很高的政治地位。

为加强思想政治理论课教学，提高思想政治理论课教师地位，国家采取了许多具体措施，从新中国成立初期选拔师资条件，到“享受特殊的政治待遇”，到各高校“在职务聘任、科研立项、国内外学习进修和物质待遇等方面……在政策上予以扶持”①，高校思想政治理论课教师队伍的现状有了较大改观。

由于思想政治理论课教师身份是国家法定构建的，上自中央、省部，下到各高校领导对此关注度极高，然而部分思想政治理论课教师

① 教育部社科司. 普通高校思想政治理论课文献选编(1949—2008)[M]. 北京：中国人民大学出版社，2008：217.

对于自身身份角色却表现出认同上的游移不定。被赋予了特定身份的思想政治理论课教师容易成为高校“边缘人”，产生跟其他学科教师之间彼此联系与互动的相对疏离。另外，他们中的部分教师并不是共产党员，也有一些教师由于专业背景差异度较大，对马克思主义未能完全理解、领会和信服，上课时缺乏真心实意，有的甚至随意曲解，无法保质保量地为学生解疑释惑。

(2)“被赋予”和过度压力

角色的赋予带给思想政治理论课教师特有的工作冲突。思想政治理论课教师承担着特殊的身份角色。他们被要求是“宣讲者”、“传播者”、“坚定的马克思主义者”、“教书育人的表率”、“大学生健康成长的指导者和引路人”①。2015年发布的《普通高校思想政治理论课建设体系创新计划》指出，要建设一支理想信念坚定、师德高尚、理论功底扎实、教学效果良好的高水平思想政治理论课教师队伍。

首先，思想政治理论课教师主讲的课程有着许多特殊性。各级对思想政治理论课教师群体的各种厚望让他们感觉重负在肩，而他们自身也普遍认为自己的学科对学生的发展是重要的，然而这种“特殊”和“重要”却与他们在实践中所获得的职业成就感和自豪感形成反差。这既与课程本身在实际运行过程中的效果有关，也来源于学生和其他“他者”对自己所教课程的意义与价值的认可程度。一些思想政治理论课教师受到了成见或偏见，这有形或无形地给了他们较大的心理压力。

其次，随着近几年高校对教师下达的教学任务、科研任务的要求指标日益提高，学历提升、课时指标、考评听课、项目申请、科研结题、论文发表一系列要求让教师们深感“耗时耗力”。

第三，思想政治理论课教师群体担负着全校学生的思想政治理论课教学任务，课时较多，受众覆盖全体学生，大学生思想若出现问

① 教育部社科司.普通高校思想政治理论课文献选编(1949—2008)[M].北京：中国人民大学出版社，2008：216.

题就是大问题。面对社会转型和急剧变迁，科技发展和我国人民生活水平快速提高，互联网和无线通信的迅速普及，伴随着上自中央政策的变化，周遭市场经济土壤中滋生起来的大众文化的迅速成型，下至网络时代诞生成长的“90后”，思想政治理论课教师真该拥有“十八般武艺”，否则他们将遭遇来自周围环境的更大心理压力和负担。

第四，思想政治理论课课程所具有的政治性与强烈的意识形态价值诉求要求任课教师具备“一身一任”。在教育市场化趋势中，思想政治理论课具有一定的计划性、滞后性和长周期性。叩开学生心门的教育最是困难的，不仅见效慢，还经常会反复，导致一些思想政治理论课教师体会不到教学的乐趣，更谈不上快乐教学。

3. 思想政治理论课教师的“被规约”

(1) 国家赋权和高校规训的交叠

“人是规训的制造者，同时又被规训桎梏。”①“被规约”从根本上说是外在的，把人当作一种手段工具来“造就”。过多的规训，有可能导致人们失却自我。政府是国家权力机关的执行机关，是国家政权机构中的行政机关。政府或政府部门的权力影响依旧全面渗透于大学改革与发展的重大事务，成为各个利益集团之间利益的协调者。政府始终是大学教学改革乃至大学教育的主要资源的提供者，“拥有教学资源的分配权、生均经费、教改经费、人事控制权、学科发展权、学校评估与教育教学质量督查权等”②。

近些年，政府非常重视高校内涵发展和教育教学质量的提升，思想政治理论课课程建设也得到了更充足的人、财、物等资源支持。然而，政府在提供政策支持的同时，相关部门的教育教学政策或决策中，有时也会打上其自身利益的烙印。“承认政府工作人员是特殊的

---

① 蒋茵.规训化教育中教师角色分析与思考[J].当代教育科学，2009(23)：32.

② 钟勇为.冲突与调谐：大学教学改革的基本问题探论[D].武汉：华中科技大学，2009：60.

利益集团,是公共选择理论的基本前提”[①]。政府是由公务员或官员来使之运转的,他们在实际生活中有他们自己的特殊利益。在中国,高校和政府的关系实质上是服务被服务、管理被管理、监督被监督的互动关系。在我国高等教育教学改革实践中,“教学改革常常沿着缩小教师自主性空间和削弱教师专业特性的方向发展”[②],有时直接导致教师与教学领导的对立。

高校作为人与知识系统再生产的重要场所,不可能不受到制度规约。福柯认为,学校教育中存在典型的规训与惩罚的手段应用。规训是“一种权力类型,一种行使权力的轨道。它包括一系列手段、技术、程序、应用层次、目标。它是一种权力‘物理学’或权力‘解剖学’,一种技术学”[③]。高校既可以通过对时间和空间的操纵来推行,也通过使用一些简单的手段如层级监视、规范化裁决与检查来规训。

在高校,学校的时间划分,学校管理科室如人事权、决策权和财政权的关键权力切割和分配都存在着规训。层级监督、规范化裁决以及各级各类检查中也存在着某种规训。有的学校安置教室“监控”等手段,考评办听课专家、学风督导员体现出一种层级监视。教学事故的认定、教学质量白皮书、本科教学质量报告等,制度规约和数据考评会令一些教师感到很“受伤”。如何避免“一管就死,一放就乱”?这既是度的问题,也是质的问题。毕竟,高校教师的聘任、管理和评价制度等更多地侧重于教师的知识水平、学历层次和教学技能和科研能力,而教师的伦理价值维度究竟如何?思想政治理论课教师和其他任何科目教师一样,都面临着制度的规训,而他们还将面临超越一般的测评,即来自各方对于其传播主流意识形态的知、情、意、行等方面的全方位无形指标体系的考察。

---

① [美]詹姆斯·M·布坎南.民主过程中的财政[M].康寿宁译.上海:上海三联书店,1992:31.

② 钟勇为.冲突与调谐:大学教学改革的基本问题探论[D].武汉:华中科技大学,2009:59.

③ [法]米歇尔·福柯.规训与惩罚[M].刘北成,杨远婴译.北京:生活·读书·新知三联书店,1999:241—242.

"在日常实践中已形成的价值体系更是教师安身立命、自我认同的基础"①。思想政治理论课教师作为主体面临着几乎无处不在的规约。来自外部的规约,一定程度上使教师"自为"发展需求和主体行为意愿减弱。长此以往,一些教师越来越习惯于按照别人预先设定的去操作,其职业发展的自主性和创造性逐渐变得有些冗余。

国家赋予的专业角色倘若不能与教师的认同相匹配,势必会导致教师产生工作困扰。思想政治理论课教师有着独特的"落实立德树人根本任务"和主流意识形态传播角色担当,他们承担着相应的职责权利和社会期待。然而,面临国家角色赋权和高校制度规训交叠,从身份认同看,一些思想政治理论课教师主体性依旧难以避免陷入窘境,他们较难真正获得自身身份认同与主体性的张扬。

(2)"应当怎样"的"被制约"纠结

大学现行的教学管理制度对教学各环节都有刚性的繁琐要求,制度文化的框定和事实上的行政化推进,让教师群体近年来被不断地关注,他们会处于矛盾性教育场域的纠结之中。客观化、标准化、齐一化……都使今天的教师"很容易成为制度和市场的奴隶"②。行政化的推进、政策制度等的外控生成,使得一些教师的行为被动发生着改变。

过去的很多年里,中宣部、教育部和各省市、高校分别制定过许多关于思想政治理论课以及教师队伍建设的指导性文件。这其中不乏许多宏观指导和中、微观决策设计,且已陆续出台更多实质性的支持政策。然而,诸多文件中依然存在着思想政治理论课教师"应当怎样"的话语,彰显着各种规约。思想政治理论课教师作为承担教化责任的"一身一任"专职人员,如何避免教师主体性意蕴的被削减和遮蔽?这一点,可以从教师主体性以及教师自主权利的视角加以剖析。

---

① 瞿卫星,贺菲.实践研究的理论阐释困境[J].教育发展研究,2011(24):55.

② 朱小蔓.关于教师创造性的再认识[J].中国教育学刊,2001(3):58.

人的主体性、自由意志是人的本质所在。在“体制”与“结构”之中,个人并非仅仅是被动的被约束者,而是主动的参与者。教师既是承受者,又是积极的参与者或主动的建构者。教师是有充分“自主性”的,但这种“自主性”同时又是一种“被制约的自主性”。思想政治理论课教师是“被制约者”,既有来自现实力量的制约,如社会的要求、学校的考核和学生的期盼等,又有来自布迪厄所使用的一个概念“惯习”的制约,即决定个体当前行为的一种深沉性的力量,这是个人历史力量的制约,由其过去的经验、阅历、生存的社会环境等沉淀在其人格结构中的力量,是个人的、历史过去的社会制约力量在其人格中打下的烙印。

思想政治理论课教师承担着对青年学生进行中国特色社会主义和中国梦教育、社会主义核心价值观教育、法治教育的任务,他们推动着中国特色社会主义理论体系进教材、进课堂、进头脑。这是国家赋予的职责,绝不简单是教师的个体行为。教师可以根据教学大纲、统编教材组织教学,将准确规范的理论观点和学说系统地传授给学生,但是不能“自主地”在课堂上随心所欲、信口开河。他们必须承担起培养“合格建设者”和“可靠接班人”的使命。思想政治理论课教师应该坚持党性原则,在事关政治原则、政治立场和政治方向上与党中央保持一致,不应也绝不允许与党的路线、方针、政策唱“对台戏”,这是一条重要的讲课纪律,也是其从事教学的最基本要求。当然,教师的个性化教学也越来越被肯定。2012年上半年,教育部首次评选47名全国思想政治理论课教学能手①,这些能手有较深厚的马克思主义理论素养,爱岗敬业,潜心教学,教学功底扎实,教学效果良好,教学成绩突出,是全国高校思想政治理论课教学领域一线教师的优秀代表。这些能手无一不富有个性特点,无一不是在精心设计教法,将思想政治理论课形式多样、生动活泼地传授给青年学生,收到良好的

① 高校思政课现场教学观摩活动首次举办　表彰47名思政课教学能手[N].中国教育报,2012-7-7.

教学效果。

改革开放以来，教师作为教育者与学生作为受教育者的角色定位中存在着强大的张力。基于职称评聘，教师在教学工作之外，还承担着科研论文发表、课题申报、社会工作等其他任务。高校的评聘制度和考核制度设计对教师产生着极大的吸引力，以至于一些教师在竭尽所能努力扮演这些社会角色而"忽略"了"教育者"的最起码角色要求，他们的理论素质和教学水平达不到相应课程要求，对待课堂教学敷衍潦草，有违"一身一任"特殊要求。

思想政治理论课教师作为主流意识形态的传播者、真理知识的持有者、教育秩序的维护者，具有对学生支配性的权力。"05 方案"以来，政府部门为思想政治理论课教师提供了更多的支持政策，培训、评优、各级各类专项研究课题，凡申报、参与、入围、被评、获得，每一次参与均有利于加深教师对自身身份的认同，也有利于教师主体性得以更好实现。

翻阅 2006 年、2011 年上海市思想政治理论课骨干教师研修班教师"培训小结"，笔者从 2006 年"小结"中读到"悲壮"、更读到"布道"的神圣，而 2011 年的"培训小结"中依旧读到"对身份认同的困惑"和"犹疑"、读到思想政治理论课教师身份认同和主体性的表现差异。这差异表现在，大部分教师越来越明了特有身份职责，仍有一部分思想政治理论课教师始终自甘"沉默"，躲避一系列固定程序、统一标准和僵化逻辑的框定，用"缺席"与贬抑被动应对，还有一小部分思想政治理论课教师则始终"态度积极"，对各种各样的课题申报、竞赛评比，来者不拒，能报则报，对待课堂教学则得过且过。

(3) 权限拓展与"一身一任"应有身份的相对弱化

国内研究者吴康宁认为，教师的社会化可以在四个层面上展开：作为社会成员的教师、作为学校成员的教师、作为学生社会化承担者的教师、作为自身社会化承受者的教师①。这几种身份似乎意味着

① 吴康宁. 教育社会学[M]. 北京：人民教育出版社，1998：195—196.

教师权限的拓展。然而，过分强调师道尊严的教师文化束缚了教师主体性，权限的拓展也使教师陷入了繁重而艰难的跋涉境遇。教师"在承担繁重的教育教学工作的同时，还要在不同的权力主体之间做大量的协调、解释、沟通和调节等方面的工作，各种权力主体之间一旦产生冲突，教师本身就难以避免地成为矛盾的焦点"①。有学者认为，教育改革"总是自上而下绕过教师这个真正的主体并因而在实践中屡屡流于形式，异化而夭折"②。

近年来，思想政治理论课教师或被要求"强化学术研究者角色"，或被强调"心理疏导者角色"，或被要求担任"大学生职业导师角色"等，希望用这些提升思想政治理论课教师角色的素质和形象。殊不知，"文化生产者在他的特定领域里越是没有作为，越是没有名气，他就越加需要外界的权力，也就越热衷于寻求外界的权力以抬高自己在本领域内的身价"③。可以说，思想政治理论课教师面临着从未有过的高要求，使他们感受到前所未有的压力。思想政治理论课教师的角色其他承载客观上弱化或隐匿了"一身一任"。一些原本不属于思想政治理论课教师身份赋予的东西挤占了思想政治理论课教师"一身一任"应有的发展空间。这不仅会影响思想政治理论课教师主体性的发挥，还有可能带来严重危害。

首先，额外的角色承载会使思想政治理论课教师"一身一任"特殊角色价值受到怀疑，进而动摇角色的社会认同；其次，思想政治理论课教师自身会迷失于角色应然与实然之间，导致出现最具根本性的"一身一任"匮缺带来的职业倦怠，最终甚至可能会失去党和政府原先已经给予的专门政策支持和资源。可见，弱化或隐匿其特有政治角色，反而是对思想政治理论课教师的"一身一任"价值存在的疏

---

① 周润智. 被规约的教师职业——知识制度的社会基础及其表现[D]. 南京：南京师范大学，2002：9.

② 金忠明. 教师教育的历史、理论与实践[M]. 上海：上海教育出版社，2008：255.

③ [法] 皮埃尔·布迪厄，[美] 汉斯·哈克. 自由交流[M]. 桂裕芳译. 北京：生活·读书·新知三联书店，1996：72.

离。因此，思想政治理论课教师应该努力实现“一身一任”的角色自觉和“角色自由”。

思想政治理论课教师的身份是固定的更是特殊的。近年来，思想政治理论课教师相比以往，更多地得到党和政府、所在高校各种赋予和政策关照，相较其他学科教师，他们的教育教学活动会更多地既得益又受制于制度政策。额外的要求越来越多地被添加到思想政治理论课教师的角色承担中。正如美国社会学家、结构功能主义的代表人物之一默顿所言“要求从业者‘行动上’是利他的，至少在某种程度上是如此”①。然而，在额外要求思想政治理论课教师的同时，社会也往往会从普通高校教师的岗位要求和职责等角度去评价思想政治理论课教师，这难免容易使思想政治理论课教师产生身份认同的迷茫。

(二) 来自学生“他者”的“忽略”

“一身一任”的思想政治理论课教师主体性不仅仅来自政策“他者”的赋予，也需要得到学生“他者”的认定。其实，教师与学生之间是相互建构的，学生既是教师面对的受众“他者”，也可以是受众主体。

1. 学生是高校思想政治理论课面临的“对象性存在”

(1) 学生拥有主体权力

教师主体性是在对象性的教育活动(即人以物为对象的活动)中生成、呈现、发展与发挥的，在思想政治理论课教学中尤应如此。新中国成立后，在高校设立的政治课，发展为今天的思想政治理论课。一直以来，中国共产党赋予思想政治理论课存在，赋予思想政治理论课教师职责。传统的思想政治理论课立足于党和国家的要求，强调一体化的政治意识，相对忽略了大学生的实际需求，学生被简单地当成意识形态的容器，师生关系为“塑造与被塑造、控制与被控制、规训

① [美]罗伯特·K·默顿. 社会研究和社会政策[M]. 林聚任译. 北京：生活·读书·新知三联书店，2001：136.

与被规训的关系"①。因此,它容易遭到主体意识觉醒的大学生的隐性抵制。

学生是高校教师自身职业社会化过程中必不可少的"对象性存在"。"只有饥饿者,才能予之以食"②。教育的成效如何不仅取决于教育过程的主体的努力,在很大程度上也"取决于被教育者,取决于他有无认识周围世界的愿望,有没有学习科学文化成就、掌握社会主义生活规范和准则的积极性和自觉性"③。人的需要是决定其对某项信息的选择和接受的最基本而又强烈的因素。思想政治理论课教师能否给学生最需要的东西?

学生是否能主动地、客观地认识世界、认识中国、认识自我及自我与世界的关系,去领悟国家整体发展对个体发展的意义、秩序的重要性和道德追求的价值?这也是思想政治理论课教师所追求的。教育的本质决定了一切教育活动都应该围绕学生来展开。

学生究竟拥有了多少主体权利?他们可以通过校长信箱、校园BBS论坛、人人网、微博、微信等各种途径和方式来表达自己的主体意识。对教师而言,要么从维护学生的利益出发,在有限的权力范围内与主流权力相"抗衡";要么不闻不问,无法满足学生意愿。总之,教师必须关注学生这一必不可少的"对象性存在"。

(2)学生有着个体需求的差异

作为思想政治理论课的受众主体,学生是整体性的,又是个性化的、具体的。他们对于思想政治理论课要求是具体多样的,但从根本上说是为满足自身成长的需求。学生可以通过思想政治理论课掌握理论工具,把握当今世界和中国局势,找到自身人生定位;可以正确解读党和国家路线方针政策,学会灵活运用理论指导自身实践;可以

① 王爱菊.走向主体间性的生存——教学冲突研究[D].山东师范大学,2010:46.

② 吴光远,肖娟娟.尼采——不做"好人"做强者[M].北京:新世纪出版社,2006:87.

③ 苏共中央直属社会科学院心理学和教育学教研组.党的工作中的社会心理学和教育学[M].南京:广西人民出版社,1986:139.

通过思想政治理论课掌握更多社科知识，懂得生活经验。

由于不同学生有着各自不同的生活经历和文化背景，他们对于相同的课程内容时常也会存在个体不同理解。有的学生对思想政治理论课教师的努力难以配合甚至不予配合。思想政治理论课教师应该对学生个体的经验水平和认知发展水平进行深入研究，设计并拓展教学内容，努力对接学生学习需求。

2. 大学生“他者”的“关注”和“忽略”

(1)“关注”的眼光和“忽略”的心态

互联网使人们的交往发生了根本性的变化，发达国家因其技术和经济优势以及西方语言垄断，各种思潮向全球各地“密集推广”。资本主义卖的不仅仅是商品和货物，“它还卖标识、声音、图像、软件和联系。这不仅仅将房间塞满，而且还统治着想象领域，占据着交流空间”①。思想政治理论课的教学对象是“90后”乃至“95后”大学生，他们大多有着“独生子女”身份，他们在扁平化的信息交互时代通过应试教育来到高校，就业的焦虑提前影响到大学课堂内外。在课堂，“我的地盘我做主”的学生往往会夹杂着“关注”的眼光和“忽略”的心态看待思想政治理论课教师。

这“关注”体现在学生对自己的生存和发展需求的满足，关注如何通过思想政治理论课增强自己在大学和未来人生道路上的更多优势，实现自己的人生目标。他们或是在课堂上与教师争辩，或是在随堂反馈纸或课后网络论坛上署真名或穿上“马夹”用自己的话语阐述见解。这种关注也体现在学生有疑惑时是否能得到老师的解答。

大学生“忽略”的心态往往表现在一些学生一开始对思想政治理论课的距离感或对思想政治理论课教师的不予理睬，或找理由迟到、抢后座、早退甚至翘课，要么“身在曹营心在汉”，睡觉、玩手机，表现出懈怠和消极；一些学生对抽象的“纯粹理论”不感冒，做作业时网上

① [美]阿兰·伯努瓦. 面向全球化[M]. 全球化与世界，王列，杨雪冬编译. 北京：中央编译出版社，1998：10.

下载、抄袭敷衍了事;一些学生则喜爱恶搞,歪曲或误读教学内容;一些学生质疑思想政治理论课教师的学术水平,甚至对主导机关、组织机构和党员产生不信任和抵触情绪;一些学生“翻墙”浏览,再到互联网上灌水,散布各种带有个人情绪和政治倾向的言论,以所谓“标新立异”观点吸引他人眼球,还想当然地认为“自己可以负得起全责”,等等。

青年博士 L 老师在参加省级思想政治理论课中青年骨干教师培训后,在“培训小结”里写道:“现在的学生大多对政治有一种疏远感,一听到政治两字似乎就自动关闭了耳朵。”①作为受众的大学生对课程的忽略,进而导致其对思想政治理论课教师的忽略、不理解和教学上的不配合。这也是对思想政治理论课教师角色的淡然轻视。

大学生对待思想政治理论课的态度源自社会所提供的环境。在世界范围内各种思想文化交流交融交锋更加频繁的今天,受功利主义影响,有着务实倾向和个人功利意识的部分青年学生出现了自我认同危机。他们中不少人成了热门专业和绩点的追逐者和承载体。一些“单向度”的大学生看重的是外在价值,他们以工具理性为指引,忽略了自我的人生意义。另外,由于实践经验和理论积累的不足,大学生往往无法充分感悟思想政治理论课对他们成长的价值,误解甚至抵触思想政治理论课开设的必要性。

(2)“关注”和“忽略”对思想政治理论课教师主体性的影响

大学生对待思想政治理论课的态度影响着教师对自身身份的认同度。思想政治理论课教师会因为学生的“关注”而压力倍增,他们既担心学生由于信息不完整而对国家层面政治生活的过多关注,以免引发不必要的政治性评价,又希望学生能理解意识形态要求,对政治知识和理论有着必要的养成。他们也担心自身学术功力尚不能完

① 选自:2011 年 11 月 10—12 日,上海市教委德育处、上海市学生德育发展中心举办的“2011 年度上海高校思想政治理论课中青年骨干教师研修班”学员小结。以下简称学员小结。

满地解答学生提出的各类问题。面对学生受众的“忽略”,思想政治理论课教师更容易感到身心疲惫,缺乏自我认同度,极大地制约其主体性的发挥。

思想政治理论课教师身份是对应学生受众而存在的。学生“他者”的认同可以成为思想政治理论课教师自身身份认同不可或缺的参照。面对变化了的和正在起着变化的社会环境和受众,思想政治理论课教师必须学会自如应对。只有当受众“他者”和自我身份正相关对应,发挥出角色应有的正能量,增强自身在思想政治理论课主渠道对重大理论和现实问题的阐释力,“一身一任”的思想政治理论课教师主体性才不至于窘迫。

3. 学生评价的“缺位”和“挑战”

(1) 教师主体性的表现与确证

在完成《上海高校思想政治理论课教师队伍建设研究发展报告(2011 年)》问卷调研时①,笔者对 S 大学的 37 份问卷中题为“您认为对思想政治理论课教师的考核,应包括哪些基本内容(　　)(请排序)”的调研数据进行了统计。受访者中有 23 位直接填写了“教学”、15 位填写“科研”、12 位填写了“思想品德”、7 位填写了“教学效果”、4 位填写了“教学方法”、4 位填写了“学生”。结果显示,仅有 4 位受访思想政治理论课教师认为对教师的考核应该重点考核“学生反馈”。可见,在不少思想政治理论课教师心目中,没有预留“学生”位置。试想,教师的考核内容中若真的没有“学生”的评价,又如何激发教师对教学对象的研究和需求的满足、如何去达到应有的“教学效果”呢?

事物都是由互相对立的两个方面组成的,任何一方都必须以自己的对立面作为自己存在的前提和条件。学生是教育服务的对象或“产品”。学生和教师这两个相互对立面,他们在同一矛盾的统一体中互相联系、互相依存,谁也离不开谁,失去了一方,另一方就不复

① 详见附录一。

存在。

教师主体性并不是孤立的、抽象的,它要受到学生主体性的制约,其功能的发挥,取决于接受主体对象的性质以及与之相适应的主体本质力量的性质。“主体的本质力量只有在与客体对象的性质发生关系时,才能得以表现和确证。”①人们往往会以学生的发展状况来评价教师主体性的发挥。毕竟,大学生在大学教学改革中处于核心地位,因为不仅教学改革的目标指向他们,而且教学改革的成效需要他们来证实。然而在教育实践中,教师必须是有目的、能动的,而学生则不一定要有目的,相反,有时候甚至要让他们意识不到这些目的。在传统师生关系中,教师在教育评价中往往处于主动的地位。受教育者往往处于“劣势”,学生话语权、决策权往往会被漠视或遮蔽。

“所谓教育,不过是人对人的主体间灵肉交流活动。”②在任何正式群体中,其成员之间密切的交往和友谊,可以产生共同的价值观念和行为。现时代,师生关系模式挑战了教师惯常扮演的角色。教学过程中师生的内在关系是教学过程创造主体之间的交往(对话、合作、沟通)关系③。日本教育家小原国芳在《完人教育论》一文中指出:“我只想把出发点归之于‘人’。‘回到人！回到人!’只进行‘人的教育’。无论主观愿望如何,‘回到人’、进行‘人的教育’,便会有真正的教育。”④

教育实践的目的性如何让教育者与受教育者得以“同时”共享?教育者的目的性是教育实践的目的性得以成立的充分必要条件。在思想政治理论课教学过程中,教师和教学对象均为主体。然而,由于教师主体的年龄、知识、阅历的“优势”,受教育者往往处于“劣势”。

---

① 尹保华.教育的主体性及其实现[J].徐州师范大学学报,1997(3):135.

② [德]雅斯贝尔斯.什么是教育[M].邹进译.北京:生活·读书·新知三联书店,1991:3.

③ 叶澜.重建课堂教学过程观——“新基础教育”课堂教学改革的理论与实践探究之二[J].教育研究,2002(10):28.

④ 瞿葆奎.教育学文集　教育目的[C].北京:人民教育出版社,1989:317—318.

教师主体的存在是社会的、历史的、文化的存在，他们扮演了教育者主体角色所要完成的任务，履行对教育对象的施教职责。然而，作为受教育者的大学生主体同样也是历史、社会、文化的存在，他们有着自己的主观能动性和选择性，有时甚至有着莫名的阻抗性。

学生是课程教学最主要的利益相关者。在大学教学改革实践中，被漠视或遮蔽的学生内心存有较为强烈的平等意识和维权意识。因而当教师在教学改革背景下依然沿袭陈旧、低效的教学模式进行单向灌输时，他们会表现出沮丧、压抑与痛苦，还会表现出某种抵制、排斥与抗争。同样，对于学生日益膨胀的权利，教师也在据理力争。比如，对于“学生评教”，一些教师经常颇有微词。

(2) 学生评价对思想政治理论课教师主体性的影响

长期以来，大学生在思想政治理论课教学改革过程中的权利和利益方面往往处于低势位。虽然学分制背景下，部分高校引入大学生评价教师教学“满意度”意见征询等机制，让学生意愿有了充分表现的机会。不少大学推出了“学生评教”，即下一学期选课前必须为上学期自己的任课教师打分，打分记录同时显现在教师个人教学平台上。然而，一些高校的思想政治理论课教学改革目标、课程设置的变动、对教师的晋级评价，依旧存在着大学生的应有权利意识被部分遮蔽及学生权利存在较为严重缺位的现象。

“如果教师用在学生身上的时间得不到最终的承认，谈论提高教学质量就是一句空话。”①教师主体性往往带有滞后性和隐含性的特征。社会是依据学生的发展状况来评价教师主体性发挥的，教师主体性潜藏于教学对象——学生，而学生评价往往不能即刻呈现为物化形式。学生对思想政治理论课教师的劳动呈现出渴望求知的热忱，还是索然无味的无奈；是信赖，还是疏离、不屑？当思想政治理论课教师走进热情抑或冷漠的教室，面对抬头热望的学生还是捏着手

① 吕达，周满生. 当代外国教育改革著名文献(美国卷，第三册)[C]. 北京：人民教育出版社，2004：6.

机作“拇指运动”或昏昏欲睡的学生,教师的内心也会立即变得激动或者麻木。倘使教师长此以往置身于后者那样的环境,教学必将成为教师无聊的劳作和机械的应付。

(三) 来自社会“他者”的“偏见”

面临政策“他者”和学生“他者”的认同之余,思想政治理论课教师必须面临与社会“他者”的互动。

1. 时代的变迁对主流信仰的建构造成冲击

(1) 多元主义带来的动荡与重组

来自受众“他者”的“忽略”,源自社会“他者”的“偏见”。虽然,这来自社会以及学校的其他群体的认同归根结底只是外因。高校思想政治理论课教师生活在一个互相联系、密不可分的社会环境中。改革开放以来,市场价值取向的冲击、网络信息技术时代与全球化时代的叠加和冲突,思想文化领域引入多元主义产生动荡和重组,这些都对主流信仰的建构造成冲击。思想政治理论课教师由于学科的特殊性必须责无旁贷地引导大学生辨析社会思潮,以马克思主义基本理论为指导对其评析,展示马克思主义理论的科学性和理论魅力。

(2) 新媒体环境下人们主体性的觉醒与成长

随着新媒体的登堂入室,人们的生存境遇被彻底改变。个体足不出户,便可以张扬个性,主体性的觉醒和成长让无数个体找到存在感。“90后”大学生不再盲目崇拜。他们反感缺乏亲和力的主流意识形态教育,排斥封堵式强势灌输。对于身边的现实问题,他们存有“是什么”和“为什么”的质疑。媒介的发达令高校和教师的权威也在下降,保障学生的应有权利和地位的监督舆论使得当教师越来越难,当思想政治理论课教师难上加难!思想政治理论课教师承担主流意识形态的传播任务,他们如何在多元中确立主导?面对各种思潮和复杂的社会现象,教师又如何运用马克思主义的立场观点方法在多样中求得共识?

扁平化的信息时代,催生马克思主义学科发展,倒逼思想政治理论课教师拥有健全的人格和身份自觉与认同，掌握解疑释惑的理论知识和能力。思想政治理论课教师必须有意识地主动借力新媒体，创设立体化的学习空间，活用双向互动的沟通平台引导学生健康成长。同时，他们必须投入巨大的精力去学习和备课，还必须比其他课程教师更多地具备对学生的感召力。

2. 尴尬环境中思想政治理论课教师的坚守

(1) 环境“他者”中坚守着的思想政治理论课教师

各大高校均有着一批兢兢业业坚守岗位的思想政治理论课教师。面对环境“他者”，大部分思想政治理论课教师依旧在坚守中努力，用自身的努力来破解学生的困惑，以较为深厚的理论修养和坚定的理想信念来感染学生、传播思想和实现自身价值。他们入职以来全心全意地投入教学，舍得在学生身上花时间，得到学生的热情拥戴。他们的教学与研究成果颇丰，得到各级荣誉。须发渐白的他们，忙碌在讲台上下，却依旧不合所在高校晋升条例中的某条某款，被无情挡在“教授”乃至“副教授”岗位之外。

大学教师的评价制度和教师的角色利益密切相关。诸多新入行的思想政治理论课青年博士一心力攻核心期刊、申报各级课题，希望能在科研评价方面得到尊严，提前晋升职称。教学与科研同样是高校思想政治理论课教师安身立命之所在。一名博士说出了思想政治理论课教师面临教学与科研的主要困惑：“第一，教学内容规范性要求与专业性的科学探究结果存在矛盾；第二，理论的科学性在现实存在的阴暗面中苍白无力；第三，普遍存在教学工作量大影响科研方面的时间与精力投入，但无论是考核还是职称评审，科研成果都是关键性指标。”①然而与“别的学科”不一样，一些青年思想政治理论课教师还困扰于教师的“职业修养还是教学对象的接受效应，似乎都隐含着不少难以统一之处”②。

① 选自：学员小结。
② 选自：学员小结。

(2) 思想政治理论课成效呈现尴尬的无形性和非即时性

面对时代大潮,思想政治理论课教师如何坚守"一身一任",关注社会、学术及市场等不同方面的重要利益,增强对重大理论和现实问题的阐释力,去回应社会对思想政治理论课的怀疑? 如何面对一些高校管理部门对思想政治理论课的设置依旧存在着的实用主义取向? 如何面对"绩点主义"和工具理性态度驱使下的部分学生功利地修读思想政治理论课? 高校思想政治理论课教师经常处于明显的悖论之中,既要面对各级对课程的高度重视和关注,又必须理性面对社会层面、部分学校、部分学生对思想政治理论课的"忽略"。教师们甚至忧虑着思想政治理论课在一片加强声中反而被弱化,从业的工作热情受到一定程度的挤压。

评价是一种价值判断活动,是对客体满足主体需要程度的判断。如何真正做好"一身一任"? 长期以来,教还是研成了思想政治理论课教师群体内部的一大冲突,成了部分教师的两难选择。

思想政治理论课的主要任务是"引导大学生坚定对马克思主义的信仰、对社会主义的信念、增强对改革开放和现代化建设的信心、对党和政府的信任等方面……"①作为坚持社会主义办学方向的重要阵地,思想政治理论课是落实立德树人根本任务的主干渠道,是进行社会主义核心价值观教育、帮助大学生树立正确世界观人生观价值观的核心课程。然而,无论是信仰、信念、信心和信任,还是 2015 年《普通高校思想政治理论课建设体系创新计划》里所列示的"立德树人"、"社会主义核心价值观教育"、"正确世界观人生观价值观"都是无形的,并不能立即用简单的指标衡量。因此,倘若思想政治理论课教学能得到学生好评或同行赞许,一定包含着教师极大的投入,反之则不一定。虽经思想政治理论课教师期冀和努力,学生受众仍可以表现出成效的无形性和非即时性。难

① 教育部社科司. 普通高校思想政治理论课文献选编(1949—2008)[M]. 北京: 中国人民大学出版社,2008: 213—214.

能可贵的是绝大部分思想政治理论课教师依旧在无怨无悔地坚守着。

3. 高校其他“他者”的参照

(1) 学科“他者”的矛盾心态

身份的自我认同是个体建构的，但不是单向度的，它必定是自我感觉与“他者”的评价相互渗透的。通过这种反思性理解的参照系，人们能确定地回答“我是谁”。

有些学科“他者”并不了解思想政治理论课。有的人直说自己“上大学时对这种课的态度就是不重视不爱听”①。青年教师Y在几年的工作中深刻体会到，社会上和学术界“对思政专业和工作普遍存在的轻视甚至歧视”②。在一些高校，存在着不同学科的教师之间几乎没有共同语言、彼此难以合作的现象。

从2008年一份对其他学科教师的调研统计(见表6)③，我们可以了解高校学科“他者”视角是如何看待思想政治理论课教师的。

表6　其他学科教师对思想政治理论课教师的评价

内容/评价	思想政治素质(%)	敬业态度(%)	教学能力(%)
A	9	20	8
B	51	48	44
C	39	29	46
D	1	3	2
E	0	0	0
小　计	100	100	100

① 傅琛. 浅析高校思想政治理论课教师的职业倦怠[J]. 江西教育科研，2006(12)：47.

② 选自：学员小结。

③ 胡涵锦. 上海高校思想政治理论课教师队伍研究报告[M]. 上海：复旦大学出版社，2009：17. 数据来源说明：通过对6所学校除思想政治理论课以外的数10名专业课、公共课教师的访谈、打分，最后统计。评价得分采用统计学广泛运用的“五级分层法”，A很高、很强、很好，E很低、很差、很弱。

主体性是在社会比较中实现的。表6显示,这份来自其他学科“他者”的教师看待思想政治理论课教师的数据,还是较为客观的。三个指标中,“他者”对思想政治理论课教师的敬业态度评分相对较高,对教师的教学能力评价相对较低。这反映出,他们一方面羡慕思想政治理论课教师拥有各级政府和学校的政策关照,肯定教师队伍总体的思想政治素质和敬业态度;另一方面可以看出其他学科专业课任课教师或从事学科研究的教师有着较多的专业自信和优越感,他们认为思想政治理论课教师学而不专、教而不精,授课中东拉西扯、天南海北地“耍嘴皮子”,是教学上的“万金油”。

其实,一些“他者”并没有认清思想政治理论课的承载和课程目标。思想政治理论课是巩固马克思主义在高校意识形态领域指导地位,坚持社会主义办学方向的重要阵地。它所要回答的是人们赖以安身立命的问题,内蕴着在工具理性的社会对思想世界和精神家园的关心,内蕴着“我们从哪里来,又到哪里去”的人生智慧,旨在培养中国特色社会主义事业合格建设者和可靠接班人。

自我和“他者”是在变化着的关系(对话、交往、混合)中获得重新定位和调整的。人们自身认同的成功反过来依赖着“他者”的允许和承认。通常,有学科基础从事学科建设的教师成了思想政治理论课的“他者”,他们不从事思想政治理论课教学与研究,而不少思想政治理论课教师又因远离或不擅长研究被排挤在学科团队之外,没有学科研究发言权。因此,当社会舆论对思想政治理论课教师专业身份的过度“神化”,以预设的全能“优秀思政课”教师去要求一个普通教师时,思想政治理论课教师的真实自我往往被遮蔽,从而导致部分普通思想政治理论课教师产生角色迷茫。2004年,中共中央、国务院颁布的《关于进一步加强和改进大学生思想政治教育的意见》指出:“所有教师都具有育人职责。”思想政治理论课教师队伍和其他哲学社会科学教师队伍在教书育人职责方面并无二致,为两支队伍的融通扫平了障碍,客观上拆除了其他学科“他者”和思想政治理论课教师之间悬置的无形阻隔。2015年,《普通高校思想政治理论课建设体系创新计划》再次明确:"坚持思想政治理论课与专业课相结合,注重发挥所有课程的育人功能,所有教师的育人职责。"这既有利于唤醒学科"他者"拥有应有的育人职责,也有助于提升其他学科教师的"他者"认同。

(2) 辅导员和党团组织"他者"的合力不足

根据教育部文件,辅导员是高等学校教师队伍和管理队伍的重要组成部分,是开展大学生思想政治教育的骨干力量,是高校学生日常思想政治教育和管理工作的组织者、实施者和指导者。献血、军训、帮困、评优、心理辅导等日常有形的事务性工作常常会挤占辅导员开展看似无形的大学生思想政治教育工作。纷繁的团学组织则采取任务和项目化运作,在吸引学生眼球的同时,有时也不知不觉地冲淡了意识形态教育工作的重要性和严肃性。

主流意识形态传播和教育应该是系统工程,课堂主渠道的成效往往应该与高校各部门和所有教师相互配合。在一些高校,受到个别领导、部分其他课程教师态度的影响,学生以及学生家长甚至"质疑"高校思想政治理论课及其任课教师的存在价值,"谴责"这些课程占用了有限的学分,他们要么抱怨课时多、要么认为不实用。

二、自我认同:"一身一任"教师主体性的内在因素

身份认同包含着社会互动中"他者"认同,又内含着自我构建、自我塑造等自我认同。自我认同是现代社会生活中的人们必须面对和回答的问题。无论是埃里克森还是社会学家安东尼·吉登斯,他们对自我认同特征的认识具有高度的一致性。他们都强调自我认同的"自主性、独特性、反思性、连续性和完整性"。只有拥有合理稳定的自我认同感的个人,才能拥有充分的自我。

(一) 思想政治理论课教师的自我认同现状

安东尼·吉登斯曾说:"该做什么?如何行动?成为谁?对于生

活在晚期现代性场景中的每个人，都是核心的问题。"[①]他认为，"自我认同"是指个体根据个人的经历所反思地理解到的自我。自我认同强调对个体自我主动建立的认知和表达，它明确地表现在自己是谁、做什么的、扮演什么社会角色等问题上的主体意识及相应的主体行为。

1. 对"一身一任"缺乏深层次的了解

(1) 个人经历连续性和统整性的欠缺

人的身份认同是自我的根本中心，教师身份为自我认同提供了框架和视界，自我认同也就成为教师主体性发展的内在影响要素。自我认同是一个不断地进行自我反思并最终寻求自我实现的过程。教师的满意度，"取决于教师对学校计划、计划的实施、评价及学校管理模式、领导作风等各方面的认同感"[②]。一般的，教师满意度越高，主体性发挥程度就越高，教育教学效果也就越好。

思想政治理论课教师的自我认同就是教师对"我是谁"的回答和体验。部分思想政治理论课教师认为从事教学只是一种谋生手段，他们没有能将这份职业看作一份成就自我和产生归属感的伟大事业。一些教师定位于普通学科任课教师的"一身二任"，仅仅满足一般意义上的教书育人。对"一身一任"缺乏深层次了解，导致部分思想政治理论课教师不能找寻到准确的自身定位和自觉认同。

个体的自我认同感存在于连续个人经历和知识的统整性中。与过去的自我有着不一样的学科背景的博士或硕士研究生，离开原有专业学科转而加盟思想政治理论课教师岗位，他们对"一身一任"的教师主体性认同难免出现勉强。

(2) 职业身份的独特性不明显

自我认同是个体化的，也应是个性化的、独特的。思想政治理论

---

① [英] 安东尼·吉登斯. 现代性与自我认同：现代晚期的自我与社会[M]. 赵旭东，方文译. 王铭铭校. 北京：生活·读书·新知三联书店，1998：80—81.

② 杨梅. 美国城市青年教师自我认同危机及其原因初探[J]. 外国教育研究，2005(3)：23.

课教师承担的课程有着独特性,思想政治理论课教师也应该具有身份的独特性。然而,全国统一的教材编写、课程方案、课程内容、教师队伍建设、教学质量的评估被“统一”化、均质化,唯一留下个性化的便是教学方法。而教学方法很难与其他哲学社会科学课程相区分,这容易导致学生较难感受到思想政治理论课的理论魅力和思想威力。

随着多媒体传播业态的普及,部分思想政治理论课教师已经异化为“视频播放员”和“电子课件阅读者”。部分教师没有真正认识到马克思主义理论的价值目标和理论体系内容之间的关联,把科学知识教学的方法简单移植到思想政治理论课这类特殊课程的教学中。部分教师仅仅简单地单向灌输理论或知识体系,未能分析和解读理论体系本身所蕴含的价值目标,无法实现课程的意识形态教育目的,也无法实现培养学生信念和建构学生对于主流意识形态的价值认同。迷失独特个性的思想政治理论课教师群体,容易造成自我认同度不足。

(3) 自身职业和学科认同度偏低

在各高校,无论哪个时期,校方机关部处和其他院系将思想政治理论课教师定位为“政治教师”。而思想政治理论课教师也大多自称“政治教师”,以“政治课”来指称自己所教的课程。整体看来,绝大多数思想政治理论课教师在新中国成立以后的各个时期政治信仰坚定,政治态度明确,辛勤耕耘在思想政治理论课教学第一线,他们注重为人师表,在教学效果和科研方面作出探索。

然而,随着社会转型期到来,高等教育大众化的推进,生师比过高,教学任务过重,一部分思想政治理论课教师职业信心不足,一部分教师不太认可自己的学科角色。在很多教师看来,“教书只是一个饭碗,而且是一只劣质的饭碗,心里总想着寻找更好的饭碗,一有机会就想摆脱思想政治理论课的教学。”①一些教师甚至认为公开自己

① 傅琛.浅析高校思想政治理论课教师的职业倦怠[J].江西教育科研,2006(12):47.

的思想政治理论课教师身份是面临的最大尴尬。一位思想政治理论课教师曾说:“当外面的人问你是教什么的,做什么学科?如果你是其他课程或学科,会很干脆地告诉他们,像我们教政治的,做马克思主义理论学科研究,就不太好说。”

教育部社政司委托孙蚌珠教授主持的“普通高校‘两课’青年教师(45岁以下)队伍状况研究”课题调研表明,高校“两课”青年教师“自我感觉的职业社会评价比较低”“对职业的社会感觉并不好”①。华东师范大学德育教研室也曾对上海市高校思想政治理论课教师进行抽样调查,分别有16.4%和2.0%的教师认为“发展前景不乐观”和“完全没有前途”,有高达28.8%的人对职业前景“说不清”。在“您是否有过从事其他职业的想法”问题上,回答“经常想”的有9.8%,“偶尔想”的占77.3%,而“从来不想”的只有22.5%②。该调查认为“教师对自己职业前景的评价并不高”。

上述数据,反映出思想政治理论课教师主体的自我认同总体水平尚不高。有相当数量的思想政治理论课教师对自己的职业前景、角色身份和工作价值认识较浅,对自身职业和学科认同偏低。甚至他们自己也认为思想政治理论课教学工作谁都能做。这显示出部分思想政治理论课教师的职业信心不足。这种自信心的缺失和职业焦虑导致自我认同的淡薄。这样的身份认同现状关乎思想政治理论课教师职责和价值的实现,也极大地影响着教师主体性的实现。

---

①　孙蚌珠.教师的职业压力和职业倦怠[J].高校理论战线,2002(12):22.数据如下:“有7.9%的人在寻找机会,想早日离开。”对“您是否坦然地告诉别人自己是‘两课’教师”这一问题,11.2%的人回答不能,26.4%的人视情况而定;与学校同行中专业课老师的受尊重程度相比,1.7%的“两课”教师觉得更受尊重,14.4%的“两课”教师觉得一样,83.9%的“两课”教师觉得被轻视;在学生对自己与对专业课老师的尊重程度上,3.6%的人觉得更受尊重,30.7%的人觉得一样,65.5%的人觉得被轻视;在社会对自己与对专业课老师的尊重程度上,1.3%的人认为更受尊重,8.9%的人认为一样,89.2%的人认为有些被轻视。

②　胡涵锦.上海高校思想政治理论课教师队伍建设研究报告[M].上海:复旦大学出版社,2009:342.

2. 自我认同的不同导致思想政治理论课教师主体性呈现差异

在不同的高校、不同的课程、不同的个人之间，教师自我认同存在差异性。对不同的高校而言，由于其层次、类型不同，其价值追求也会呈现多元化的特点。对不同的课程及个人而言，由于每个人都有自己特殊的学科背景、角色需求以及个人生活条件、生活阅历、生活态度各不一致，故而群体间、人与人之间的兴趣爱好、价值追求也存在差异。大学的教学领导和普通教师，优秀教师与普通教师往往因各自所扮角色的不同，主体性也存在差异。

职业是一个人占据的最重要的社会位置，而经济收入和职业声望水平都受到职业的影响。社会给了教师极高的评价，从精神层面赋予了教师光环。然而，思想政治理论课教师在高校的地位、收入和生存状态相对来说并不高。总的说，思想政治理论课教师是存在于各高校一个特殊的而又相对“小众”的群体，在一些高校，他们“活动范围比较局限，与社会联系比较少，参与种种决策的机会也很少”①。

(1) 不同地区与校际、不同的职称和职位的差异

例如，复旦大学社科部40岁以下的青年教师全部是博士学位获得者。该校很早实行了博士(后)进校的规定，选留有国外联合培养经历的博士，选拔那些政治立场坚定、学术功底扎实、责任心强、视野开阔的优秀博士生进校任教。进校后，学校还有更多的配套支持政策。在“985”、“211”高校，思想政治理论课教师相对拥有较好的工作条件。一般院校、民办院校、高职院校等思想政治理论课教师则更多地感受到来自校际同行间比较的压力与困惑。

虽然，“上级部门的很多政策已对公办高校和民办高校越来越倾向于一视同仁，让我们民办高校的教师在很多方面拥有了和公办高校教师同样的机会”②。但是民办学校思想政治理论课教师队伍依旧不稳定，有的忙于“跳槽”，从民办高校跳到公办高校，有的虽留守

① 傅琛.浅析高校思想政治理论课教师的职业倦怠[J].江西教育科研，2006(12)：48.
② 选自：学员小结。

在民办高校,但教师心理失衡人数的比重相对较大。另外,民办院校教师面临着多重"边缘化"尴尬:其一,思想政治理论课教学部门容易被学校其他部门"边缘化";其二,容易遭到本部门其他学科与专业的"边缘化";其三,容易被公办院校思想政治理论课同行教师群体"边缘化"。民办高校思想政治理论课教师"课时多、课头多、教学任务重",教师焦虑感明显。这容易使教师对自身价值产生怀疑与否定而产生心理失衡,最终导致以较低个人成就感为显著特征的职业懈怠感的形成。另外,民办高校思想政治理论课教师还面临着一些特殊问题,即"民办高校的营利性和'思政课'教师的职业特性之间形成矛盾"①,还有便是民办高校思想政治理论课教师的非公编制,"很容易进"、"供给很足"、"除了学位别的入口门槛不高"……这些都成为他们主体自我认同的缺乏因素。只有拥有适度的社会支持和保障,民办高校的思想政治理论课教师才可能安业、敬业、乐业。

近几年,随着高校扩招,不少非教师专业的青年博士、硕士研究生毕业后充实到各高校担任思想政治理论课教师,由于他们没有接受过系统而正规的师范专业训练,相当部分也并没有"思想政治教育"学科背景或相关学科背景。这既给各高校思想政治理论课教师队伍注入了新鲜血液,带来了生机和活力,而单向度地加大新教师的供给量也加剧了一些思想政治理论课教师对自我岗位角色认识的肤浅感,这必然也会制约和损害其自身的角色行为,导致自我认同被遮蔽或发生偏差。

(2) 不同类型高校的思想政治理论课教师自我认同差异

学校地理位置、优厚的物质条件和充足的经费保证有利于高校吸引到更优质的师资力量。这为思想政治理论课教师进行科学研究提供良好的条件,也为教师进一步深造和培训奠定了基础。在高水平学校工作,相对地起点更高,发展平台更大,机遇更多,思想政治理

① 胡涵锦. 高校思想政治理论课教师队伍建设与发展[M]. 上海:上海交通大学出版社,2013:66.

论课教师更容易感到荣誉和肯定，工作满意程度相对较高。不可否定的是，他们也依旧会感知到来自同一所高校不同学科教师之间的差异。

（3）同一所学校同一个部门思想政治理论课教师间的自我认同差异

2011 年，笔者利用“上海高校思想政治理论课教师队伍建设研究发展报告问卷调研”机会对 S 学院的 37 名教师进行了调研统计①，以年龄、教龄、学历和职称等为分析对象，进行比较分析。

第一，不同性别的思想政治理论课教师对一些问题的认识有异同。思想政治理论课教师对学生上课表现的总体评价、对所在学校本部门工作条件的满意度、在近两年内每周的课时量等方面均没有显著性别差异。然而，不同性别对“您对您自身的知识结构、能力素养及工作情况的评价”有着显著差异，受访的男教师更加自信，自我认可度高于女性。以性别来看，女性思想政治理论课教师的身份认同和主体性相对高于男性。总体上，性别对高校教师工作满意度的影响未达到显著水平。这表明，随着女性地位和学历层次不断提高，男女教师之间已没有显著差异。但是在工作任务上，性别对高校教师工作满意度中具有显著影响。女性往往会由于几个特殊性生理阶段或角色需要，较多承担照顾孩子、老人，处理家务等工作。因为同样的工作要求和职称评聘要求，女性对本职工作的满意度就低于男性高校教师。

第二，不同年龄段的思想政治理论课教师自我认同和主体性存在异同。一般情况下，大多数教师会在涉足教学几年以后才有可能取得较高水平的发展。人的生命周期也包含了教师不同的个性发展阶段。年轻时精力充沛，有利于工作创新。中年教师具备生活经验，会对变革持谨慎态度。在调研中，S 学院教师从事思想政治理论课教学年度与他们认为学校对教师教学、科研及职业发展的重视程度

① 详见附录一。

没有显著差异。但其身份认同随着年龄的增长而增长。一些青年教师“挤破脑袋”入职高校,但正式排课时,他们却表现出对讲授思想政治理论课的无奈和排斥感。30—49 岁年龄段教师呈现认同“下降”,然后在 50 岁后又出现认同“逐步升高”的趋势。这表明,中青年阶段,随着教师事业上不断发展和压力的加大,导致认同度降低。但在 50 岁以后,随着年龄增长,他们渐渐通过调节自己的期望值,使自己变得更现实,从而主动去适应工作,也就更易具有满足感。一些中老年思想政治理论课教师比较重视教学,也愿意为提高教学效果付出更多。但是长期以来他们习惯于“讲课”,也不太善于将实践经验进行理论提炼,或者转化为科研课题进行更为深入的分析和研究。这就造成相当一部分教师几年来科研成果统计几近“空白”。目前,能够真正在研究马克思主义理论学科的教师十分匮乏,能够把教学和科研较为有机地结合起来的教师更是“稀缺”。相当一部分中级职称的中老年教师表现出对开展科研活动的“力不从心”和“无能为力”。他们“直言不讳”地坦露:一是学历受限,二是发论文太困难,晋升职称希望归零,能“熬”几年就退休吧。

第三,不同教龄的思想政治理论课教师自我认同有差异。调研发现,教龄的长短对思想政治理论课教师自我身份认同度有着重要影响。关于“对自己近 5—10 年的职业生涯规划”问答显示,从事教学年数越短的教师对自己今后 5—10 年的职业生涯规划考虑得越全面和周密。中青年教师对自己职业定位的相对清晰,表明他们是支撑思想政治理论课未来发展的主要力量。

第四,不同学历的思想政治理论课教师自我认同有差异。数据显示,高学历思想政治理论课教师身份认同与较低学历的教师相比有着落差,可能与其期待值较高有关系。不同学历、自我期待的水平和方向不同,高学历者有一定的学历优越感,自我期待成就一番事业。对比其他行业和自身处境,部分高学历教师产生对自己从事的思想政治理论课职业的不满情绪。

第五,不同职称的思想政治理论课教师自我认同不均衡。研究表明，不同职称高校教师工作满意度存在着显著差异。中级职称的教师认同度显著低于副教授和教授，教授的认同度显著高于副教授和讲师。不同教龄的同一职称教师在认同上也存在差异。低教龄讲师组的认同度高于10多年教龄的讲师，低教龄的副教授组认同度也明显高于高教龄组。在“领导与管理”、“教育体制与社会环境”、“社会地位和社会认可”、“工作任务”、“收入与福利”、“组织气氛与同事关系”、“工作环境与学校条件”、“自我实现”、“学生与家长”等问题的回答，助教和无职称的教师得分显著高于教师与副教授，正教授则对各个方面认同度得分有所升高。其中，讲师工作满意度与高级职称的教师差异显著，低职称教师整体工作满意度最低。

究其原因，职称情况直接对应着教师的薪酬，也影响着教师对职业身份的自我认同。另外，低教龄的同一职称教师认同高，原因在于其拥有获得相应职称的期望。看不到晋升希望的老讲师或资深副教授认同度会相应受影响。整体看来，讲师与副高以上职称的中老年教师在各个维度的认同度得分较低。

总之，职称越高就会对工作的满意度越高。教授或研究员有着相对较高的待遇，容易受到社会尊重。初级和未定职的有着高学历和能力的高校教师工作满意度高于讲师与副教授，一方面说明社会竞争激烈，能在高校当教师已属不易，他们的工作热情和满足感较强，另一方面他们对自己职称晋升有着良好预期。

因此，各高校必须充分认识这支队伍是马克思主义学科生命力强化和思想政治理论课存在价值之所在，抓好思想政治理论课教师队伍建设这个经常性的基本任务。

3. 影响思想政治理论课教师正向自我认同的因素

教师的职业认同是其对现有身份的积极感知和肯定性评价，较强的认同度既可保证与其身份的有效契合，也可产生自尊、自信和归属感，有利于主体性的有效构建。2012年，为了进一步了解思想政治理论课教师现有身份认同、主体性状态以及影响因素，笔者采取抽样邮件问卷调查的方式[①],对S市20多所高校(涵盖有“985”、“211”和本科院校、民办高校、高职高专)的思想政治理论课教师进行调研。从71名受访者中的64个回答可以描述思想政治理论课教师对现有身份的认知和认同状态,再次印证来自客观和主观的各要素对思想政治理论课教师身份认同的影响。

首先,来自学生受众的肯定。学生是思想政治理论课教师工作质量的直接评价者。“社会的认可与尊重”、“桃李满天下”是不少思想政治理论课教师的回答。站在课堂里的感觉、学生的尊重会直接影响到教师的身份认同。

其次,来自“他者”的重视。对思想政治理论课教师来说,国家层面的重视与社会的认可、自己在组织中的位置、自己获得发展机会(包括培训进修等)的多少、工作能否顺利进行和获得成功、工作成绩是否得到认可、个人收入增长速率等等,影响着自身认同和主体性实现。

第三,源于自身对教师职业的肯定和热爱。教师对自身职业的认知和理解,既有理性认知的一面,也有主观感受的一面。教师对自身职业的肯定更多偏向于理性,而对职业的热爱则偏向于感性。有的思想政治理论课教师看重的是教师的教育职责和社会责任,也有的教师则较为看重职业的工作稳定性、带薪的寒暑假及大学教师的弹性工作制度等。

自身努力和付出有所回报,这是个人价值的体现。学生受众的认可、国家层面的重视与社会的认可证实了“他者”认同的重要性,而对教师职业的肯定和热爱则更多地来源于自我认同。我们期待有越来越多的教师能在答卷里强调自身对于思想政治理论课教师职业的认同和热爱。

(二)思想政治理论课教师自我认同的困境与重构

准确的自身定位和认同关联着教师的自身专业发展和主体性的

① 详见附录二。

正常发挥。部分思想政治理论课教师对“一身一任”的职业特殊性理解尚不深刻，他们对身份赋予的特殊学科职责和课程职责定位的认识尚有偏差。他们认为从事教学只是一种谋生手段，没有能将这份职业上升为成就自我和产生归属感的事业。一些教师定位于普通学科教师的“一身二任”，既教学又科研，但是对待马克思主义理论主渠道传播这一“主营业务”则往往采取避实就虚态度。

1. 身份赋予、“理想角色”与现实“个体自我”的冲突

(1) 冲突缘由

思想政治理论课作为大学生思想政治教育的主渠道，承载着国家、社会和学校各方面的高度重视和期待。鲜明的意识形态性对任课教师提出极高要求，他们承受着有形或无形的心理压力。他们被赋予着特殊的使命，代表着课程中的“那个声音”，这种规范性的角色要求就可能使思想政治理论课教师产生所教与所信的矛盾，也就是教师自身的情感、态度、价值观与所教课程中所主张的相关内容有所差别。思想政治理论课教师主体性的发挥与否，发挥能力大小与否，极有可能对个人、对社会、对思想政治理论课教学内容本身以及对党和政府带来极大的不利。

自我往往是一种被客体化的、规训的主体。教师主体性是教师在教学认识和实践活动中所具有的自主性、能动性和创造性。倡扬教师主体性目的是为促使教师深刻认同自我身份，唤醒教师个体主体性和培育思想政治理论课教师群体主体性。面对社会整体转型，随着文化多元化发展，部分思想政治理论课教师感到难以承受自己的身份赋予和“理想角色”。因为，这种赋予有着不一般的理想化、神圣化与规范化的要求。

不同时期，思想政治理论课教师的角色承载着不同的规范和要求。从新中国成立初期至改革开放，再到 21 世纪的今天，思想政治理论课教师自始至终拥有自觉维护国家主流意识形态的重任，思想政治理论课教学内容丰富且完整，但它毕竟与学生身边纷繁复杂的社会政治生活相比存在着距离。如何理性概括中国特色社会主义理

论体系,以其逻辑演绎去解释看似眼花缭乱的社会政治现状?这样的教育教学究竟能有多少成效?能否符合我们的初衷?

越来越多的思想政治理论课教师希望能将自我身份认同、自身提升与意义追求作为内在需求,为自己在现实中的应然发展作好适当定位。究竟思想政治理论课教师“内心是否真正认同社会对其的角色要求,是否真正愿意履行其社会代表者的职责”①?理想的角色赋予、社会期待可能会与思想政治理论课教师的“个体自我”之间发生冲突。

(2) 冲突表现

一般的,教师会在课前接触课程,了解课程性质和课程要求,形成一定的课程感觉。思想政治理论课教师在面对课程系统时,也总会从个人教育信仰和理念出发,形成对所教授课程的主体事实认知和价值判断。阿尔都塞说过:“意识形态并不是供给社会成员自由选择的,不管人们是否愿意,他们都得接受。谁不与一个社会的意识形态认同,谁就不可能进入这个社会。所以,意识形态是通过强制的、无意识的方式为社会成员所接受的。”②思想政治理论课统编教材与源自国家的自上而下教育政策一致,强调课程设计的“国家中心”和课程执行的“忠实取向”,“无论课程的目标、内容,还是课程教授方法都已于教学过程之前和教学情境之外由教育主管部门预先给予了明确限定,而教师只需遵从课程计划、教学计划的安排便可很好地完成教材的教授行为”③。

在“上海高校思想政治理论课教师队伍建设研究发展报告(2011年)问卷调研”④中,来自S学院的思想政治理论课教师,对“您认为一堂较为理想的思想政治理论课包括哪些基本要素”主观题回答,仅

① 张耀灿.思想政治教育学前沿[M].北京:人民出版社,2006:227.

② 转引自俞吾金.意识形态论[M].上海:上海人民出版社,1993:337.

③ 李桢,张钧.主体性视域下教师积极课程意识的理论审视[J].教师教育研究,2012(5):42.

④ 详见附录一。

有一名教师填写“政治正确”，还有一名教师填写“政治的纪律性”，另有两份答卷上写有“价值观、思想性”、“观点正确”。不少思想政治理论课教师在答卷中表示关注“理论深度、理论吸引力、内容充实、紧扣教材、课堂互动等”。可见，受访的思想政治理论课教师中仅有少部分已经意识到自身认同是安身立命的前提，关注到自身职业应有的政治担当。

无论是问卷或邮件调研，还是个案访谈，我们都可以解读到重要信息，即一些学生对教师课堂所讲授的内容呈现无所谓态度，更令我们关注的是承担着主流意识形态传播使命的思想政治理论课教师中竟然也存在着部分教师对身份认同的缺位现象。

一些思想政治理论课教师有讲台上悄然迎合学生的“讨巧”表现。迎合和“讨巧”可以表现为面对全球化、网络化时代学生思想的多元化、复杂化，有的思想政治理论课教师迁就学生，学生爱听什么讲什么，脱离教学大纲和教学目标，看似“哲学思考”、“经济学问题”，实则天马行空，有意无意地回避“意识形态的传输”①。

“用非马克思主义的东西排挤马克思主义”，甚至有些教师在思想政治理论课课堂上流露出把马克思主义边缘化的观点，博得不明事理的学生点赞。这些教师的价值取向发生偏差，忘却了思想政治理论课“事关意识形态工作大局，事关中国特色社会主义事业后继有人，事关实现中华民族伟大复兴的中国梦”②，遮蔽了思想政治理论课应有的意识形态功能；一些思想政治理论课教师将课程“边缘化”或者“中性化”，掩饰自己“布道”者身份，“无奈回避和淡化意识形态色彩”，既模糊又朦胧了思想政治理论课的应有方向和本质要求。“中性化”倾向是指淡化课程意识形态性，纯粹传授知识，思想政治理论课特点不明显，教师给出的价值判断经常处于中立。有的思想政

① 选自：学员小结。

② 中央宣传部，教育部.关于印发《普通高校思想政治理论课建设体系创新计划》的通知(教社科[2015]2号).

治理论课教师“一方面希望学生掌握较多的政治理论和意识形态的要求，另一方面又对学生提供着少量的、不足以全面而充分地认识政治过程的活动信息或国民性信息等等”①，一些教师讲课责任心不足，随心所欲，有时把握不住政治性与学术性的度，靠发牢骚来宣泄自己情绪，有的甚至以学术研究为名，在课堂上任意“矮化”马克思主义，完全背离思想政治理论课教师的特殊身份职责。

有的思想政治理论课教师言行不一、知行分离，有的教师担心犯“政治错误”长期处于心理负重和人格冲突中。当然，我们也发现一些思想政治理论课教师看似“主宰”了课堂，完成了在课堂上单向灌输的任务。有的思想政治理论课教师寻章摘句，不求甚解，甚至曲解，直接导致学生对马克思主义理论产生抵触情绪。

无论是简单灌输、“主宰”课堂，还是回避、迎合或曲解，都在一定程度上损害了“主渠道”、“主阵地”和“核心课程”形象，也有损党和政府以及思想政治理论课教师自身形象，削弱了马克思主义思想政治教育的信度和效度，难以较好地完成“学习研究宣传马克思主义、培养中国特色社会主义事业建设者和接班人的重大任务”②。

面对个性化差异更大的“90 后”乃至“95 后”，面对国家、社会、学校、家长、学生等对教师的角色要求，思想政治理论课教师的工作压力日渐增大。他们的理想期待与现实生活落差困扰着自我认同。来自岗位职责、教学改革、职称评审、考核考评等压力袭来，较难唤醒教师关于自身身份的觉知，一定程度上弱化了其个人实现社会预期角色的可能性。

思想政治理论课教师如何拥有主体性，明确自己底线，以现实能达到的目标代替理想目标？如何更努力地将受教育者作为自己教学活动的真正对象，更多地体悟“一身一任”的责任和使命？他们只有

---

① 邱柏生.试图摆脱困境的高校思想政治教育[J].思想理论教育，2003(6)：53—58.

② 中央宣传部，教育部.关于印发《普通高校思想政治理论课建设体系创新计划》的通知(教社科[2015]2 号).

主动地执行角色的意识形态传播职责,用心用情探索对话交流的契机和影响学生的有效方式方法,其主体性才能不被消解在就连自己都无法原谅的“照本宣科”和无奈躲避中。

2. 主体的自我认同面临蜕变和重构困窘

主体性是有限度的,“不能无限度地滥用”①。思想政治理论课教师可以尊重自己的受众,研究自己的受众,不把自己的意志强加于学生,更深入地探索润物细无声的教学风格和育人模式。思想政治理论课教师主体性程度决定于和表现为个体与世界关系的丰富与深刻的程度,取决于能否摆脱主体内在认同的困窘。

(1) 源自科研压力的自我认同焦虑

思想政治理论课教师主体性体现在他们对科研方向的认同、参与和成果的收获,具体可以从申报课题、撰写学科论著、发表教学相关学术论文等方面分析。

首先,从课题申报看。近年来,各高校思想政治理论课教师的课题呈现“量增级涨”趋势。越来越多的教师得到课题经费资助,有的还得到所在高校的配套经费等奖励。然而,从统计数据看,高校思想政治理论课教师获得国家社科基金、教育部和其他部级、省市级哲学社会科学规划课题、其他政府部门等各类科研立项总额中所占比例依旧较低。即使是思想政治理论课教师所申报和中标的课题,其研究范围有不少跃出马克思主义理论学科领域,如宗教学、哲学、历史学、经济学等。

其次,从出版著述看。1999 年全国高校扩招前,高校思想政治理论课教师较多地参与教研室集体编撰出版教材和教辅书,鲜有出版个人学术类著作的。随着高校并校扩招,大学启动高层次人才引进计划,一批博士和教授充实进思想政治理论课师资队伍,学校也加强了员工内培。很快,思想政治理论课教师也开始拥有自己专著的出版,并且在教材教法研究方面也开始有了量的增多和质的提升。

① 严春友. 主体性批判[J]. 社会科学辑刊,2000(3).

尤其是“05 方案”后,随着统编教材的使用和考核指标体系的修订,学院每年统计的科研成果中教材少了,教师们推出了更多学术专著或教学研究论著。以 S 学院为例,2009 年共出版 20 部书著①。其中,8 部是该院思想政治理论课教育教学改革著作(其中包括学院层面上团队协作的教学研究著述 5 部),多部著述和思想政治理论课教师的教学相关度较为密切,作者大多为教学经验比较丰富的中年教师。这些教师选择与自己从事的思想政治理论课教学科研相一致的方向,并能结合教学实践作出一定的理论阐述。此外,还有历史学 2 部、心理学 2 部、营销管理 2 部、经济学 1 部、哲学领域 5 部(其中有 5 部应该是基于青年教师原就读专业的博士论文修订并形成的专著)。倘若,教师能在教学实践中有机交融原有学科知识和课程内容,必定能反哺思想政治理论课教学,有助于促进课堂教学实效。

第三,从论文发表看。早在 1996 年,上海交通大学胡涵锦发表《“两课”教师科研状况调查分析及思考》一文,对当时的马克思主义理论课和大学生思想品德课(下称“两课”)进行调研分析②。该项调研显示,90 年代的上海高校马克思主义理论课教师自觉地以“两课”学科功能和作用来确定选题是“比较欠缺的”③,纯“学术性”或“回避”和“超越”意识形态问题的选题不少。仍以 S 学院为例,自 1999 年至今,该学院每年都能统计 100 篇左右的期刊论文,超过人均 1 篇。其中,2009 年 S 学院教师全年发表论文 149 篇④,其中仅有 7 篇论文研究课程教法、多媒体运用、教学话语转换等。大多数青年教师公开发表的论文大多还是原本学科的深入研究成果,内容与马克思主义理论和思想政治教育关联度不大,更没能直接涉及思想政治理论课研究领域。

① 数据来源 S 市 S 大学 S 学院科研秘书统计材料。

② 胡涵锦.“两课”教师科研状况调查分析及思考[J].思想理论教育,1996(1):26—28.

③ 胡涵锦.“两课”教师科研状况调查分析及思考[J].思想理论教育,1996(1):26—28.

④ 数据来源:S 市 S 大学 S 学院科研秘书统计材料。

综上，我们可以得出以下分析与思考：

其一，进步和提高：教师对自身教学职责和使命认同的纵向考量。

除了社会因素、教学科研理论、职称要求、晋升条件、科研经费等，更直接相关的是思想政治理论课教师对自己的教学职责和使命是否有着深刻认同。从S学院的个例可见，思想政治理论课教师参与教学科研的总体人数在增多。1998年前，由思想政治理论课教师(时称"两课"教师)独立或参与完成的教研论文很少。"98方案"时，"两课"老师对教学法及教学模式实验、评价理论、教学及教学环节等内容的研究相对比较重视；"05方案"以后，新一轮的思想政治理论课支持政策落地，部门科研成果直接纳入学校的分配模型，也直接关联着教师的个人绩效考核和津贴收入，这在一定程度上激发了教师进行思想政治理论课科学研究的主体性。2006—2011年间，思想政治理论课教师教学科研呈现不同特点，研究内容的范围在不断拓展。一些原先对教法具有研究兴趣的思想政治理论课教师更加坚定了目标，锁定思想政治理论课课程及教学方法，取得一些教育部和教委课题，相继发表了一些教学研究论文。随着考核指标的引领，教师们开始往层次更高的教学有效性研究、学科研究等领域靠拢。调查发现，该学院的思想政治理论课教师大部分曾发表过教学科研论文，一部分已主持课题研究(包括国家级、省级、市厅级、校级)，或参与到试点教改项目以及各类课题组。

另外，近年来思想政治理论课教师研究也正向专业化、学科化过渡，一些教师开始借鉴国外教育理论；结合本国本校本土实际，再结合原先各自学科背景对研究对象进行多视角研究。当然，还是有一些博士生入职后，抓紧耕耘"自留地"，尽快推出"拳头产品"应对职称晋升，遗憾的是这些"拳头产品"多半与思想政治理论课教学关联度大不。笔者也发现，S学院下属的某系专业课教师和思想政治理论课教师之间科研成果相比，明显地，专业课教师在其自身学科领域核心期刊发表的学术论文和出版的专著数额要多得多，期刊和出版社档次也有明显差异。

其二,教学还是科研:部分教师陷于功利的困扰。

高校院系拨款模型、教师晋升职称、年度考核和校内津贴的发放均离不开科研成果的统计。一些思想政治理论课教师"被迫"从事着研究。一般地,思想政治理论课教师的总体学术研究和教学研究水平相对偏低。虽然这几年也有个别思想政治理论课教师在《思想理论教育导刊》等中文核心期刊发表论文,但绝大部分教师的教学研究论文,没有较多研究含量。

笔者查阅了对沪上高校近几年科研成果的统计,教师教学成果的多少和论文刊载期刊的级别有着显著差异。一些思想政治理论课教师追求科研项目和核心期刊论文的主体性有提升,课堂教学中的主体性发挥相对较弱。部分思想政治理论课教师为争取年度考核中的科研分,申请项目追求"短、平、快",缺少对自己感兴趣的长远课题及其内在规律研究;即使课题申请到了、论文发表了,但大多数不把课堂教学当成研究对象,很难对思想政治理论课课堂教学起到引领、提升作用。过度追求科研指标,又导致了青年教师晋升难,特别是注重课堂教学质量的教师几十年也成不了"专家",而有了"专家"头衔的部分高学历教师,却因课堂教学方面投入少,得不到考评专家和教学对象的认可。

一些思想政治理论课教师陷于功利的困扰,一方面要完成所赋予的职责,履行社会主义核心价值观传播,另一方面又经不住功利的诱惑,而陷入自我悖论中;一些思想政治理论课教师被迫放弃或撤离以人的主体性生成为目的的文化精神,处于无所选择的两难困境。他们讲授的是正确处理国家、集体、个人三者之间关系的矛盾,但自己却在个人和社会、奉献与索取之间徘徊,呈现出矛盾的心理态势。现实中,思想政治理论课教师既渴望能完美真实地完成自己的职责,渴望得到"他者"的尊敬和认可。然而客观现实却难免使其处于尴尬境地。至今,各大高校依旧有不少中老年思想政治理论课教师数十年来兢兢业业在教学第一线,却由于各种原因被无情地阻挡于高级职称门外。他们在拨款模型和部门绩效考核的科研分配“经费盘子”中无奈“让贤”，这也成为制约他们自我认同的瓶颈。

他们投入教学，却缺失自我认同，升迁无望，得不到有效激励，最终使教师主体性发展受限。然而，这些思想政治理论课教师的“让贤”并不只是自己“发扬风格”或自挂“免战牌”，更多的不足则表现在其思想政治理论课课堂。学科内容研究的缺乏，容易导致思想政治理论课教学内容肤浅或老套，教师站不到理论前沿，说不通几大理论成果之间的逻辑关系，也不能很好地融思想政治理论课的政治性于学理性中。倘若不能给学生其他视角看待最新理论成果的应然和必然，没有对受众接受旨趣的深入研究，缺乏对重大理论和现实问题的阐释力，课堂教学内容自然很难走进学生心灵。

其三，自我与真我的错觉：教师自我认同与主体性出现异化现象。

在现代科学发展既高度分化又趋向综合的今天，思想政治理论课教师在强化政治性身份的前提下，具备深厚的马克思主义理论学养，兼有教育学、经济学、历史学等多学科背景，还必须具有应有的政治鉴别力和政治敏锐性。他们被自然而然地要求成为“全人”、“能人”和“超人”。

在一些高校，大学生思想政治教育效果不甚理想，思想政治理论课教师便成为揶揄的对象，被埋怨为“素质不高”，对学生教育没做到家。因此，思想政治理论课教师往往有着较大的从业压力。一方面，思想政治理论课教师牵记着发论文、升职称等；另一方面，若是缺乏应有的马克思主义理论学养和使命感、责任心，漠视课堂教学效果，那他们更是会遭到来自学生、其他学科教师和社会各界的指责，他们自己必然会对所从事的思想政治理论课教学事业的价值以及自我价值出现认同危机。

在社会思想意识更加多元多样多变中，一些思想政治理论课教师也会彷徨和痛苦。许多高校的年度考核里，要求教师申请到高级别课题、发表高质量论文,并且一一折算分数与教师的年度考核岗位津贴挂钩,更与职称评定直接关联。科研强势的教师和没有科研成果的教师在评价中显示出比较势差,无论教学优秀与否,这部分思想政治理论课教师都会感受到压力。可视的可量化的科研成果与滞后的模糊评价教学考量,让一些教师面临被边缘化的危险。按照现行各高校职称评审要求,低学历高年资的讲师们,永远都无法成为教授,哪怕是副教授。而职称直接对应着的是教师自我价值被社会的认可,没有了晋升可能,伴随而来的收入低位,势必影响到教师自身身份认同与主体性的充分实现。思想政治理论课教师若是有了与原有理想取向相背离的价值取向,出现了自我与真我的错觉,这便是思想政治理论课教师主体性的异化。

如何把握时势,保持政治上的清醒和坚定?如何将身负的“一身一任”职责做到位?教师们必须时刻关注大学生的思想动态、兴趣变化,赢得学生的信任,成为他们的良师益友。倘若教师被困在“象牙塔”不知身外事,讲着空话、大话,学生自然不会“入耳、入脑、入心”,思想政治理论课自然也就成了师生口中的“最难打的酱油”了。在笔者与某高校L教授的对话中,她表示:“说实在的,职业认同这个问题本身很难,我把职业当成生存必须,认真做,算认同吗?但是我真心不喜欢,必须做和喜欢做是两码事。只有喜欢做就算认同?但是喜欢做却又没做好,这种认同有用吗?这个问题本身比较纠结。”①

调查显示,思想政治理论课的特殊性要求教师完成工作任务,要比其他专业教师付出更多的努力。课程内容持续变动增加了思想政治理论课教师的教学难度。新会议、新观点、新形势、新数据,如何尽可能地同步增补?思想政治理论课教师永远有着一种职业特有的“被操控感”,甚至每次读书看报、看电视也会情不自禁地用笔用脑记忆,捕捉合适的内容进课堂。他们渴望追求自我身份得到更多社会

---

① 选自2012年10月13日笔者与一名“思政课”教师的聊天记录。

认同,然而也经常会有自我身份迷失感。有时候,一些教师会抱怨社会环境和学校政策,认为是频繁的变化制约了自身独立自主性的施展。他们认为自己生活在"他者"规训中,对主体的内在认同感到焦虑。一方面他们焦虑自身学养不足,难以招架学生所需。另一方面,新一轮课程改革滚滚而来,教师的原有教学经验和陈旧知识储备已然过时,他们对于所讲授课程、对于教学对象的理解,均受到变革时代带来的较大冲击,"真我"和"自我"如何和谐?思想政治理论课教师对主体的内在认同面临蜕变和重构。

其四,本学科与他学科:教师自我认同有着与主体性发挥的关联。

"学术身份是大学教师的主动追寻和选择"①。科研过程和成果是教师主体性的物质外化和表现形式,体现着教师主体的人生观、价值观和教育观,也体现其个人认同取向。

查阅思想政治理论课教师量化科研数据,发现各高校均不同程度地存在"重科研轻教学"及"教学与科研两张皮"现象。思想政治理论课教师在自己本学科研究方面的认同和主体性有着紧密关联。现实中,高校知名教授给本科生讲授思想政治理论课的机会并不多。一些思想政治理论课教师有意无意地在课堂里搞些"价值中立",人为地割裂思想政治理论课和其他哲学社会科学课程之间的彼此协同关系,一些教师直接表现出对思想政治理论课教学研究类课题不经意的"忽略",在申报科研选题时有意无意地规避"意识形态"。

从新中国成立初期至今,我们始终强调教书育人,强调教学的教育性原则,尤其是思想政治理论课教师更是承担经常的、系统的政治思想教育任务。只有将思想政治理论课归属到学科建设,才能构建具有自身特点的知识内容和方法体系,才能奠定学科要求的理性基

① 许联,樊平军.大学教师身份考察与大学文化的复兴[J].国家教育行政学院学报,2009(10):53—58.

础。学科知识是专业的内核,学科是科学知识体系的分类,每一门学科对应着社会生活的某一个领域,不同的学科就是不同的科学知识体系。学科是高校的细胞组织。离开了学科,不可能有人才培养,不可能有科学研究,也不可能有社会服务。2005 年,马克思主义理论一级学科设立,思想政治理论课有了属于自己的"码头",这无疑是对广大思想政治理论课教师的一种鼓舞和激励,一些中青年思想政治理论课教师开始从学科疏离中归位,他们更自信从容地坚守自己的教学科研,并且已经收获了一些较为重要的成果。然而,几十年来意识形态教育表面地依附于课程体系内各门课程的知识内容,还是在较大程度上影响了部分思想政治理论课教师的角色认同,影响了"他者"的眼光,影响着学生受众的接纳,也影响着思想政治理论课教师的角色期待和教师主体性的正常发挥。

部分高校依旧存在思想政治理论课与马克思主义理论学科建设"两张皮"问题。当我们将思想政治理论课与其他课程相比较的时候,不难看出:思想政治理论课教师教学投入、敬业精神、奉献意识等较好,平均学历也不低。截至 2011 年 9 月,上海高校思想政治理论课教师中有 38.4%最高学历为博士生,37.3%拥有博士学位,32.1%硕士研究生,39%硕士学位,比例均超过 1/3,本科和学士则占少数①。近年来,各高校受学生欢迎的教师中有相当部分是思想政治理论课教师。

然而,思想政治理论课教师和其他教师相比较,最大的输面表现在学科意识、学术水平和学术态度方面。经过近几年教师队伍建设,学历学位已经不再是制约思想政治理论课教师发展的瓶颈,制约其发展的则是教师对自身身份的自觉度和主体性的发挥。他们对从事的学科教学和研究是否自觉?在教师队伍建设上的"特保"政策(特

① 2011 年上海高校思想政治理论课教师队伍数据报告。数据来源:上海市学生德育发展中心"上海高校思想政治理论课教师队伍数据库",覆盖全市所有公办院校(除上海第二军医大学因部队院校,相关数据涉密未能参加调查)、行业办高职高专和民办高校。

殊的学位提升计划、保护性职称评聘等)等,是否也会产生政策偏向,导致他们甘于落后?特殊的学位提升计划,有助于思想政治理论课中青年教师专业发展,但是也给了其他学科教师和社会舆论以口实,导致社会上一些人质疑其学位含金量。

在一些高校,尤其是民办高校为节约办学成本,思想政治理论课教师往往会承担多门课程教学任务,且周课时繁多,长此以往,“思政课教师就会逐步从没有时间从事研究,到不必要、再到没有能力、最后到没有意识从事研究”①。另外一些其他专业毕业的青年思想政治理论课教师则没有努力去认同自身职业特殊性,申报课题或发表论文时“难舍旧爱”,依旧耕耘在原有学科领域。他们有的白天敷衍教学,夜晚挑灯夜战科研。“搞科研为了发文章,发文章为了升职称”,科研成果和教学之间关联度较弱。这部分思想政治理论课教师自然较难实现以科研促进教学的主体性,也无法匹配国家赋予思想政治理论课教师的职责要求。

(2)源自科研观念的自我认同疏离

《关于进一步加强和改进大学生思想政治教育的意见》明确强调“所有教师都负有育人职责”,“高等学校哲学社会科学课程负有思想政治教育的重要职责。哲学社会科学中的绝大部分学科都具有鲜明的意识形态属性”②。思想政治理论课作为大学生思想政治教育的主渠道,具有意识形态属性,其教学内容必须是融知识与价值为一体,融马克思主义学科研究与教学于一体,实现“一身一任”传道育人。多年来,思想政治理论课教学在各高校得到了进一步加强和改进。但不可否认,总体上依旧存在着思想政治理论课教师科研能力和学科意识相对薄弱这一“普遍现象”。思想政治理论课教师申报课题和产出研究成果的积极性不及其他专业学科教师。究其原因,有

① 艾四林.思想政治理论课新体系与教师队伍建设研究[M].北京:清华大学出版社,2008:前言.

② 教育部社科司.普通高校思想政治理论课文献选编(1949—2008)[M].北京:中国人民大学出版社,2008:204.

如下几点:

第一,"自觉"和"疏离":角色定位与科研观念的自我认同偏差。

一些思想政治理论课教师将自己定位于单纯知识传授和理论宣讲,存在着对意识形态狭隘的思维定式,要么认为思想政治理论课教师只是负责灌输讲解,不必要承担研究者角色。缺乏"一身一任"主体性认同的他们认为思想政治理论课教师的主要职责便是实施意识形态教育与教学,科研似乎是高校其他学科教师和专职教育科研人员的事情。这种对于思想政治理论课教师角色的狭隘"分离"理解使一些教师长期以来习惯于只述不研。一些思想政治理论课教师则担心参与研究,一不小心会"捅娄子"、"出问题"。还有一些思想政治理论课教师想当然地认为纯理论研究在课堂教学中"没有用、用不上"。历经改革开放后多个课程方案的一些中老年思想政治理论课教师,承担教学任务量大面广。"98 方案"乃至更早时期,他们也曾热情参与集体编写教材。"05 方案"后,他们最后的"科研"机会被"剥夺"。他们的首要任务便是熟悉教材,做好每个章节的多媒体课件,准备好相关视频等,准时到课讲课。殊不知这种惯常的"灌输和说教",早已疏离于学科,面对学生解疑释惑的能力也有欠缺。人到中年的教师或因"看破前程",对科研的主体兴趣渐渐消退。对自身职责的认同缺憾,减弱了教师主体性的发挥。

第二,异化与内化:研究目标与科研观念的自我认同阻滞。

雅斯贝尔斯认为:"最好的研究者才是最优良的教师。只有自己从事研究的人才有东西教别人,而一般教书匠只能传授僵硬的东西。"①科研是高校教师义不容辞的责任和使命。在当今时代,教师若从不从事或较少从事科研,传承、传递、传播和创新学问的教师职责和高校创新的职能便可以被质疑。大学教师理应是研究者,从事学术研究,申报课题,发表论文,"最初和最直接是为了职称,慢慢地

① [德] 雅斯贝尔斯. 什么是教育[M]. 北京:生活·读书·新知三联书店,1991:150.

就会变成对专业成长的一种追求”①。高校思想政治理论课教师也应该是研究者，但是他们是否应该有特殊的科研身份要求？近年来，从中央到地方，包括高校思想政治理论课教研部门均对教师提出了科研要求这一不可或缺的考核指标，同时出台各种支持政策，营造了浓厚科研氛围。置身于大学环境中的一些思想政治理论课教师也在各个时间节点积极申报课题，发表论著。从申请书撰写、获准立项、完成成果，到验收结项，他们中的部分教师理所当然地赢得社会资源，不断强化着自己的研究者身份认同。近几年，笔者曾在与一名思想政治理论课骨干教师笔谈时，问及“你最希望接受怎样的培训和研修”时，那名“做梦都在搞科研”的教师直言不讳：“就我本人来说，我最希望的得到理论和科研方法、技巧方面的培训，具体如：省部级以上课题申报、高质量论文写作与发表等方面的交流与指导等。”

在一些高校，有部分思想政治理论课教师为了获得课题和发表文章，主动或被动地疏离了自己应有的职业学术旨趣，情不自禁地回归到原先学科背景，偏离马克思主义理论学科要求；一些思想政治理论课教师未曾体验申报课题成功或论著公开发表的愉悦感，没有将科研要求普遍地内化为思想政治理论课教师的主体需要。部分教师仍将科研视如额外负担，甚至出现搞科研的思想政治理论课教师与不太搞科研的思想政治理论课教师之间的“互掐”。究竟如何处理看待身边越演越烈的科研异化，如何将科研成果的课题、报告专著或论文形式表征与科研能力作出区分？一名青年思想政治理论课教师在小结里有着如此“纠结”：“一个教师只要不被自己的责任心谴责，就可以毫无后顾之忧地忽视教学，而有责任心的教师却又时时感到自己把精力放在教学上是没有价值的，常有舍教学抓科研的打算。”②

① 黄景.教师身份·教师能动·教师自主：二十年从教经历的反思[J].教育学术月刊，2010(8).

② 选自：学员小结。

可见,面临科研业绩考核、科研经费统计及学科排名等,思想政治理论课教师从事教学及教学研究的热诚难免遭到阻滞。

第三,远离与归位:学科方向与科研地位的自我认同难以匹配。

现代大学学科专业各有知识体系和思维模式,大学里学科的等级性和冲突性愈演愈烈。各高校间高峰学科、高原学科等争夺凸显,高校内学科地位也呈现此消彼长的博弈格局。马克思主义理论一级学科的设立令思想政治理论课教师看到努力方向,却又因自己出身的背景专业与其远离而自感疏离。在各高校的学术格局中,思想政治理论课教师因自身在学科文化较量中的相对劣势,往往显得“势单力薄”,他们时常会不自觉地意识到自我身份与“他者”认同之间的隔阂。同在马克思主义学院内,若有其他专业,思想政治理论课教师也往往受到其他学科的支配与控制。

虽然,一些教授得益于马克思主义理论博士点而晋升为博导,但在学科方向上依旧存在“借船出海”现象,他们时常会以“学术含量不足”、“理论单薄”等评价思想政治理论课教师的教学科研成果。在一些地方高校,学位人才培养方面也存在“借船出海”。到2009年底,全国高校已经设立的思想政治教育博士学位授予点近70家。从2000—2009年,思想政治教育学科共有306篇博士论文。经“知网”博士学位论文搜索,主题为“思想政治教育”的共有88篇。截至2011年,700名上海高校思想政治理论课教师最高学历为博士学位者有37.3%①,但最高学位论文属于思想政治教育学科的实属少数。“综观2000—2009年期间(全国)思想政治教育学科的博士学位论文,研究成果主要集中在思想政治教育基础理论研究、其他有关研究两个领域,论文数量分别占到论文总数的42.1%和31.4%。”②其中,其他博士学位论文,主要涉及马克思主义研究、伦理学研究和政治学研究

① 2011年上海高校思想政治理论课教师队伍数据报告。数据来源:上海市学生德育发展中心“上海高校思想政治理论课教师队伍数据库”,覆盖全市所有公办院校(除上海第二军医大学因部队院校,相关数据涉密未能参加调查)、行业办高职高专和民办高校。

② 沈壮海.思想政治教育发展报告[M].北京:高等教育出版社,2011:404.

等方面，从严格意义上讲，这些研究已经偏离了思想政治教育学科的研究对象。为了被“正常”看待，一些马克思主义理论学科点上的导师并不真正从事思想政治教育的研究，也并不真正培养这方面的人才，却在这一学位点上招生并指导学生。在2000—2009年思想政治教育学科的306篇博士学位论文里面，思想政治教育学科性质的，占论文总数的31.4%①。这也从一个侧面说明部分研究者“底气不足”，也导致刚毕业的“思政”专业博士研究生在新入职后，找寻不到自己的身份归属。

科研可以分为纯粹学术科研和教学科研。鉴于教学科研论文的难以发表，从当前实际情况看，新入职的思想政治理论课博士教师所取得的成果几乎全是原先博士学科背景的“延续科研”成果。缺乏关注和研究，自然鲜有思想政治教育类科研成果，也无法直接有效反哺思想政治理论课课堂教学。其他学科的学术科研成果再多，也难以标志马克思主义学科建设成绩。我们真该警惕“收获不属于思政教育学科的、与教学无关的科研成果，课堂教学效果持续低迷，马克思主义不能进青年人的头脑——肥了别人的地，荒了自己的田”②。

(3) 源自教学观念的自我认同

教学占据了思想政治理论课教师日常工作的大部分。“课堂教学本身是社会的一个缩影，这里面有着太多的社会学、心理学、教育学、生理学、信息学的问题需要解读。”③教学不仅是技术，更是一种艺术。教师不是“工匠”而应转型为“专家”。教师主体性在教学上的发挥“必然会对涉及他们的时间与精力的投入(成本)与预期的和实际收益的比较问题进行权衡，以作出一个合乎自身理性的行动”④。

---

① 沈壮海.思想政治教育发展报告[M].北京：高等教育出版社，2011：405.

② 选自：学员小结。

③ 钟启泉.从“工匠型教师”转化为“专家型教师”的关键，是——学会反思 学会合作[N].中国教育报，2003-11-6(8).

④ 钟勇为.冲突与调谐：大学教学改革的基本问题探论[D].武汉：华中科技大学，2009：59.

因此,思想政治理论课教师在教学上的主体性发挥是“有代价的”,这很可能会影响到他们申请、获取研究项目和课题经费,也会增加其精神和生理上的负担等。为此,深入研究作为“引领者”、“跟随者”和“被动者”的教师主体自我认同尤为必要。

第一,团队“引领者”有着积极而稳定的自我认同。

在教学流程中,教师主体性表现在其自觉性、自主性、能动性和主体间性上。从“98 方案”到“05 方案”,各高校的优秀思想政治理论课教师兢兢业业,从事业奠基到适应到发展,他们的自我认同和主体性呈现出阶段性特征。“98 方案”时,已有一些教师从学生特点和需求出发,积极开展个性化教学,打出“品牌”,成为增强“两课”吸引力的有效法宝①。“05 方案”时,他们已进入较为成熟的职业发展阶段。无论是邀请学校内外、学院内外专家学者走进思想政治理论课,共同演绎思想政治理论课,还是系统研制富有特色、设计精美的多媒体教学课件,再配合网上网下论坛互动交流,多元模式的思想政治理论课课堂教学鲜活生动。他们梳理教材问题,通过随堂反馈、论坛发帖、学生当堂提问等方式收集学生问题,为学生释疑解惑,使思想政治理论课不仅以理服人,而且以情动人,彰显了教师的自我认同和主体性。这些教师在教学改革和方法探索上从容不迫,在教学改革中发挥着能动作用,表现出积极而稳定的身份认同。他们自信而从容地成为改革引领者,主体性的发挥也变得非常实在。

有研究表明,教学生涯的前 3—8 年,教师主要完成教育技艺的熟练和教育经验的成熟。在这一阶段里,倘使没有及时形成自己的身份认同,这些教师就很容易陷入对自己、对工作、对环境的迷惘、困惑和无助之中。正如一位青年教师所感慨的“我走在思政这条路上,我的心却牵挂在科技哲学那条路上,眼见着自己离科哲这条路越来

① 朱新山.“两课”教学从“自说自话”到“有的放矢”——上海大学“两课”教学改革述评[J].思想理论教育,2004(11):68.

越远了，这种痛苦与纠结一直在折磨着我”①。

只有从内心里承认自己是一名教师，而且是一名承载着特殊责任和使命的思想政治理论课教师时，教师才会悦纳自我。上海某高校的一位教师在 2006 年的骨干研修“小结”里写道：“思想政治理论课教师不是救世主，也不是救火队员，我们是坚守阵地的战士！”只有充分发挥主体能动性，将国家赋予、社会要求、政策规约、学生需要等外在的、规定性的要求转化为自愿的选择，思想政治理论课教师才能更好地实现角色要求，完成职责使命。

这部分教师从业 10—15 年，他们大都拥有博士学位，已晋升副教授，他们已经不再像刚进高校时那样将时间大量花在备课、上课以及繁杂的事务性工作上，也不再把教育教学活动当成简单的技术活，而是把教学当成了自然而然的工作组成。他们读书思考，积极建构自己的教育理念，在教学方面渐渐形成个性风格，并已有课题申报并结项，也发表了自己的教学研究成果。这些引领者，不断通过教学研究和教学实践确证着自我主体身份，主动争取形塑自身独有的教学风格和研究方向，形成强调个体差异的个体自我。同时，他们又通过团队建设凝练所在部门成员共享的特征，形成社会自我。

对“一身一任”主体性的认同度直接影响着思想政治理论课教师的工作热忱。这些思想政治理论课教师有着强烈的身份认同，他们把三尺讲台当成展示自我的愉悦空间。他们快乐地与学生交流，热情地投入教学，享受着自己的教学成就。他们敢于随时随地亮出“我就是思政课”教师身份，内蕴着主体生长和解放的力量。他们肩负思想政治理论课教师责任和使命，将“一身一任”诠释到位，并围绕这个特殊角色孜孜不倦地努力工作。他们进行经常性的教学反思，关注思想政治理论课教学和学科前沿动态，搜集学生反馈意见，抓住机会提升学位，开公开课、参加培训、申报课题、发表论著，显示出他们对

① 选自：学员小结。

待思想政治理论课教学和研究的主体性。

第二,团队里的跟随者自我认同并不稳定。

在各高校,有一批教学改革方案跟随者同样值得我们尊重。有研究者指出,教育人员对于改革的态度基本上呈常态分布,大致分为反对者、拖延者、沉默者、支持者、热诚者五类,各类人员所占的比例大致如下:沉默者最多,约为40%;其次为支持者和拖延者,各约占25%;热诚者与反对者最少,各约为5%①。这一类型在教师群体中为数众多,他们已在长期的教育教学实践中逐渐积累了一定的知识经验和能力。然而,他们尚缺乏自我反思意识,还不能成为研究者。外部的教师教育和培训是加强他们群体专业化程度的好办法。这部分教师当无法按照预定的设想实施改革时,"改变自己以适应环境就成为无奈而又合理的选择"②。由于自身学历、年龄等因素,一些教师难以跟进,会出现积极但不稳定的身份认同。不稳定的身份认同无法使教师释放出自身最大的能动性和创造性。思想政治理论课教师的认同需要通过"社会化"和"教化"等途径将它强化和保持住③。

第三,团队里小部分"被动者"自我认同相对消极。

在高校特定场域,有着一些诸如"重研究轻教学"、"重科研轻教研"等惯习积淀。历史形成的思想政治理论课教师讲台授课惯习,已与新的教改要求不相适应。一些思想政治理论课教师出现焦虑感和无方向感,他们被逼着改变已经成为惯习的某种信念、行为乃至既得利益。在各高校,同样有小部分思想政治理论课教师,"为了克服丧失个性带来的恐惧,他被迫与别人趋同,通过他人连续不断的赞同和

① 单文经. 析论抗拒课程改革的原因及其对策:以国民中小学九年一贯课程为例[J]. 教育研究集刊,45(7):24.

② 尹弘飚,操太圣. 课程改革中教师的身份认同——制度变迁与自我重构[J]. 教育发展研究,2008(2).

③ 操太圣,卢乃桂. 论学校组织变革中的教师认同[J]. 华东师范大学学报(教育科学版),2005(3):43—48.

认可，寻找自己的身份特征”①。他们的身份认同消极而不稳定。无论是在“98 方案”时期还是“05 方案”时期，他们既不能正确定位自身身份，又缺乏对自身所承担职责的认同，他们或不愿按照教改要求作出改变，或不能尽职尽责地做好本职工作。少数中老年教师的教学方式和教学行为曾被传统的评价模式所认可，他们有时难以接受新的教育观念。部分青年教师由于职业选择时带有的被动和权宜，认同阻滞较为严重。他们单一学科能力较强，对新事物很敏感，领悟力也较强，但是由于他们相对缺乏教学经验，教学效果并不如意。另有一些教师把“教学”当作是养家糊口的方式，照本宣科成为“PPT 老师”，较少关注学生是否在听课、是否能接受。思想政治理论课教师的课程班往往人数偏多，老师们一天多节重复课教学。年复一年，重复性教学渐渐消磨了一些思想政治理论课教师的认同情感，这种习以为常的日常生活形态形成对教师主体性的逆向抗拒。

综上，我们又可以得出以下分析与思考：

其一，研究者，还是执行者：教师面临主体研究能力和执行能力的双重要求。

马克思说：“人是历史的创作者，又是历史的剧中人。”列宁也曾明确指出：“在任何学校里，最重要的是课程的思想政治方向。这个方向由什么来决定呢？完全只能由教学人员来决定。”②教师是课程的最终实施者，他们想什么、信仰什么、如何构想等都对课程实践有着强有力的影响。教师的劳动完全采取个人作业形式，集体备课、团队教学、教学设计、教学考核、最后成绩评定等最后大多落到教师个体对其的理解和认识上。教师有着相当的自由度。因此，从学校的现实考察，不论从学制、计划、备课、讲授与辅导等诸多环节出发，还

① [美]埃里希·弗罗姆. 逃避自由[M]. 刘林海译. 北京：国际文化出版公司，2002：146.

② 上海师范大学教育系. 列宁论教育[M]. 北京：人民教育出版社，1979：52.

是从教师、学生、教材和设备等各种因素及其相互关系分析,"理论教育的成败在于处在主导地位的教师"①。思想政治理论课教学是一种民主对话方式,如何建构师生关系对主流意识形态的和谐授受的行动过程呢?具体到教学层面上,思想政治理论课教师在何种程度上认同自己身份,执行各个教学方案,发挥其主体性的呢?建国之后,自上而下的大规模思想政治理论课课程改革遵循的是确定性思路,期望教师在实施中扮演"执行者"的角色。因为,"任何课程改革的方案与设计都必须在课堂内实施之后,才会有'生机',才会有机会让学生产生有意义学习,从而彰显改革存在的价值"②。由于处于历史性的变动情境中,教师们在每个课程方案出台后,均在尝试重构身份认同,而这种自我重构会产生不同的行为表现,有的表现出与时俱进,有的则默默跟随,有的趋于折中妥协,也有的仍然我行我素、无动于衷,甚至表面应付、实质不动等。

教师言行可以流露其思想观点以及对事业和职业的认同,这份认同也体现在他的教与学的主体性中。强烈的主体身份认同,是教育者自觉地以主体身份与责任意识展开教育活动的重要驱动力量,是推动教育者由应当的教育主体向实际教育主体转换的重要条件。从教师层面看,不仅应该树立"责任意识",更应树立"岗位意识",让教师意识到自己肩负的岗位责任,引导教师把教学创新、提升教学效果与自身的专业成长结合起来,克服教师"惯习"惰性,消除教师主体性的无形抵制。

教育是一种有目的、有计划的培养人的社会实践活动。从根本上而言,主体性的实现总是要受到一定的社会历史条件的制约。长期以来,思想政治理论课教师更多地把精力放到了课堂教学主渠道,相比其他学科教师,弱化了对研究的关注度。

---

① 朱国定.完整地理解马克思主义经典作家关于理论教育的思想[J].思想理论教育,1994(专辑二):30.

② 霍秉坤等.课程与教学:研究与实践的旅程[M].重庆:重庆大学出版社,2008:103.

苏霍姆林斯说过，“如果你想让教师的劳动能够给教师带来一些乐趣，使天天上课不至于变成一种单调乏味的义务，你就应当引导每一位教师走上从事研究这条幸福的道路”。然而，“学术上的专业角色论述并不能决定教师的身份认同”①。思想政治理论课教师已在主体认知方面，表现出基本准确把握课程的设计、实施、反馈过程，包括课程的目标、内容和方法；在主体判断方面，表现出教师对课程系统的认同支持态度；在主体反思方面，表现出教师在个人与情境的互动经验中经过反思与行动所获得的“实践知识”，教师具备了较高的理解课程和较强的建构能力。

其二，“主动者”还是“被动者”：教师主体构建面临课程的特殊性带来的困顿。

思想政治理论课的特殊性体现在现实生活中多元的价值取向与课程教学一元的价值导向呈现冲突。一些思想政治理论课教师自身尚未能完全认同教学过程所需传递的价值观念，从而使教学过于机械、被动，工作缺乏应有的感染力。

思想政治理论课的特殊性还在于工具理性和价值理性的分立与协调。国家课程设置旨在帮助受教育者健康成长，使之成为合格的建设者和可靠的接班人；而作为受众的大学生则更多从价值理性出发，从思想政治理论课所讲的内容对“我”是否有用的角度看问题。于是来自上层的极度重视和来自受众的是否“有用”以及“可有可无”之间形成巨大反差。思想政治理论课教师则应然成为解决这一反差的中介。如何整合这真实存在的矛盾和冲突使思想政治理论课有趣、“有用”？如何运用科学理论解疑释惑，避免空洞的政治说教，赢得更多大学生从思想深处的认同？

思想政治理论课的特殊性还体现在思想政治教育过程的复杂性、教育效果的内隐性和社会价值的滞后性。“知”、“信”与“行”是一个潜移默化的复杂过程，不可能立竿见影。现行的标准量化标准让

---

① 周淑卿.课程发展与教师专业[M].北京：九州出版社，2006：97.

一些思想政治理论课教师自感付出很多心血,却依旧难以看到成就。这种隐性化和无法数字化的考量,很难使教师确定自己的教学实效,更加剧了思想政治理论课教师的无助感,也挫伤了部分思想政治理论课教师的工作热情,导致心理压力加大,产生角色定位不清,自信心不足,从而产生职业倦怠。这种职业倦怠具体表现为在教学方法上能动性的衰竭和惰性的日生渐长。

思想政治理论课的特殊性还在于教师工作负担的沉重。尤其在一些民办院校或部分高职院校,思想政治理论课教师承担教学任务比例更是偏高。繁多的教学课时,压得一些思想政治理论课教师没有更多的精力去研读马克思主义理论原著,从事创造性的教学和研究工作,容易造成教学内容和教学过程的单一重复,也直接造成一些思想政治理论课教师对自我身份的认同度降低,自我成就感降低,职业意义迷失,主体性发挥受限,工作动能明显不足。另外,由于工作节奏加快、时间紧、科研教学任务重,思想政治理论课教师备课越来越多地直接依赖于网络文化,以往纸质文献的翻阅和思考,直接让位于简单的复制、剪辑和重组,教师逐渐在工具理性之间丧失了主体的自由。这样短平快“热炒”的思想政治理论课教学与研究,也自然而然招致“他者”的鄙夷,这也让思想政治理论课教师主体性逐步退隐。

多年来,思想政治理论课教师是特定社会环境下教育实践的产物。之前,历次课程沿革变迁,未能将教师的主体意识和个人经验纳入其中,教师也就很少有这样的参与意识,处于教学一线的教师总在被动执行。而今,教师的专业化发展已是大势所趋,为学生服务,让学生满意,越来越高地要求思想政治理论课教师增强参与课程决策的意识,鼓励教师在执行中进行主动调适、补充和完善,并根据实际的需要作出判断和选择。因此,只有充分发挥教师的主体性,发挥自主性、能动性和创造性,才能实现高质量的教学改革目标。

任何发生在高校情境中的课程改革,都离不开教师这个角色与课堂这个平台。任何课程改革,都会在一定程度上否定惯习或修正教师以前的做法。只有改变教师的理念、更新教师的知识和技能,才能使之与改革的要求相吻合，才能确保改革的成功。近年来，各高校积极组织座谈会、交流会，旨在给教师参与教学改革的相关决策搭建平台。

培训是给教师最大的福利。老师们常说："培训是提升职业幸福指数的捷径。"①"05 方案"实施至今，从思想理念、方法手段到考察参观，思想政治理论课教师比以往任何时期，有了更多机会接受全方位、多渠道的培训。然而，单向式的专家演讲、短期的集中培训等并不能切实解决教师在教学中面临的种种挑战和困惑。相反，倘若被动地跟着行政人事部门的政策和培训专家，接受自上而下"行政命令"式的理论灌输，依旧无法唤醒思想政治理论课教师的主体意识，他们中的部分教师依旧没有真正成为自己专业发展的主人。外力一旦消失，境遇回归到思想政治理论课课堂教学实际，一些教师又会自觉或不自觉地沿着以前所熟悉的路径思考问题，并作出反应，陷入思维的惯常定式。

其三，"合理"还是与"不合理"：教师的知识架构难以抵御内容永恒更新。

教师自身主体性是教师教的自觉性、能动性、创新性和前瞻性的体现。然而，"工作性质并不等同于工作者的性质"②。教师对自我的身份认同离不开利益的诉求。思想政治理论课教师所处的环境是现实的、复杂的。思想政治理论课教师主体性的充分体现需要以整个课程系统各个要素的有机整合为支撑。只有全面考察政府社会对思想政治理论课教师的政策支持状况，包括探究思想政治理论课课程政策、教学实施、教学评估、教师培训等要素，充分体察思想政治理论课教师在这些要素中的角色，才能准确定位其发展状态，才能有效克服制约他们实现主体性的因素，发挥出他们最大的主体性。

主体性发展是一个历史过程。改革开放以来，思想政治理论课

① "立体式"：教师专业发展的风范[N]. 文汇报，2011-11-16(8).
② 周彬. 决策与执行：制度视野下的学校变革[M]. 北京：教育科学出版社，2005：3.

改革一直在持续进行着。尤其是“05 方案”以来,新一轮教学改革如火如荼。然而,基于自身角度和多方利益,一些思想政治理论课教师在课改过程中充满忧虑。有的厌烦一而再再而三的课程变动,因为这对教师原有知识结构形成冲击,教师主体性的发挥碰到阻抗。由于思想政治理论课教师职业有着特殊性,他们必须养成日常关心时政及学习党的重大理论创新成果的自觉性。然而几年前,某市教委曾组织来自各大高校的思想政治理论课骨干教师研修班学员进行一次为时半小时的“意想不到”的测试,内容涵盖思想政治理论课沿革、“05 方案”基本框架、马克思主义理论一级学科的总体要求和最新党代会精神等。绝大多数博士、副教授“栽了跟斗”,有的甚至分数很惨。这些时事热点、最新理论、看似思想政治理论课教师应知应会,但在这些骨干们笔下竟成了一只只“拦路虎”。时政热点和理论新观点竟然成了部分学员的“盲点”!

许多改革会停留在口头上或文件上。在一些教师的思想政治理论课课堂内,课程改革的效果也不甚明显,教师主体性的现状与改革的理想之间还存在一定差距。有的教师奉教育部文件、大纲和统编教材为“金科玉律”,照抄照搬。有的中青年教师对思想政治理论课所属的马克思主义理论学科及相关学科的基本理论、概念范畴掌握不准确,理论阐述无力。他们既不关注学科前沿,又不能解释现实,缺乏对其他社会思潮的有力回应。理论的不彻底和实践的不清楚,导致教师不可能在课堂回应学生,为学生解疑释惑。

其四,内化的缺乏和自信的缺失:教师“真善美”形象面临着价值意义的考问。

任何科目的教师都没有像思想政治理论课教师那样频繁变动角色形象与行为。这样比较容易地出现思想政治理论课教师的双重人格,导致内化的缺乏和自信的缺失。言行一致、表里一致的“真善美”形象是对思想政治理论课教师的不二要求,但不应是超越自身真正价值的过分“尊严”。思想政治理论课教师只能讲真心话,不能在大学生面前讲违心话。部分教师正经受着“身在曹营心在汉”的认同困境，他们在讲授思想政治理论课课程的时候，情不自禁地“回望”其原先学科的内涵和意义。部分思想政治理论课教师正日益呈现出自我认同的缺乏。

一些思想政治理论课教师不堪承受每一个学期两个平行班教学工作的重复和年复一年教学工作的叠加。一些教师认为教学工作是轮回，重点考虑的是如何避免“犯错、找茬”，应付考评。现有的师资培养或培训“多以传递客观的专业知识为重点，采用灌输与接受的速成，很少关照教师实践经验或为教师提供深入质疑、假设、探究或辩论的情境”①。教师即使被动参加了专题报告、参与了理论骨干培训以及参与了公开教学观摩等，也往往缺乏自主“内化”。

一些高校思想政治理论课教研室活动基本缺失，教师集体学习探讨和思考的教研活动少之又少。然而，教师本身工作是“不确定的、情境性、复杂性和创造性的”②。生成性的教育情境下，任何教师“惯习”的教学模式和方法总是会非常有限。一些思想政治理论课教师存在窄化和简单化的课程理解，缺乏整体上理解所教课程存在的重要性，他们在“如何教”上缺乏自信。自我怀疑、焦虑、否定乃至恐惧正是自我认同危机的表现。他们在充满变迁的外部环境中缺乏自我连续感，从而忧虑丧失自我意义与价值感。在冲突日益激烈的今天，学科日益多元，与一些高校强势学科相比，马克思主义理论学科如何在林立的众多学科中保持自己？思想政治理论课教师如何摆脱被“边缘”的处境感？

（4）源自原有学科背景的眷恋和自我认同的博弈

中共中央、国务院《关于进一步加强和改进大学生思想政治教育的意见》指出，“哲学社会科学中的绝大部分学科都具有意识形态属性”。虽然，思想政治理论课有着鲜明的意识形态性和政治性要求。但是，思想政治理论课教学和科研均需要不同学科理论支撑，多学科

---

① 瞿卫星，贺菲．实践研究的理论阐释困境[J]．教育发展研究，2011(24)：56.

② 金忠明．教师教育的历史、理论与实践[M]．上海：上海教育出版社，2008：254.

的交融,有助于思想政治理论课课堂教学的解疑释惑。

第一,"真信、真讲、真学、真用"的职业要求和自我认同的不真实感。

思想政治教育学科通常的表现就是"说起来重要,做起来次要,忙起来不要"。现实生活中,思想政治理论课教师的"理想"、"理论"、"理性"与实际教师所处地位的反差较大,使一些教师对自己职业的神圣产生不真实感。来自社会、学校和学生受众"他者"影响着思想政治理论课教师的自我认同,他们已经成为新的高压群体,一方面需要承载着培养社会主义建设者和接班人的历史重任,必须自觉不自觉地把自己的职业与中国特色社会主义崇高事业紧密联系在一起,真信、真讲、真学、真用,做忠诚的马克思主义者;另一方面,部分教师依旧仅仅停留在口头上讲马列,课堂内外言行不一、表里不一。因此,当思想政治理论课教师面对社会的过高期待与对自我认同定位出现矛盾时,自我认同便会出现勉强。

第二,从业动机偏差和自我身份认同的失落。

身份认同影响着个体强烈的生活意义感和自我实现的要求。调研发现,一些思想政治理论课教师中存在认识误区,他们或认为大学生思想政治教育无所谓科学性可言,将思想政治理论课教学工作简单定性为一种传声筒和教书匠的工作,其实质是自我贬低。由于一些思想政治理论课教师对自己所从事职业的光荣感与使命感不足,教师自我身份缺乏高认同度,甚至有自卑情结。他们将思想政治理论课视若"夹心饼",认为这在"某种程度上确实也使得专任老师对这门课难以产生职业认同感、成就感、效能感和幸福感"①。

近年来,高校思想政治理论课教师队伍规模的扩容前所未有。一些高校的准入条件与其他学科并无二致,重科研、学历及毕业高校等硬杠子条件,无法从短时间内考察求职者应有职业认知和认同度,更谈不上将其作为引进人才的重要软性指标。这导致一部分主流信

① 选自:学员小结。

仰不够坚定的教师轻易地流入了思想政治理论课教师队伍。这在一定程度上消解了各高校充实队伍及强化高校思想政治教育教学效果的初衷。这部分被迫无奈地选择做思想政治理论课教师的人，较难做到真心接纳和喜欢，他们出于生存需要或者别的原因而非自愿入职。这部分教师“对马克思主义基本原理本身并没有整体性的完整把握”，对自身工作的感知与理解比较消极；有个别教师，“甚至因非马克思主义理论的学术积累，在对一些问题的认识上本身就不认同。因此，这就产生了所谓教学内容的规范性要求与理论科学性之间的矛盾”①，难以全身心地投入到教学实践中去。一名哲学专业毕业的思想政治理论课教师在“培训小结”里道出了自己的困惑，他自称不得已“沦落”到思想政治理论课领域寻找立足之地，但是骨子里却看不起思想政治理论课，认为从事思想政治理论课的教学科研不是“做学问”，只是附属于政治的“伪学术”②。

教师的职业自我是教师个体对教师角色的认识和自我认同。教师的职业自我认知是一个漫长而曲折的过程，有时自身感悟也不总是清晰的。这位青年博士自认为是“沦落”，说明在他的骨子里是看不起思想政治理论课的。可见，刚入职的他尚没有准备好对他自身角色的认同。承载着对自己身份认同的困惑和失落，他究竟如何能发挥好思想政治理论课教师主体性?

可见，思想政治理论课教师个体的从业动机涉及其身份认同和主体性发挥。像这样的“生存性”教师在整个思想政治理论课教师队伍中有着相当比例。他们“无奈”地从事着思想政治理论课教师职业，努力撰写着相关度不高的其他领域论文。谋生的权宜之计，阻滞着他们成长为“发展型”教师的脚步，纠结无时不刻在折磨着他们。

第三，对马克思主义理论一级学科认知度的不足和对原学科的

---

① 选自：2011 年 11 月 10—12 日，上海市教委德育处、上海市学生德育发展中心举办的“2011 年度上海高校思想政治理论课中青年骨干教师研修班”学员小结。

② 一位青年教师“培训小结”。

眷恋。

高校教师选择与投身教学与科研的第一天起，其第一需要便是追求学术发展。伯顿·克拉克曾指出"很少有哪些现代机构能像学科那样显著地和顺利地赢得其成员的坚贞不二的忠诚和持久不衰的努力"①。追求学术是大学教师的内在需要，他们在追求学术的过程中获得满足与快乐。有青年教师是"茫然入职"的，他们既对马克思主义理论一级学科认同度不足，也不了解思想政治教育学科及其特点。R教师在"培训小结"中写道："思想政治教育这门学科和高校思想政治理论课至今尚未形成公认的、成熟的和科学的学科体系。换言之，抽去了思想政治理论课中蕴含的各个专业学科，如教育学、政治学、经济学、历史学、哲学、马克思主义等等之后，思想政治理论课就将变得几乎空无一物。"②

R虽然是思想政治理论课教师，但他并不了解思想政治教育学科是一个政治性、学术性和意识形态性、科学性有机结合的学科。这一学科是政治与教育的交叉，体现着教育的政治性与政治的教育性的有机统一③。思想政治理论课隶属于马克思主义一级学科之下的"思想政治教育"二级学科。遗憾的是，一些思想政治理论课教师成为硕导和博导后，其所指导的硕士生、博士生研究的课题也往往偏离思想政治教育内容，影响了思想政治教育学科的发展和学科形象。这也反映出一些高学历、高职称的教师无奈从教思想政治理论课，仍一直眷恋着自身原有学科。他们的学术思维和话语等均停留在各自原有学科，将自己本能地置身于学科"城堡"，研究方向往往停留在原来的学科领域，对思想政治理论课所归属的学科关注度和认同度不高，也未能主动沟通与交流。这根源于部分思想政治理论课教师没有形成科学认识和把握思想政治教育学科的本质属性的

① ［美］伯顿·R·克拉克. 高等教育系统——学术组织的跨国研究[M]. 王承绪等译. 杭州：杭州大学出版社，1994：49.

② 选自：学员小结。

③ 沈壮海. 思想政治教育发展报告2011[M]. 北京：高等教育出版社，2011：392.

共识。

正是因为有着对“一身一任”的模糊认知，一些思想政治理论课教师才会“重教师本位轻学生”，“重学科知识本位轻人本位、社会本位”，“重知识传授轻素质培养”，“重教书轻育人”。更值得重视的是，一些思想政治理论课教师在教学活动中鲜有反思，只顾教，不问学，只关心课程所涉及的学科知识是不是系统、完整，缺少对所教授内容是不是对人的全面发展、对于中国特色社会主义建设具有了意义。一些思想政治理论课教师出于身份认同度不足，错误地认为思想政治理论课之所以不受学生欢迎，主要原因在于缺乏实用性，于是他们少讲甚至不讲理论性较强的内容，忘却了思想政治理论课最本质的特性和思想政治理论课教师最特殊的主体性。他们把自己的主体作用更多地发挥在思想政治理论含量不高的多媒体课件或视频播放上，课堂落脚点放在提升学生语言、知识等技能上，避免用理论去分析、解释现实问题。这有悖于思想政治理论课开课初衷，偏离了思想政治理论课教师“一身一任”的主体性。

此外，目前马克思主义理论学科队伍中能被学术界特别是其他学科认可的专家为数不多、学术带头人较少，中青年学者在学科建设中的中坚作用有待进一步发挥。各学科点的队伍发展不平衡，一些学科点后继乏人，学科梯队建设有待进一步改善。

一些思想政治理论课教师存在着“教非所学”的遗憾。L教师本科专业为轻化工程，获得工科学士学位，研究生专业为科学技术哲学，获得哲学硕士学位，毕业后就在某学院工作至今。这名“教非所学”的青年教师原来就一直对思想政治理论课并不“感冒”的，甚至认为思想政治教育根本都算不上一个专业，阴差阳错地自己竟然也站到了这个讲台，其实他心里一直以来都没有真正接受这种命运的安排，对于自己思想政治理论课教师的职业更是缺乏认同感和归属感①。

---

① 选自：学员小结。

在20世纪80年代，广大政治课教师面临"思政教育不算是科学"的荒谬现状。而今，有了学科点支撑的思想政治理论课教师只有清醒地认识所讲授课程，掌握所阐述理论和实践的客观逻辑和学生特点，形成自我发展需要和意识，自觉找寻马克思主义理论学科和自身原学科之间的关联点，投入时间、精力和感情，才能逐步提升自我认同，更好地推进"一身一任"主体性的实现。

三、群体认同："一身一任"教师主体性的衡量标尺

个人主体和社会主体是辩证的统一。"群体是个体存在的普遍形式，个体不仅生活在社会关系中，而且也通过社会关系来认识自己，进而实现自我认同"①。教师身份既是教师个体的职业规定性，也是有着自身内容相似性的教师群体专业共同体。倘若思想政治理论课教师群体成员获得认同感，也便拥有了相应的社会认同度。无论是从外显的职业赋予意义，还是内在的规范职业要求，这些都构成对思想政治理论课教师主体性的客观衡量标尺。

(一) 自为 VS 合作：教师的两难选择

加拿大著名学者哈格里夫斯认为，教师文化可以分为内容和形式两个方面。教师文化在内容上包括特定范围的教师集体共享的态度、价值、信念、习惯、假设以及行为方式等，教师文化的内容外显于教师的所思、所说和所做。教师文化在形式上包括处于特定文化群体中的教师之间的人际关系模式和联系方式。他从"形式"的视角展开其教师文化论，并由此将教师文化划分为四种类型，即"个人主义文化、派别主义文化、自然合作文化、人为合作文化"②。

近年来，无论是西方教师教育研究还是国内一些学者的研究，总能看到人们对于个人主义教师文化的评价，这些评价大多采用"非此

---

① 陈新汉.个体自我评价活动研究的可能性和必要性——关于个体自我评价活动的普遍性、非私人性及紧迫性的思考[J].湖南师范大学社会科学学报，2011(2)：10.

② 邓涛，鲍传友.教师文化的重新理解与建构——哈格里夫斯的教师文化观述评[J].外国教育研究，2005(4)：7.

即彼的二元对立思维方式来处理两者的关系"①。个人主义教师文化一般表现为教师较多地关注所教班级现阶段的短期计划，而较少顾及教育的长期效果；教师之间羞于合作，更谈不上对教学工作的相互诊断和批评，也指教师对教育改革所持的怀疑并拒绝的态度；教师以个体作业为主，对其他教师采取不干涉主义的态度。

（二）高校思想政治理论课教师间合作缺失的缘由

目前，高校思想政治理论课教师队伍中也或多或少存在着合作的意识、形式、深度等方面的缺失与不足。

1. 教学合作形式少，频率低

高校教师间的合作较多地体现为科研方面，主要是教师联合申报课题。教学方面的合作相对较少，教研活动开展不多。一般的，思想政治理论课课堂都是一个个独立的、封闭的空间。教师独自在课堂里上课，缺乏互相之间反馈，也少有沟通渠道。因此，教师工作本质上说是个体性的自为工作。虽然多数高校思想政治理论课教师每周或隔周安排教研活动、集体备课、师徒结对等，但大多流于形式，教师们既不愿意表达自己的观点，也不愿意与别人分享自己教学体会，更不愿意与别人一起制定教学方案。一些新入职的思想政治理论课教师，有时也能积极主动与资深同事沟通。遗憾的是，他们中一些人通常不愿花时间与同事沟通教学方法和内容，而是直接要求"拷贝"课件和教案。这种"无厘头的索取"往往会使资深同事觉得尴尬。另有一些有经验的思想政治理论课教师则会"事不关己，高高挂起"，对于青年教师不愿意作出实质性的教学指导和帮助。

总之，个人主义教师文化阻碍了教师之间的知识分享，不利于教师专业知识的积累与改善。教学合作频率相对较低。大多数高校，思想政治理论课教师的教研活动频率较低，教师既不愿多合作，不愿意观察和干预别人的工作，也不愿意被观察和被干预。

---

① 邓涛．个人主义教师文化：误解与匡正[J]．教师教育研究，2007(4)：41.

2. 教师间合作具有行政性

教师间合作通常都是学校管理部门的行政指令，更多地体现了管理者的意志。虽然有时碍于领导的安排和教师之间的情面，老师们也不得不合作。"但在这样的人为合作中，彼此也都有一定的警惕性，决不将'真经'轻易传授给别人。这样的活动常常是徒有形式"①。

近年来，为推进思想政治理论课教学改革、提高教学效果，教育行政部门专门设立了一些专项课题或教改集体项目。这些专项课程或教改试点项目往往要求由学校分管领导或马克思主义学院领导领衔，有效确保教改试点项目在基层院系执行的覆盖面，扩大教改项目的影响力。所在高校想方设法组织尽可能多的思想政治理论课教师"大面积"地参与到试点或重点教改项目中，形成了一系列教学成果。然而，这从上而下推行的教学改革进程中，究竟思想政治理论课教师对集体参与教改的认同度如何？普通教师是否迫于行政要求参与，其身份认同和主体性究竟得到强化，还是得到遮蔽了呢？

3. 教师间合作具有单向性和不平等性

思想政治理论课教师间合作通常也体现了一种"强势"与"弱势"的关系。高校的科层管理机制与教师劳动的复杂性、创造性、长效性等特点有着冲突，刚性规定、量化评估，教师彼此的竞争，"不坐班"的教师在长时期彼此孤立的氛围中工作，思想政治理论课教师参与合作的热情和信念得到一定程度的削减，这也影响了教师群体认同，对教师主体性发挥起着阻滞作用。

长期以来，教学工作有着特殊的个体性。班级授课制，使得班与班的任课教师"老死不相往来"。倘使教师开放自我，主动地寻求合作和帮助，容易使自身的成功经验被他人采用，从而导致自己丧失教学中的优势地位，也容易导致他人对自己教学能力和教学风格的质

① 郭德侠. 在教师的"个人主义"文化与合作文化之间保持张力[J]. 教师教育研究，2008(3)：42.

疑，使自己的自尊和自信受到极大挑战。然而，事实上，个人主义教师文化已产生如下影响，即教师面临孤立无援，无法从与他人、与环境的互动中获得满意的回馈和自己努力付出的立即证实，最终可能会导致思想政治理论课教师的身份认同陷入迷茫，引发教师对所从事工作的厌倦。

随着信息时代到来，慕课（“MOOC”）充盈着媒体，引发各高校警醒。跨国的教育带来的无边界性和“95后”大学生的超宽广视野对思想政治理论课教师提出了合作的新需求。是一如既往固守课堂教学的“私人空间”？还是敞开门窗，真诚地邀请他人参与到自己的课堂教学中来？思想政治理论课教师已在职业生活中面临新的两难。

思想政治理论课教师承担着“经师”和“人师”双重职责，承担着主流意识形态研究和传播的“一身一任”，他们的学科追求和教学职责在传道方面体现为“合二为一”。这种特殊身份既有历史积淀，也有现实制度基础。思想政治理论课教师主体对自身身份特殊性认同度，影响着主体性的发挥程度。而主体的身份认同又离不开“他者”认同、自我认同和群体认同的相互交织。在中国高校，思想政治理论课教师既承载政策赋予，又面临实际规约；既身处高校的关注中心，又经常自感边缘；既渴望合作，又担心丧失自我。只有厘清影响着这三者之间的交叠互动、复杂多元的各种因素，最高程度提升其身份认同，才能真正实现“一身一任”的高校思想政治理论课教师主体性。

第四章

多元协同："一身一任"主体性的有效建构

无论是历史生成还是现实关照，"一身一任"是高校思想政治理论课教师主体的特有属性。考察影响思想政治理论课教师的"一身一任"的特点、沿革以及影响因素，旨在阐明基于身份认同的高校思想政治理论课教师主体性有效建构路径。而这应该是一项系统工程，需要国家、学校与思想政治理论课教师乃至学生的多方协同才能实现。首先，从国家和学校的大环境着手，无论是政策建构、制度安排还是文化氛围均需有效创设；其次，"制度变迁的力量远没有行动者内心进取性认同（而不仅仅是防御性认同）的力量来得强大"①。因此，我们还需要从思想政治理论课教师自身出发，有意识地提升身份认同，主动建构教师主体性。

一、环境建构："一身一任"的制度安排和文化氛围

自新中国建立之初，高等学校一直缺乏办学自主权。1998 年《高等教育法》颁布以来，我国高等教育有了突飞猛进的发展，大学进一步获得了较多的办学自主权。虽然国家层面和学校层面都制定了

① 杨跃.谁是教师教育者——教师教育改革主体身份建构的社会学分析[J].南京师大学报（社会科学版），2011(6)：74—75.

一系列政策和制度，然而依旧可以围绕思想政治理论课的“一身一任”主体性实现，努力做好制度安排和文化氛围营造。

(一)“一身一任”的政策建构和制度安排

1. 来自国家政策层面的管理与激励

制度是一系列要求大家共同遵守的规程或行动准则，它能保证某种价值趋向在实践或行动中加以落实。良好的制度安排是人的主体性本质诉求的重要保障，主体性的建构离不开政策和制度安排，也离不开文化氛围的有效创设。

我国对大学教师主体性的激励政策体现在“加强高校教师队伍的建设”的若干文件中。2004 年，中共中央、国务院《关于进一步加强和改进大学生思想政治教育的意见》给思想政治理论课以定位，强调它的全部任务就是思想政治教育。2008 年，中宣部、教育部下发《关于进一步加强高等学校思想政治理论课教师队伍建设的意见》强调，要“切实为高等学校思想政治理论课教师队伍建设提供政策和制度保障”，明确提升高校思想政治理论课的效果关键在教师。然而提升思想政治理论课教师对职业的认同度，建构教师主体性是一项长期而艰巨的工程。国家和地方政府教育部门以及高校均责无旁贷，把思想政治理论课教师队伍建设摆在更加突出的位置，使之成为一支“师德高尚、业务精湛、结构合理、充满活力的高素质专业化教师队伍”①。2013 年，教育部颁发《普通高等学校思想政治理论课教师队伍培养规划(2013—2017 年)》，围绕建设一支“让党放心、让学生满意”的高校思想政治理论课教师队伍，提出明确的“建设目标”，即努力造就数百名领军人物和中青年学术带头人、数千名思想教学一线骨干教师、数万名专业化教师队伍。规划详细列出“培养途径和措施”。2013 年至今，教育部将培训计划、项目资助计划、宣传推广

① 努力建设一支“让党放心，让学生满意”的高素质教师队伍——教育部部长袁贵仁在高校思想政治理论课教师队伍建设工作会议上的讲话[J]. 思想理论教育导刊，2010(12)：8.

计划等逐一落地实施。"05 方案"之后,无论是成立思想政治理论课领导小组,还是在教师队伍建设、学科建设、科研项目专项、精彩系列评审、教学方法促进等方面,各地均出台了一系列支持政策。上海市明确提出"10＋50＋100"计划,即在市级层面培养 10 名左右领军人物、50 名左右拔尖教师、100 名左右中青年优秀骨干①。通过"组合拳",上海市着力使教师形成梯队、骨干形成团队、学科带头人形成核心。

2015 年,教育部《关于印发〈高等学校思想政治理论课建设标准〉的通知》(教社科[2015]3 号)在"队伍管理"一级指标下,设立的第一条便是"政治方向",要求思想政治理论课教师"应坚持正确的政治方向,有扎实的马克思主义理论基础,在事关政治原则、政治立场和政治方向的问题上与党中央保持一致"。第二条是"师德师风"即要求思想政治理论课教师"具有良好的思想品德、职业道德、责任意识和敬业精神,无学术不端、教学违纪现象"。两条均被列为 A 等重要指标。《高等学校思想政治理论课建设标准》的出台,有利于实质性地推动全社会和各高校对于思想政治理论课教师身份认同的重视,有利于有效建构教师主体性。

(1) 注重"一身一任"的思想政治理论课教师遴选和管理

中共中央宣传部、教育部《关于进一步加强和改进高等学校思想政治理论课的意见》指出,"要制定高等学校思想政治理论课教师任职资格标准,实施准入制度"②,同时指出要拓宽教师来源渠道。该意见实施方案指出,要"严把新进教师准入关"。但是,这两个文件中均没有提到具体的准入要求。2010 年,教育部部长袁贵仁指出,应在政治条件、思想品德、职业道德、教学水平、科研能力、学历学位以及心理素质等方面对思想政治理论课教师提出明确标准和要求,对

---

① 张胜.汇聚力量　推进思政理论课综合改革创新[N].光明日报,2015-10-22(16).

② 教育部社科司.普通高校思想政治理论课文献选编(1949—2008)[M].北京:中国人民大学出版社,2008:217.

不胜任岗位要求的教师要及时调离，安排其他适当工作①。可见，目前思想政治理论课教师队伍建设相对开放，没有专业背景的限制，也没有政治面貌硬性要求，这体现了多学科的融合，也体现了这个职位的公平性。从文件中，我们可以看到已有“驱出”规定，即“在事关政治原则、政治立场和政治方向问题上不能与党中央保持一致的，不得从事高等学校思想政治理论课教育教学工作”②。

目前一些高校，存在着部分思想政治理论课教师职业敏感性不强，有的教师自觉不自觉地漠视“一身一任”特殊职责的现象。他们缺乏维护意识形态的自觉性，这显然与党和政府的“赋予”和期待不符。2013 年，中共中央组织部、中共中央宣传部、中共教育部党组颁发《关于加强和改进高校青年教师思想政治工作的若干意见》，再次强调“学术研究无禁区、课堂讲授有纪律”。北京大学党委根据马克思主义理论学科的特殊性和马克思主义学院的具体情况，成立了“马克思主义理论人才引进小组”，在人才选留和引进方面以国内马克思主义理论学科的顶级标准作为衡量尺度③。2015 年，教育部《关于印发〈高等学校思想政治理论课建设标准〉的通知》（教社科[2015]3号）在“队伍管理”一级指标下，设立了包括“政治方向”、“师德师风”、“教师选配”、“培养培训”、“职务评聘”、“经济待遇”、“表彰评优”等七个方面的二级指标，并且分别作出详尽规定。因此，笔者建议设计“从业准入志愿表”，作为新思想政治理论课教师入行必填表，对不胜任岗位要求的教师要及时安排调离。

（2）打造学科融通的“一身一任”专兼职教师队伍

2008 年，教育部颁布文件，要求按照专兼结合原则，不断优化和

---

① 努力建设一支“让党放心，让学生满意”的高素质教师队伍——教育部部长袁贵仁在高校思想政治理论课教师队伍建设工作会议上的讲话[J]. 思想理论教育导刊，2010(12)：8.

② 教育部社科司. 普通高校思想政治理论课文献选编(1949—2008)[M]. 北京：中国人民大学出版社，2008：216.

③ 张胜. 汇聚力量 推进思政理论课综合改革创新[N]. 光明日报，2015-10-22(16).

充实高等学校思想政治理论课教师队伍……吸引和鼓励相关专业课的教师承担一定的思想政治理论课教学任务，促进专业课教师和思想政治理论课教师之间的交流①。

长期以来，哲学社会科学的专业课教师更多专注自身学术研究与教学。在一些哲学社会科学教师看来，思想政治理论课教师仅仅是上传下达的“宣传者”而不是立足专业的“研究者”。他们虽然大多数拥有哲学社会科学专业背景，但往往因长期从事主流意识形态教学宣传的繁重工作，一些人无法继续深入研究原先所学专业，其结果自然弱化了哲学社会科学其他学科对思想政治理论课的支撑，教师往往也自然而然地把自己与哲学社会科学专业教师之间画出界线。有效实现两支队伍之间的融通“共享”，举措可以有以下三项：

第一，架设思想融通桥梁。

意识形态属性和科学性并非不可统一，我们不能将科学性从思想政治理论课、将意识形态性从哲学社会科学课程中剥离出去。无论是思想政治理论课教师，还是哲学社会科学教师，必须充分认清自己肩负的使命和责任，努力提高思想政治教育的自觉性和主动性，尤其是思想政治理论课教师更是要时刻铭记自己所担当的思想政治理论课是对大学生进行思想政治教育的主渠道和主阵地，浓厚的意识形态色彩体现在教学目标和教学内容等各方面，这也是它与其他课程最大的区别。各高校可通过宣传、教育等措施搭建两支队伍之间融通的桥梁。在召开思想政治理论课教师会议时，可邀请哲学社会科学学科的教师参加，使其认识到专业教育同样具有思想政治教育的功能。融通可以使哲学社会科学教师不再有意消解思想政治理论课教师所作的努力，而使自己也参与其中，成为自觉的思想政治理论课教育者，从而主动去化解不同分工职责的冲突。

① 教育部社科司. 普通高校思想政治理论课文献选编(1949—2008)[M]. 北京：中国人民大学出版社，2008：216.

第二，提升学科融通能力。

2005 年，中央设立了“马克思主义一级学科”，为培养思想政治教育工作队伍提供了有力支撑，也倒逼中青年思想政治理论课教师提高学科融通能力，学会突破自我阐释的封闭话语，善于用哲学社会科学理论来解读马克思主义理论，以公认的学科标志性成果，提升自身的形象。

第三，建立灵活融通机制。

思想政治理论课建设“绝不是思想政治理论课教师一支队伍的事，不是马克思主义学院一个部门的事，也不是高校一家的事，而是全党全社会共同的责任”①。各高校可调任或吸引、鼓励校内其他专业的学术带头人和教学骨干，专职或兼职承担思想政治理论课教学任务，还可以从高校内部或社会各界聘请理论研究、教学单位和实际部门的专家学者和领导干部承担适当的思想政治理论课教学。一些高校的联袂访谈教学既能彰显主流意识形态课程特色又能很好发挥嘉宾教师专业特长，学生可以无痕吸收教师的主流意识形态话语。各地也正推广校校之间或校内跨院系思政教育名师互聘、优势互补的教学协作机制②。各省市可借鉴上海“东方讲坛”运作模式，在省教委层面上建立专家库，在各相关单位盘点、遴选，形成一支政治素质高、业务强、演讲才能好、热心思想政治理论课教育教学活动的特聘讲师队伍。通过专家库网络化管理，将专家专业信息、选题发布、学生反馈、统计数据等上传网页，实现校与校之间的网上联动。各高校领导和有关部门、各院系及校教学督导组专家可加强对各种融通模式课程教学质量的监控和管理，在省市教委管理部门设立“融通”专项资金，各高校思想政治理论课教学点及主管单位可承担部分费用。

---

① 张胜. 汇聚力量　推进思政理论课综合改革创新[N]. 光明日报，2015 - 10 - 22(16).

② 上海交大成立思政教育名师联合工作室[EB/OL]. http：//daxue. xdf. cn/201212/9263108. html

2. 源自高校层面的思想政治理论课教师支持动力机制

大学有几大功能,即人才培养、科学研究、服务社会和文化传承。人才培养是大学的核心工作,现阶段大学教师的角色正面临“错位”,研究者、社会服务者等角色渐渐在一些高校占据了主导地位,而教师真正应该扮演的教育者角色则被放逐到了边缘地带。合理定位、安排与调整教师的角色任务与角色活动,化解教师在角色抉择时的冲突,非常值得深入探究。

目前,高校缺乏有效的教师职业拓展的制度保障和操作措施①。制度保障和操作措施可称之为动力机制,也称为激励机制,它包括荣誉感和获得较优厚的报酬等。主体性发展的动力机制指主体在发展过程中获得社会给予的制度性激励,它可以是习惯形成的或是人为安排的。高校作为组织实施思想政治理论课的基本单位,应该承担起加强教师队伍建设的职责和使命。2014 年起,上海市已有效实施市属院校本科教学激励计划。教育部也明确表示,制度安排“归根结底要依靠大学”②。

(1) 建立思想政治理论课教研的独立机构

2008 年,中央宣传部、教育部发布《关于进一步加强高等学校思想政治理论课教师队伍建设的意见》,明确提出“各高等学校应当建立独立的、直属学校领导的思想政治理论课教学科研二级机构”。2011 年,教育部印发《高等学校思想政治理论课建设标准(暂行)》(教社科[2011]1 号),通过高校自查和教育部专家实地督查,从机构和岗位上促进了思想政治理论课教学科研单位真正成为独立机构,承担应有职责和功能。2015 年颁发《高等学校思想政治理论课建设标准》(教社科[2015]3 号),明确了“领导体制”、“工作机制”、“机构建设”、“专项经费”若干规定。“机构建设”中规定,“独立设置直属学

① 刘茜. 钟秉林谈教师队伍建设“金钱堆不出好学校”[N]. 光明日报,2011-3-3.

② 努力建设一支“让党放心,让学生满意”的高素质教师队伍——教育部部长袁贵仁在高校思想政治理论课教师队伍建设工作会议上的讲话[J]. 思想理论教育导刊,2010(12).

校领导的、与学校其他二级院(系)行政同级的思想政治理论课教学科研组织二级机构"、"配齐二级机构领导班子,班子成员应是中共党员,且从事马克思主义理论学科研究和思想政治理论课教学,不得兼任其他二级院(系)的主要负责人"这两项指标被列为"核心指标"。这个机构建设要求与思想政治理论课教师"一身一任"的特殊主体性相匹配,它既是主要承担思想政治理论课教学,又是马克思主义理论研究单位和马克思主义理论学科点依托单位,有助于真正解决思想政治理论课教师在马克思主义学科的依托和归属问题,也能吸引相关学科的教学科研骨干充实到思想政治理论课教师队伍中来。2016年1月,为贯彻落实中央领导同志关于加强高校思想政治建设的重要指示精神,教育部部署全国重点马克思主义学院建设工作,推动提升全国马克思主义学院整体水平。

(2) 努力改善思想政治理论课教师的物质生活条件

第一,完善教师教学保障和表彰奖励机制。

物质利益是一种不容忽视和否认的客观存在。随着我国综合国力的提高和政府对教育事业的重视,随着国家的教师激励政策陆续出台,教育投入也在不断增加,教师工资收入得以增长。《中华人民共和国教师法》规定"教师的平均工资水平应当不低于或者高于国家公务员的平均工资水平",但实际上包括思想政治理论课教师在内的教师群体工资水平与公务员尚有差距。不同地区、城乡、学校教师的工资收入、生活质量工作条件差别较大,不少学校教学资源严重短缺,教育活动难以正常开展,损害了教师的工作热情与专业发展。

从经济学的角度来看,公职人员激励重点应该放在物质利益的激励上,努力促进人们的主体自我激励,把外在的强制变为内在的驱动。和其他教师一样,思想政治理论课教师也承受着来自社会、家庭、工作、经济和自我发展等多方面的压力和责任,面对评职称、发论文、报课题(这些都需要有一定的能力、资历和学术背景才可以完成),还有买房子、养孩子、孝长辈……他们"压力山大"。除此,他们还会面对自身工作中的许多无奈,超负荷的创造性地劳动付出与微薄收入之间形成较大反差。诸如思想政治理论课平行班多，学生众多，另外，常讲常新的备课量和教学设计的费事费力，也让一些思想政治理论课教师时有抱怨。这势必会影响在岗高校思想政治理论课教师全身心地投入教育教学工作的热情和信心。

马克思指出人们奋斗的一切都与他们的利益有关①。邓小平也曾说："不重视物质利益，对少数先进分子可以，对广大群众不行，一段时间可以，长期不行。"中共中央宣传部、教育部《关于进一步加强高等学校思想政治理论课教师队伍建设的意见》指出应"完善教师表彰奖励机制"。一些促进思想政治理论课教师自我认同和加强主体性的激励机制正在逐步推出。

第二，加大投入，多项举措提升教师教学能力。

2010 年，教育部部长袁贵仁强调，应该"舍得花时间和精力研究解决队伍建设问题，舍得加大投入，给予思想政治理论课教师更多的关怀和关爱，吸引更多优秀教师安心从教、长期从教"②。清华大学有专门的思想政治理论课建设领导小组，党委书记亲任组长，"在'985'一期、二期建设中均获单独立项，教师享受专门的课时津贴和奖励，且逐年增加"③。西南交通大学"每年投入 40 万元思想政治理论课建设专款和 40 万元思想政治理论课建设基金，用于支持和鼓励开展马克思主义基本原理、马克思主义发展史、马克思主义中国化等领域的理论研究"④。复旦大学通过"211"二期的学科建设经费 50 万元、马克思主义研究院招标课题 20 万元，社科部资助青年教师基础研究，资助学科建设项目共 28 项。复旦大学将马克思主义理论学科列入"985"三期重点建设项目，青年教师们承担了众多的基

---

① 马克思恩格斯选集(第 1 卷)[M]. 北京：人民出版社，1995：82.

② 努力建设一支"让党放心，让学生满意"的高素质教师队伍——教育部部长袁贵仁在高校思想政治理论课教师队伍建设工作会议上的讲话[J]. 思想理论教育导刊，2010(12)：8.

③ 高校思想政治理论课是否受欢迎，关键看教师[N]. 光明日报，2008-4-2.

④ 西南交大特殊政策"惹"火"思政课"[N]. 中国教育报，2012-6-14(3).

础研究[①]。大连理工大学把案例教学法引入思想政治理论课，出台《大连理工大学案例教学专项工作激励方案实施细则》，充分调动广大思想政治理论课教师探索案例教学方式方法的积极性，三年来拨付55万元专项经费，支持案例教学研究中心建设，不断深化案例教学研究，提高思想政治理论课教学水平[②]。

类似上述院校，全国各地还有很多。虽然投资资金有多少，出台政策有早晚，且有各自院校特点，但高校对思想政治理论课建设的重视和投入，一定程度上保证了教师主体性的发挥。这也有助于避免他们因为待遇问题而在工作中产生倦怠和应付。

第三，专设课题，有指向地培养一线教师。

近年来，教育部实施“选人给项目”，一批优秀思想政治理论课教师入选“择优”项目支持。各省市哲学社会科学规划课题均已面向思想政治理论课一线教师开列思想政治理论课教学研究单项课题，各高校也专门设立思想政治教育研究课题，积极推动更多一线教师围绕教学开展前瞻性研究。这些项目实质地增进了思想政治理论课教师的身份认同，有利于确证其“一身一任”主体性。

(3) 改善和提升教师待遇

思想政治理论课教师要得到人们的敬重，需要政策环境和社会环境对教师的现实需求、对教师的生存和生活给予更多的支持，更重要的还要转变长期以来形成的对思想政治理论课教师的认识惯性和传统观念，提高社会对他们的认可程度，也有利于提高教师的职业满意度。

中共中央宣传部、教育部《关于进一步加强和改进高等学校思想政治理论课的意见》指出“要改善和提高高等学校思想政治理论课教

① “思政课”教师队伍[EB/OL]. 复旦大学社科部网站，http://www.fudan.edu.cn/wmdw/html-jbzb1_3-6.html

② 大连理工大学积极开展案例教学推动思想政治理论课教学方法创新[EB/OL]. 教育部简报，2012(77). http://www.moe.edu.cn/publicfiles/business/htmlfiles/moe/s3165/201205/135680.html

师的待遇"[①]，这待遇包括课程重大问题纳入高校党委（常委）会议、校长办公会议题，每年召开专题会议研究部署思想政治理论课建设工作。因此，这待遇除了政府加大教育投入，还包括高校改革人事制度和分配制度，包括教师职称晋升、学历提升、行政奖励、科研专项、奖级认可等，让优秀人才得到与其价值和付出相当的社会地位和经济报酬，让教师能够感受到职业的内在尊严。《高等学校思想政治理论课建设标准》（教社科[2015]3号）对思想政治理论课教师的"经济待遇"作出明确规定："思想政治理论课教师的岗位津贴和课时补助等纳入学校内部分配体系统筹考虑，思想政治理论课教师工作量、课酬计算标准与其他专业课教师一致，教师的实际平均收入不低于本校教师的平均水平。"

恰当的激励有助于促进教师实现自我身份认同。鉴于思想政治理论课教师"一身一任"特殊性，激励不仅要考虑物质因素，更应包括教师对国家、对社会、对学生的责任感，当然，最好能满足教师的内心需求，使教师体验到成功后的喜悦等心理与精神因素。当思想政治理论课教师感到劳动付出和所得待遇相称时，他们的满意度较高。一般的，公平感取决于两个比较：一是把自己现在付出的劳动和所得的待遇与自己过去付出的劳动和所得进行纵向的、历史的比较；二是把自己付出的劳动和所得的待遇同他人付出的劳动进行横向的、社会的比较。公平的待遇取决于学校的绩效评估是否合理。思想政治理论课教师必然会对涉及他们时间与精力投入（成本）与预期的和实际收益的比较问题进行权衡，以作出一个合乎自身理性的行动[②]。当思想政治理论课教师为教学成就和科研项目的获取感到自豪时，他们是满意的。因此，摒弃极"左"思维定式，承认和重视物质利益，可以保护、调整、增进思想政治理论课教师对所从事职业的吸引力，

① "思政课"教师队伍[EB/OL]. 复旦大学社科部网站，http://www.fudan.edu.cn/wmdw/html-jbzb1_3-6.html

② 钟勇为. 冲突与调谐：大学教学改革的基本问题探论[D]. 武汉：华中科技大学，2009：59.

调动他们积极性，增强其身份认同，提升其主体自觉的客观动力。

各高校倘能在人才培养、科研立项、评优表彰、岗位聘用(职务评聘)等方面充分重视思想政治理论课教师的职业特殊性，则有利于确保思想政治理论课在教学体系中的重点建设地位。

(4) 健全与“一身一任”相匹配的教师科研和教学评价体系

思想政治理论课教师所教科目的特殊性及教学效果的隐性化和滞后性，给职称评审或平常年度考核带来了不少尴尬。“三高者”(指高学历、高学位、高职称的人)和海外名校资历成了各大高校争抢的对象，思想政治理论课教师明显不被“争抢”。

当前，教育行政部门和高校正逐渐形成一整套筛选、甄别、评价与认定机制。细化和量化的考评在提升教师发展动力方面起到作用，但有时也应该避免成为限制和控制教师自由探寻真理和学术的“藩篱”。

鉴于思想政治理论课教师“一身一任”特殊性，高校在科研和教学评价时，首先应分辨清楚其特有的职责要求，注重教师“一身一任”的主体性表现，如明确思想政治理论课教师的工作职责与权限，对教师的工作绩效给予及时而科学的反馈，建立契合思想政治理论课教师身份特点的多维度绩效考核体系，包括与其职责相对应的相关教学科研、同行评价、学生评价和自评等在内的全方位、多角度综合考量。这种考核机制必须充分考虑思想政治理论课教师职业特点，考虑其具备“一身一任”的特殊主体性，整顿高校思想政治理论课教师中怕上第一线讲课，甚至张口闭口“非主流”观点，一心只顾其他学科科研等现象。

《高等学校思想政治理论课建设标准》(教社科[2015]3 号)在二级指标“职务评聘”中要求，“制定实施符合思想政治理论课教师职业特点的职务职称评聘标准，提高教学和教学研究占比。被有关部门采纳并发挥积极作用的理论文章、调研报告等应作为专业技术职务评定的依据”。另外，为确保创新人才脱颖而出，笔者认为对于思想政治理论课教师的考评应该重在考察学生认知认同及思想转变等特殊教学成效，既重人才培养过程又重人才培育结果，鼓励思想政治理论课教师自觉认同"一身一任"，将自己的职业热情和专业优势投向从事马克思主义理论的研究和课堂有效传播。

一些高校已在很多方面有了特殊政策。上海大学考虑到思想政治理论课特殊性，教师教学工作量计算时曾给予1.25%的奖励系数；西南交通大学在思想政治理论课教师的职务评聘、提职晋级方面拟开通"绿色通道"，适当减少科研考核工作量，部分经过认定的非核心期刊发表的文章可以计为科研工作量，一些思想政治理论课教学项目可以视为科研项目，对思想政治理论课教师职称晋升给予指标保障……①

总之，合理的政策有助于思想政治理论课教师增强身份认同，拥有全身心投入到马克思主义理论教学和科研的"精气神"。

3. 完善多层次的"一身一任"教师培训体系

(1) 积极响应中央师资培训的明确要求

2006年，上海的一位青年思想政治理论课教师在培训小结里写道："给我们一些支撑，不要让我们身心俱疲；给我们一点关怀，不要让我们无奈逃离；给我们一个空间，让我们能有自己的发展和地位；给我们一个舞台，我们能做得更好！"②

中共中央宣传部、教育部《关于进一步加强和改进高等学校思想政治理论课的意见》指出："要建立和完善思想政治理论课教师队伍培训体系。"③从2007年起，中宣部、教育部"加大教师培养培训"④，连续举办32期高校思想政治理论课骨干教师研修班，培训3 000多人。2012年2月至6月，中宣部、教育部联合组织开展研究生思想政治理论课5门课程任课教师全员示范培训，培训近千人⑤。这个培训

① 西南交大特殊政策"惹"火思政课[N]. 中国教育报，2012-6-14(3).

② 一位青年教师的"培训小结"。

③ 教育部社科司. 普通高校思想政治理论课文献选编(1949—2008)[M]. 北京：中国人民大学出版社，2008：217.

④ 刘延东. 努力开创教育事业科学发展新局面[N]. 光明日报，2011-1-26.

⑤ 张贺. 访教育部副部长李卫红[N]. 人民日报，2012-6-1.

体系涵盖了教育部相关培训、省市高校哲学社会科学教学科研骨干研修、各校负责人培训、中青年骨干教师培训、新课程骨干教师培训、新上岗教师培训等。培训、研修方式主要包括：面上轮训和骨干研修相结合、阶段培训和跟踪培训相结合、理论学习与教学实践、社会考察相结合、集中研修和个人自我拓展相结合①。

2015年，按照中央统一部署，上海市委组织部、市委宣传部、市委党校、市教卫党委、市教委、市财政局年初联合制定了《上海市2015—2019年哲学社会科学教学科研骨干研修工作五年规划》，对研修工作作了总体部署，通过听取高端报告、开展专题研讨、进行国情和市情考察等活动，旨在进一步增强教师对中国特色社会主义的自信。《高等学校思想政治理论课建设标准》(教社科[2015]3号)在"队伍建设"一级指标下设立"培养培训"二级指标，从四大方面对思想政治理论课教师培训体系作出全方位规定。

(2) 在入职培训中强调"一身一任"特殊性

课程建设与学科建设的高度统一是思想政治理论课的鲜明特点，刚入职的思想政治理论课教师应当率先明晰自己"一身一任"的主体职责。自"05方案"至今，各省市已连续多年举办新上岗思想政治理论课教师培训，培训内容既包括观摩教学、参观"名师工作室"，安排教育部领导、省市教委领导报告，举行座谈会，交流思想政治理论课教学方法、教学技巧、教学手段等。然而无论是举办方还是参加培训的教师们，大多未能意识到思想政治理论课教师职业认同教育的重要性，没有充分考虑思想政治理论课教师职业的特殊性，仅从普遍意义上强调教书育人"一身二任"，注重教师的师德教育和业务技能培训。专门讲授或分析"一身一任"的思想政治理论课特殊性的讲座或专题主体班并不多见。

参加培训后，不少教师依旧没有能把握住"一身一任"的思想政

① 胡涵锦．上海高校思想政治理论课教师队伍建设研究报告[M]．上海：复旦大学出版社，2009：302.

治理论课教师主体性特质,在“小结”里流露出“学科与教学间的游移不定”。一些教师依旧在茫然于思想政治理论课教学和研究工作的意义、教师的特殊角色定位后,不关注或少关注“道”,陷入具体思想政治理论课教法和技能。如此治标未能治本,显然无法起到真正培训思想政治理论课教师的目的,无法有效养成其身份认同,增强其主体性意识。

(3) 分层分类、经常性的教师身份认同培训

根据 2011 年上海市德育发展中心数据库采集信息,上海高校思想政治理论课教师最高学位为“博士”和“硕士”的比例均超过三分之一,分别占 37.3%和 39%,学士则占少数①。然而,毕竟不是所有教师都经历过严格的、持续的教师资格训练,他们中相当部分教师对于思想政治理论课特殊性缺乏深入了解,不熟悉学生成长规律,没有具备较为宽广渊博的综合知识和科技信息水平。按照我国《教师法》规定:教师是履行教育教学职责的专业人员。为保证教学质量,吸引社会优秀人才进入思想政治理论课教师队伍,必须建立规范化、制度化、一体化的思想政治理论课教师教育培训和研修制度。前几届上海市科教党委和市教委对每两年评选一次的优秀思想政治理论课教师入选条件有了“刚性”规定,即必须具有参与培训和研修的经历,这对于提升优秀教师、骨干教师的整体素质和能力有着重要意义。

第一,强化“一身一任”的职业身份认同培训。

教师的身份认同是教师发展的基础。教育部将“建立新进教师宣誓、专任教师定期网络注册和退出制度”②。除了给新教师加强职业认同和身份意识的培训和提升,还有必要给中青年教师搭台,支持他们实现自身职业生涯规划,展现人生价值。目前,在一些地区的某

---

① 2011 年上海高校思想政治理论课教师队伍数据报告。

② 晋浩天.思政课改革创新,从何抓起?——专访教育部社会科学司司长张东刚[N].光明日报,2015-10-27.

些高校存在着思想政治理论课教师的培训、研修和教学“脱钩”的现象，要么“研归研”、“训归训”、“修归修”，要么培训专家单边宣讲、教师单向受训。

笔者对S学院发放了思想政治理论课教师问卷。结果显示，大多数受访教师表示，愿意通过培训和研修，希望能达到教师同行间的“多交流，多了解教师所思、所做”。他们还就“加强和改进本市高校思想政治理论课教师队伍建设”提出了意见和建议，或希望“强化专业培训”，或希望得到“师资支持，形成选配制度”，促进“师资竞争”。也有教师希望“设课题给一线骨干教师”，希望各级领导“对‘思政课’教师的关心重在落实各项承诺”。当然，调研数据也反映出部分思想政治理论课教师的常规培训和专业研修意识尚不足，他们更多关注的是职称和学位的获得，关注如何撰写论文和发表论文，高学历教师则更迫切关注纵向课题的申报成功率。

国家、学校等各主体应该共同努力，完善思想政治理论课教师身份认同的专项教育，鼓励思想政治理论课教师成为价值构建的主体去自觉认同身份，关照自我的实践，改变内心信念的向度，更好地发挥出自身主体性，激发教师对思想政治理论课课程改革的内在热情，从而担当起教学改革与创新的责任。

第二，开展强化“一身一任”的面上定期轮修和骨干研修。

教育部和各省市应进一步坚持“以人为本”、“遵循规律”和“分类指导”，实行面上定期轮修制度和无差别培训（即不设学历或年龄的门槛），建立发展性评价制度，对在职思想政治理论课教师进行专项培训，通过自主系统性的、经常性和针对性的在职培训，不断提醒教师坚定自己的角色理解，认同“一身一任”的职责和使命。

针对普遍缺乏既有渊博知识、人格魅力，又有教学热情的大师级人物，近年来，各地每年都会举办高校思想政治理论课中青年骨干教师高级研修班，全面准确贯彻中央精神，立足区域和各高校实际，自主探索有特色的思想政治理论课教师专项培训。从工作思路上讲，由单一的“自下而上”，转变为“自上而下”和“自下而上”的有机统一①。从培训目标上，从"让学员喜欢"，应转变到"培训要见实效"。各级培训主办者应理性审视自己看待培训的方式。首先是学员"喜欢"来听课。但是毕竟学员们也在变成熟，在访谈中，有教师反映"大家往往感觉培训过程中理论层面的东西多，实践层面的引导少，当时感触很多，一回到实践教学中便很快恢复原状"。于是，他们开始排斥那些让自己"听起来激动，想起来感动，回去后不知如何行动"的培训内容。主办方应遵循教育规律和思想政治理论课教师的成长规律，强化需求导向，从整体到细节多方面考虑学员需求，精心打磨教学计划，"量身定做"，"对症下药"，重理念、理思路和教方法。

针对思想政治理论课骨干研修，需要主办方将关注点从学员转向效果，从培训现场之外寻求培训实效的突破。培训和研修要达到实效，离不开"之前"和"之后"。各级主办者应事先明确培训和研修目标，时刻将以下三个问题装在心里，即"我的职责使命是什么"、"本次培训或研修的目的是什么"、"有哪些业绩或行为指标能够衡量效果是否达成?"基于答案设计培训和研修课程、甄选报告人，就取得了成功的一半。骨干研修班的成员可以打通校际编排分组，认领题目，带着思考、想法甚至完整的解决方案来参加研修班式的培养，请专家进行"一身一任"的思想政治理论课教师身份诠释，再进行从马克思主义理论传播、社会主义核心价值观的阐释到具体思想政治理论课教学方案设计的具体指导。

第三，高校应该具备"分而治之"的学科点自觉定位。

一般的，"985"或具有一级学科博士点的高校，马克思主义理论学科教授数量充足，年龄结构合理，研究方向齐全，学缘广博，他们有责任和义务承担举办高级研修班的任务，为提升青年思想政治理论课教师、学术骨干的职业特质和理论素养作出贡献。2012

---

①　顾晓英.上海高校思想政治理论课教师培训研修状况与对策建议[J].思想理论教育，2013(13).

年8月，复旦大学马克思主义研究院已举办“马克思主义研究院首届高级研修班”①。其他具备二级学科博士点的高校，可以结合自己学科特色，承担一些适合自己特点的会议，或者搭建同城平台，给没有学科点的高校思想政治理论课副教授和教授晋升硕导和博导的机会，提高教师对职业身份和学科身份的认同度。2015年，上海市已建立高校马克思主义理论学科同城平台，首批优秀思想政治理论课教师获得跨校兼任硕士生导师和博士生导师资质，实现资源共享。

第四，建立全覆盖的教师“在线学习平台”。

思想政治理论课教师具有“一身一任”的主流意识形态传授的特殊使命和职责。为回应世界对于中国特色社会主义建设建设前景的期待，回应学生思想中的疑点、难点、热点问题，思想政治理论课教师必须具备开阔的、与时俱进的理论视野和丰富的实践感受和体认，才能有效避免人云亦云。各级各地各校都在坚持执行着思想政治理论课教师培训任务，取得不少成绩。然而，面对“慕课”时代到来，如何真正实现跨越时间、空间的阻隔，实现思想政治理论课教师零距离自主在线培训与提高？教育行政部门可以参照“上海干部在线学习城”②，搭建网络业务提升平台，设计适合思想政治理论课教师业务提升和职业认同的超越时空模块理论或知识结构，采取必选、选修相结合的既计时又计分的网络学习方法，并建设一套学习检测和督促制度，避免一些教师浅尝辄止、自以为是、不求甚解，也引导思想政治理论课教师养成主动关心当前重大理论问题和社会现实问题的职业素养，切实提升思想政治理论课教师的职业威信和理论水平，有效构建自觉学习的“一身一任”主体性。

第五，推行各高校的校本草根式培训。

---

① 复旦大学马克思主义研究院首届暑期高级研修班启事[EB/OL]. 复旦大学，http://news.fudan.edu.cn/announce/?announceid=372

② 上海干部在线学习城[EB/OL]. http://www.shgb.gov.cn/jsp/index_v5/first.jsp

“教学有法,教无定法,贵在得法。”校本教师培训能解决教育理论与课堂实践之间的分离,强化教师专业的实践性。近年来,随着大批拥有博士学位的青年教师加盟,科研已成为大部分教师的自觉行为。从新入职的青年博士发表的成果看,较为普遍地存在着看重学科科研、轻视教学科研的现象。校本师资培训重点在于进一步增强教师从事思想政治理论教育的事业心,全面提高思想政治理论教师理论素养,着重培训课堂教学方法。

开放发展的 21 世纪,以“单学科”背景入职的思想政治理论课教师也在面临挑战,毕竟原有的“单学科”因为其知识形态永恒存在的。“05 方案”中的各门思想政治理论课,较以往各个阶段越来越多地需要教师能有跨学科、跨领域的交叉研究。无论课程负责人、组织者和研究者,尤其需要具备足够全面的学科知识和对自身的深刻认识,主动发挥“一身一任”主体性。因此,各高校应加强对本校思想政治理论课教师的全覆盖草根式培训,渐渐打破自上而下的常规培训模式,在年度考核标准内加入校内培训要求,启用告知主题、时间、地点的“菜单式”培训机制,让全体教师自主选择出席参与,由“要我训”变为“我要学”。

第六,组织经常性的社会实践和外向派遣研修。

有效组织思想政治理论课教师参观考察,是提高教师队伍素质、培养责任感和荣誉感的必由之路;是理论与现实相结合、情与理交融,实现“真信、真教”的必由之路;是走出书斋,实现价值认同与思想升华的必由之路①。近年来,教育部、各省市高校非常重视思想政治理论课教师国内外实践考察和基层锻炼,制定了系列规划,出台了相关政策,也注意了选派人员的广泛性、代表性,各方面保证了思想政治理论课教师的社会考察工作和基层锻炼等制度化、经常化实施。

---

①　杨晨光.走出书斋　了解国情　坚定信念——暑期全国高校思政课骨干教师国内考察纪行[N].中国教育报,2009-8-28.

社会实践和基层锻炼环节是保证思想政治理论课教师主体性的必要环节。鉴于现有高校资源配置的结构性失衡，社会考察和基层锻炼尚不能覆盖每一位教师。高校可以采用积分式管理，要求每一位在编在岗思想政治理论课教师在规定时间内一定分数的社会实践积分，青年教师则还应具备基层锻炼的记录，作为下年续聘的一个考核点，这样可以保证参与面，又可以避免考察和锻炼的不平衡。“意识形态的生命力和活力来源于对现实利益关系的及时回应和正确表达”①。有了对社会及其改革开放以来人们现实利益关系的了解，思想政治理论课教师才会从理论和实践的高度和宏观的国际国内视野阐释学生关心的热点、疑点和难点问题，教师的队伍素质也会有整体提高，其主体性也将得以提升。

近年来，从中央到地方，一批又一批思想政治理论课教师接受了“全员培训、骨干研修、在职攻读博士学位、组织国内外考察”；一批优秀的教学名师和学术带头人，勇于开拓创新的骨干教师获得了“中青年骨干教师择优资助计划”，得到重点培养；越来越多的教师得到专门项目资助，获得教学内容研究、教学方法研究和教学成果总结等课题②。教育部将逐步“健全、完善国家示范培训、省级分批培训、学校全员培训三级培训体系”③。

研修、考察、培训、资助能使越来越多的思想政治理论课教师很大程度上提升身份认同和专业能力，越来越多的思想政治理论课教师得以走出课堂，逐渐与国内同行接轨，甚至有机会与国际接轨，在更大的学术平台包括微博、互联网平台主持学术讨论，与来自世界各地的学者进行平等对话、交流。这一切逐渐改变了思想政治理论课

① 孔德永.当代我国主流意识形态认同建构的有效途径[J].马克思主义研究，2012(6)：98.

② 努力建设一支“让党放心，让学生满意”的高素质教师队伍——教育部部长袁贵仁在高校思想政治理论课教师队伍建设工作会议上的讲话[J].思想理论教育导刊，2010(12)：8.

③ 晋浩天.思政课改革创新，从何抓起？——专访教育部社会科学司司长张东刚[N].光明日报，2015-10-27.

教师原有身份刻板形象以及传统职业存在方式，开始自觉成为具备强烈身份认同的、注重深刻研究和有效传播的学者型思想政治理论课教师。

最后，建议有关部门在给教师们提供研修、考察、培训和资助时，提出明确要求，"建立以成果为导向为衡量标准的明确导向"①，扭转"形式大于内容"各类培训模式。

(二)"一身一任"的认同培育和氛围营造

《高等学校思想政治理论课建设标准》(教社科[2015]3号)为进一步加强高校思想政治理论课的宏观指导，规范组织管理、教学管理、队伍管理和学科建设指明了方向。然而，没有教师文化的深层次支撑，任何教师发展和教育变革都将是肤浅的和临时的。我们应该"积极营造关心和支持思想政治理论课建设的良好社会氛围，对成绩突出的学校和教师予以表彰和奖励"②。

1. 培育"一身一任"身份认同的文化氛围

文化冲突会对思想政治理论课教师主体性产生阻碍。认同是一种社会化的历程，产生认同需要长时间的学习与再学习。此时，营造文化氛围，关注工作本身是否幸福就成为当务之急。

(1) 建立合理的评价体系和社会期待

习近平总书记指出："意识形态工作是党的一项极端重要的工作。"高校作为培养中国特色社会主义事业合格建设者和可靠接班人的重要阵地，是意识形态工作的前沿。高校思想政治理论课教师肩负着思想政治理论课教学、科研、学科建设、服务社会等多重任务。承担工作的特殊性直接带来评价体系的特殊性。相当多的学科可以采取国际招标遴选人才，思想政治理论课教师的人才评价具有鲜明的非国际性。因此，人才评价必须充分考虑实际情况。复旦大学社

① 顾钰民.完善教学人才培养培训关键在于制度创新[J].思想理论教育导刊，2015(10)：34.

② 教育部社科司.普通高校思想政治理论课文献选编(1949—2008)[M].北京：中国人民大学出版社，2008：217.

科部严把入口关,实行了博士(后)进校的规定。现在选留的是要有国外联合培养经历的博士,选拔"政治立场坚定、学术功底扎实、责任心强、视野开阔的优秀博士生"进校任教,该校在聘任标准上体现出教学型教师的特色,建立起自主的人力资源评价标准,下大力气培养青年教师,让他们成为"思想政治素质好、为人师表、知识丰富、锐意进取、善于理论联系实际、熟悉和了解学生特点"[①]的思想政治理论课教师,一批热爱理论、熟练驾驭课堂教学的优秀教师脱颖而出。

对于思想政治理论课教师,评价时除了考虑"政治立场坚定、思想政治素质好"等,还应该考虑其学科特殊性,加大思想政治理论课教学研究在考评体系中的比重,转变"重学科研究,轻教学研究"的传统观念,至少不偏颇一方,不仅要关注"论文数量"等易测量的"硬指标",还要考虑"教学水平、教学质量、教学态度、课题难易程度等'软指标'"[②]。因为,思想政治理论课教师从事教改面临着诸多辛苦:首先,备课难。教师必须主动紧跟最新中央文件精神,掌握更多的新鲜资讯,时时更新教学内容,还得深入学生进行对象调研。其次,压力大。由于思想政治理论课课程的被"赋予",一线积极参与教改的教师经常面临来自各级主管部门、教师所在高校多部门领导的"关注",他们必须承担各种应时应景的公开课、观摩课,顶住其他公共基础课教师所无法感知的压力。第三,消耗多。思想政治理论课骨干教师永远处于追赶中,学生的接受状况等极易增加其焦虑与不安。思想政治理论课教学公开课后所获得的评价也许会令一些"身经百战"的教师面临风光不再的"风险",倘若成功,人们会认为是"应该",被看做是"集体努力"后获得的荣誉。若是"出师不利",他们将无法体验到成功教改的喜悦,无法激发其内在动力。

思想政治理论课教师的教学研究成果能否满足复杂教学体系中

① 复旦大学文明在线. 思政课教师队伍[EB/OL]. http://www.fudan.edu.cn/wmdw/html-jbzb1_3-6.html

② 柳礼泉,黄艳. 加强教学研究与提高思想政治理论课教学实效性[J]. 思想理论教育导刊,2010(6):22.

各主体的需要，只有在教学实践过程中才能得到有效的转化。对思想政治理论课教师的评价，包括奖励与晋升，不能单单取决于考评教师的"非马"类学术科研成果，更应从传道育人的马克思主义理论课教学与相关学科科研彼此结合的角度完整、全面地加以评判。

因此，对思想政治理论课教师的考评不应设定"只认核心期刊，不看马克思主义理论教学与学科相关的"的褊狭标准，而应鼓励他们跟踪马克思主义理论学科前沿，研究如何以最有效、最符合学生接受意趣的方式进行解读并传授，引导学生积极认同主流意识形态，认同党和政府的方针政策。这样的教学成果才是最值得考评的，这也是与"一身一任"特殊性相匹配的考核要求。2015 年，教育部已有设想，将探索"建立符合思政课教师职业特点的职务职称评聘标准，提高教学和教学研究占比，引导和鼓励思政课教师将更多时间和精力投入到教学中"①。

思想政治理论课教师主体性的发挥往往伴随着教育教学改革的进程。在很短的时间，较难判断课程方案的改革成效，也很难判断教师主体性是否得到有效实现。我们应该从以下几方面逐步建立思想政治理论课教师评价制度，建立合理的社会期待：

首先，进一步提高各级教育部门领导的思想认识。领导干部特别是高级干部要充分认识思想政治理论课教师队伍整体状况与形势发展和中央要求之间的差距，增强抓好队伍建设的责任感和紧迫感，把队伍建设纳入教育部门规划并作为工作重点。纠正新中国成立以后形成的只从教育的外部去思考教育、认识教育，纠正"教育社会本位"观念，而是顺应社会转型，扭转思想政治理论课教师的角色错位，树立"一身一任"的思想政治理论课教师特殊职业定位，安排和调整思想政治理论课教师的角色任务，逐步化解教师在职业抉择时的冲突，真正做到对教师主体和主体性的充分关注和终极关怀。

---

① 晋浩天. 思政课改革创新，从何抓起？——专访教育部社会科学司司长张东刚[N]. 光明日报，2015-10-27.

其次，加强对思想政治理论课教师职业认同的理论研究和实践考察。近几年，思想政治理论课教师的职业认同感、职业倦怠等问题已引起有关部门的重视，也已涌现一些研究成果。上海市学生德育发展中心曾经连续两年在学校德育实践课题中专门列出招标课题，要求加强对思想政治理论课教师职业认同现状和提升对策进行调查和研究。这些研究，给有关部门出台更加适切的政策提供了决策咨询。

第三，展示思想政治理论课教师热情而理性的媒体形象。应该充分利用电视、广播、报纸、杂志、网络等媒体，营造氛围，提倡教师身份认同，让思想政治理论课教师体会到承担"一身一任"教师主体性的必须与重要。对于思想政治理论课教师理论魅力的宣传将有利于赢得各种社会各界包括校内其他学科教师、学生的理解与支持，避免媒体简单化地将思想政治理论课教师比作"春蚕"、"人梯蜡烛"、"爱心妈妈"的一般教师形象，避免弱化或扭曲思想政治理论课教师专业形象。

最后，正确定位思想政治理论课教师身份和社会认知。随着学校功能的日趋复杂化和多样化，思想政治理论课教师的职业承载也越来越丰富。思想政治理论课教师主体性价值既体现在它对人的自由全面发展的深切关怀，还体现在课堂里教师对生活故事的主体解读。他们通过"传道、授业、解惑"，成为青年学生的同伴和朋友。各级各部门应该允许课堂教学呈现出丰富性、多变性，将思想政治理论课课堂建构为不仅仅是教育人、规约人的特定场所，更是教师与学生，学生与他人交往、理解和分享人类共同知识、思想智慧的生活世界。只有在一个充分被赋权、被信任、被支持的情境下，思想政治理论课教师才有职业归属感，才能激发出更强的主体性。学校、社会应充分尊重思想政治理论课教师的职业特点，尽可能考虑给予教师考核晋升上的特殊自主、自觉和自控，尽量避免政策"一刀切"带来的各种弊端。

(2) 表彰和奖励成绩突出的教师

第一，侧重对思想政治理论课教师进行精神层面的激励。

激励可以是对教师授予荣誉称号、及时的奖金发放，也可以是提供职称晋升时的"绿色通道"，给予业务培训和考察的机会等。来自非物质的激励如对于思想政治理论课教师的肯定、宽容和尊重、信任等更是十分必要。

《高等学校思想政治理论课建设标准》(教社科[2015]3 号)指出，"纳入学校各类教师表彰体系中，并为思想政治理论课教师确定一定比例，进行统一表彰"。以往思想政治理论课教师评奖大多不列入人事序列，属于"自娱自乐"型的奖励。如前几届的上海市高校优秀思想政治理论课教师均属于单列奖项，获奖者在圈内受到表彰、获得荣誉，但获奖奖项并没有列入所在高校的人事处获奖档案。近几年，各省市教委、高校越来越重视思想政治理论课教师奖励氛围的营造和优秀教师的宣传表彰。自 2011 年开始，每年 4 月的上海市"思政月"为一批又一批思想政治理论课教师脱颖而出提供了良好机遇。2012 年，"上海市育才奖"专门开辟高校思政教育教师系列(其中高校辅导员类 30 名，高校思想政治教育工作者类 30 名，高校思想政治理论课教师类 20 名)，候选人参与全市育才奖统一评审。这是上海市教育发展基金会首次在育才奖范围内专门设立高校思想政治教育教师系列，奖励范围对象重点向教学第一线的教师倾斜。此项评奖受到了各级关注，这对于宣传思想政治理论课教师形象、提升教师自身认同和社会认同起到很大作用。

第二，成立研究课程对接学生特点的思想政治理论课名师工作室。

以往，名师工作室的遴选更多着眼于名师个人魅力、教学技能及方法，也考虑了名师所在的地域引领。上海市出台了名师工作室考核文件，每年提供专项运转资金。通过开设示范观摩课、组织教师培训、拜师结对等，各名师工作室取得积极成果。名师工作室崭新的生长力和不竭的创新点源自学生，只有真正以学生为本，研究、开发和设计课程，更好地对接国家要求和学生需求，才能成就思想政治理论课教师的特殊职业赋予。名师工作室还应凝聚更多其他学科教师走进思想政治理论课，让学习真实地发生在课堂，让师生共同享受思想政治理论课，让思想政治理论课焕发魅力。

(3) 尝试奖励“马克思主义理论研修学术假”

应该承认，各级政府和高校已经为思想政治理论课教师提供了较好的成长土壤，在岗培训、职位晋升、评优表彰都是提升教师身份认同和主体性的重要手段。近年来，清华大学已将思想政治理论课教师教学工作量减到与其他专业课教师的要求一样。在信息化时代，学生个性身心发展愈益多元的今天，思想政治理论课教师也应该在终身教育社会的大势下先行一步。高校不坐班的思想政治理论课教师工作天天远超八小时，备课、写作、与学生网络互动或评阅学生作业……时间和空间已所剩无几，还不包括教师们面临着各式各样的条线“杂事”。

有条件的高校可以考虑实施寒暑期之外的学期内“马克思主义理论研修学术假”，鼓励教师参与“脱产提升”，为自己“充电”。

2. 强化各级各部门的“一身一任”引导

由于思想政治理论课教师有着特殊的政治角色和职业身份，各级各部门应站在党和国家高度，充分理解思想政治理论课教师这一群体的特殊身份，全方位强化对思想政治理论课教师身份的认同引导。

(1) 提高管理者对思想政治理论课教师特殊地位的认识

1979 年，邓小平在《坚持四项基本原则》一文中认为，马克思主义的思想理论工作，“是一项十分重大的任务，既是重大的政治任务，又是重大的理论任务。这绝不是改头换面地抄袭旧书本所能完成的工作，而是要费尽革命思想家心血的崇高的创造性的科学工作”①。

“05 方案”以来，思想政治理论课教师建设取得前所未有的成绩。然而，从各层面来看，还必须进一步提高领导特别是主要领导对于思想政治理论课教师承担的特殊职责的思想认识。《高等学校思

① 邓小平文选(第 2 卷)[M]. 北京：人民出版社，1994：179—180.

想政治理论课建设标准》(教社科[2015]3 号)规定,"学校党政主要负责同志每学期至少讲授 1 次思想政治理论课。学校分管领导每学期到堂听课 2 次以上"。校领导的授课和听课,足以有效促进其对思想政治理论课教师在教育学生过程中全身心付出的体恤。

思想政治理论课教师的价值更多地体现为引领学生对于马克思主义的认知和对于中国特色社会主义理论的理性认同。学校各级管理层应该从文化氛围方面着力改进校园文化和教学生活条件,增进思想政治理论课教师对职业未来前景的认同。学校可以让更多的思想政治理论课教师承担校级思想政治理论课题和党建课题,邀请优秀思想政治理论课教师在全校各层面主讲党课、参与理论宣讲等,强化其身份特有的思想政治教育功能。

(2) 重建主体观,减少主体性阻力

主体意识决定着对自身发展自知、自控、自主的程度,进而决定着其个体发展水平和自我教育水平。在通常情况下,一个人总是在他得到别人的认同和尊重时,才能更好地形成"教育主体"的意识、能力和行为。而主体对自我身份的认同则取决于主体意识的强烈程度。激发思想政治理论课教师的专业成长主体意识,能使他们努力树立自己作为思想政治理论课教师传播主流意识形态的角色良好形象。思想政治理论课教师不应该仅仅是"传经筒",还应该扮演"消化器"角色,从课堂主角转换成师生互动,由知识传输转换成人格培育,由单向传递转向多向对话交往,促进教师对自身身份的认同、价值的认同和行为的认同。帮助思想政治理论课教师"内化",必须提升其对于"一身一任"的主体性认知水平。只有当深入了解和熟悉思想政治理论课的特定理念、目标体系时,教师才能生成其对所教授课程的积极建构态度,才有可能激发自身教学和科研的主体性,激发其相应的"外化"主体实际行为。

"消除阻力因素比加强动力因素更为重要。"在注意加强动力因素的同时,更应该重视阻力因素的削减。针对思想政治理论课教师理想角色和现实角色之差距过大,我们应该消解刻板印象,加强对优秀教师团体和个人的积极宣传和充分肯定，激活优秀思想政治理论课教师向中心域迈进的欲望，扩展让思想政治理论课教师成为“中心人”的平台。

通过开展“寻找身边的优秀教师”活动，让教师走近思想政治理论课教学名师，自觉地认同优秀教师的教育行为。通过邀请名师交流分享成长经历，最大限度地减少因课程方案改革和发展而带来的振荡。另外，各部门也可以通过培育教师对于部门的强烈归属感，利用良好的规范对抵制主体性发挥的小部分教师施加压力，吸引“边缘人”尽快变为“中心人”。

(3) 知人善任，包容宽容

管理就是指挥和控制组织的协调活动。学校管理者调整好思想政治理论课教师的队伍配置，对于不同年龄段、不同职业状态的人要区别管理，使每个人更好地认清并且认同自己的职业身份。思想政治理论课教师成长需要包容的态度和宽容的氛围。管理部门可以充分尊重教师的多样性，尊重其自由选择工作方式的权利，舍弃衡量教师的成长与发展的线性评价，使更多的思想政治理论课教师在自己的工作职责中实现自我价值，体会到工作乐趣。

强大的制度规范、政策惯习及各种群体的利益博弈共同制约着变革的顺利进行。强化思想政治理论课教师身份认同、重建主体观有助于实现自上而下、由外而内的成功。实现思想政治理论课教师整体和个体的自身身份认同任重而道远。

二、受众建构：教师与学生“他者”的良善交往

现代性中的主体性是一种主客关系中的主体性。教育过程离不开主体、中介和客体。主体间性是“主体合理表现自身的主体性与其他主体达成理解的主客统一性”①。教育活动是一种特殊形式的交往活动。思想政治理论课教学则是更为特殊的交往活动。

① 熊川武. 反思性教学[M]. 上海：华东师范大学出版社，1999：114.

(一) 教师的"价值导引"与学生的"主动建构"

1. 实现主体间的特殊交往活动

首先,从对象看,思想政治理论课教师往往充当施者主体,而受教育者的学生"他者"则成为被"灌输"的社会个体。

其次,从内容看,思想政治理论课教师通过课堂主渠道的对话形式,辅之教材、网络、多媒体手段传递主流意识形态内容。这种交往涉及教师主体和学生主体间关系,还涉及师生各自的自身与"他者"主体性之间的关系。

最后,从性质看,思想政治理论课教育者与受教育者之间并不是简单的"对象化关系",而是一种主体间"双向建构"的特殊交往实践。无论是思想政治理论课教师的"价值导引"还是学生的"主动建构",均离不开自我建构和自身完善,实现教师和学生通过心灵沟通而融合为一体的主体间性。

2. 改变低水平的学生心理预设

很多年来,思想政治理论课教师承担着相对单一的角色要求,他们单纯传授主流意识形态相关知识、灌输马克思主义理论观点。受规约于统一的课程、统一的教学大纲要求,不少教师没有能从强化身份认同和特殊主体性要求出发,积极自觉地改进教学方法。相反迫于种种规约,教师们只是完成从外部强制"灌输"教化的任务。

相当部分学生"打从一开始,就认为这门课的目的就是向他们灌输意识形态",从而"对课程不太感兴趣,即使老师的上课很精彩"①。倘若仅仅将教师身份当作一种谋生的职业,教师被社会所赋予的身份也将悄然退色,不再被社会认同,不再受学生尊重,教师身份自然变异,社会地位也将濒临险境。马克思主义理论研究和建设工程确立以来,思想政治理论课逐步走向正规化的学科建设,思想政治理论课教师也转变单一传播角色成为研究者和传播者。思想政治理论课

---

① 选自:学员小结。

教师必须参与到学科建设中，他们融入自身研究深入阐述教学内容并给出自己的思考。越来越多的教师参与研究如何传播，提高创新理论的阐释力，以扎实的马克思主义理论基础和较高的学术功力赢得学生认同。

3. 消弭青年学生的政治自卑和自贬心理

学生对思想政治理论课的一知半解乃至误解影响了对课程的认同度和对思想政治理论课教师的认同度。由于我国处于社会变动中，现实生活中的一些突发事件常常会影响青年大学生的情绪。面临自认为无法解决的矛盾，学生会疑惑，甚至会模糊已有价值观。另外，面对强手如林的大学同学，一些学生产生自卑感，出现情绪不稳定。再加上自主性的增强和自我意识的凸显，部分学生出现自我封闭。他们欠缺处理现实与理想的矛盾的能力，有些学生开始自贬而躲避社会，甚至表现出对政府和社会的不信任。

一般的，学生的思维结构有一定程度封闭性，需要教师以强势的主体性去激励和唤醒。思想政治理论课不仅仅只是意识形态的简单灌输，同样它还具备学理性、实践性和养成性。党和国家赋予思想政治理论课根本任务与学生受众之间的主体要求看似存在距离，实质上没有根本利益的冲突。思想政治理论课教师既是“经师”还应是“人师”，尊重学生主体要求，因材施教，根据学生成长背景、专业基础以及兴趣爱好等分门别类地设计教学内容，努力使课程内容更“接地气”，就能摆脱学生厌恶的“空对空、两张皮”。在整个教学过程中，思想政治理论课教师和学生是民主平等的，可以相互质疑、讨论和辩论，通过学生的自觉选择、消化和吸收，实现师生各自的理论内化和外在行为的养成，消除青年学生在政治上的自卑意识和自贬心理，实现自我解构与重建。

（二）开展“共生互学”的师生主体间对话

马克思的异化理论揭示了在特定社会历史条件下（资本主义生产方式）主体间的关系。他指出，共产主义运动所要建立的社会，也就是能够充分发挥每个人的主体性的、人与人之间相互尊重和相互创造的"真实共同体"。马克思的这些思想，为我们科学理解"主体间性"问题奠定了基础。

1. 构建"共生互学"的师生间"真实共同体"

师生关系是指教师与学生在教育、教学活动中结成的相互关系，它是教育过程中最根本、最重要的人际关系。师生关系也是教育活动中的一种社会关系。美国学者多尔认为教师是"平等者中的首席"。国内学者吴康宁则提出了"共生互学"的师生关系观①。教育过程应该是学生的成长、发展以及教师成长与发展和谐共生的过程。在这个意义上，师生关系已然不能完全由"支配—从属"关系所能完全概括得了。

随着时代的变迁和社会发展，师生之间已形成双向的社会化关系。人们越来越强调主张师生间的对话与交流，师生关系从传统的主体与客体对立走向主体与主体对话、"我与你"的关系；建立在人格平等基础上的师生关系，是可以分享知识、智慧、情感、精神，共同建构人生意义的师生关系。

在实际教学中，思想政治理论课教师应尽力演好主体"角色"，树立"角色权威"，所谓"为人师表，学识渊博"。在此，我们必须区分权力和威信。权力是外部赋予的，而威信则是内心的。一旦教师依靠法律或技术强制力量，他们就没有权威和威信可言。真正优秀的思想政治理论课教师应该与时俱进地转换具体教育场景中的角色，促进学生主动学习。思想政治理论课教师主体性也体现在他与学生"他者"的互动中，但主体性的发挥不是无限的张扬，而要受到来自师生角色和行为模式、职业规范等多方面制约。教师必须掌握好主体性发挥的"度"，从政治上、思想上促进学生健康成长，不能借口课堂教学的开放性和动态性而忽视了教学的封闭性与计划性，在教学过程中随意信马由缰。

---

① 吴康宁.学生仅仅是"受教育者"吗？——兼谈"师生关系观"的转换[J].教育研究，2003(4)：46.

2. 聚焦基于主体间性的师生交往与对话

自我教育是主体能动性的集中表现。如何使受教育者变成自我教育的主体?主体性是人之为人的自主、自觉、选择和创造的特性。主体间性将关注目光聚焦在师生间交互活动和彼此关系,而这正是现代教育的本质所在。

教师的主体性与学生的主体性应该是相互兼容、相互融合。教师、学生和教学内容(对象)作为“不可缺失的基本元素是基质性也是原初性的要素”①。基于交往理论和对话理论的主体间性理论解释了教学活动中主体的存在、功能、价值等。然而,师生的主体性依旧没能有效地发挥,一是主客关系使主体依附于客体而存在,这使得主体在一定程度上具有物性;二是在教学活动中,占有性主体师生关系竞争多于合作。这种对于由主客关系所引发的师生主体性不能完全而充分地发挥的问题,其最终根源在于主客关系中个体主体性被绝对化地显现出来。

思想政治理论课教师主体性的建构离不开与学生主体之间的平等对话。在一些高校,思想政治理论课教育评价体系存在着“缺位”、“滞后”和隐含性的特征,具体表现为学生评价的缺位和评价体系欠健全。近年来,不少高校实施学生评教,与此同时,也出现了一些思想政治理论课教师为取悦学生,上课形式创新,内容传授不足。这种“失真”的教育遮蔽了教育者,从而消解了教师“教”的主体性和学生“学”的主体性。

思想政治理论课教师除了传授书本上的知识,更要教会学生拥有马克思主义理论思维能力和鲜明的立场、坚定的信念。自己都不信的,如何能让学生信呢?思想政治理论课教师强烈的身份认同,可以增进思想政治理论课的信度,赋予课程价值目标和意蕴。

3. 架设师生主体间的互通“立交桥”

加塞特曾经指出:“高等教育机构以及大学的建设都必须以学生

① 叶澜.重建课堂教学过程观——“新基础教育”课堂教学改革的理论与实践探究之二[J].教育研究,2002(10).

为基础，而不是以教师或知识为基础。"①大学生学习思想政治理论课固然由于国家意志和政策安排，但学生可以从中学到立场、观点和方法。"只要越多由他们通过自己亲身的经验去检验它，它就越会深入他们的心坎。"②学生主动参与程度决定着思想政治理论课的机制、方式、层次和水平，某种程度上决定着思想政治理论课的实施效果。因此，思想政治理论课教师主体性的发挥离不开学生的主动参与与配合。学生的主动作用离不开教师主体的制约和引导。思想政治理论课教师要想获得真正意义上的身份必须首先学会"忘我"，忘记预设的、自我封闭的"教师"身份，使自己走进学生的世界，同时也让学生走进自己的世界③。另外，思想政治理论课教师必须尽可能地获得教学对象的认同与信任，进而改变其预设立场和态度，使教师对马克思主义理论的传播不至于遭到窒碍。

另一方面，互联网时代，教师应做好"平等中的首席"，避免用满堂灌、题海战术、一言堂等教师的单向传导方式树立教师的绝对权威，避免以"闻道在先，术有专攻"自居。思想政治理论课内容的真正入耳入脑，让学生口服心服，离不开教师对学生需求的了解。在一些高校，思想政治理论课教师定期参加学校学生工作例会，经常性地掌握学生调研数据，从而了解学生所思所想，找寻学生关注的焦点、热点与重点问题；利用大学生研究中心等平台，研究学生成才规律，也可以为课堂教学提供取之不尽、用之不竭的最鲜活案例。辅导员可以与思想政治理论课教师结对，真正打通学生工作日常思政教育和思想政治理论课课堂内外教育教学双向交融的立交桥。

三、自我建构：认同强化与"一身一任"的能动自觉

在制度安排和文化氛围的创设已是前所未有的今天，对思想政

① ［西］奥尔特加·加塞特. 大学的使命［M］. 徐小洲，陈军译. 杭州：浙江教育出版社，2001：70.

② 马克思恩格斯选集(第4卷)［M］. 北京：人民出版社，1995：681.

③ 黄志成. 西方教育思想的轨迹［M］. 上海：华东师范大学出版社，2008：417.

治理论课教师的社会认同度也已相较过去有了提高。然而,“制度变迁的力量远没有行动者内心进取性认同(而不仅仅是防御性认同)的力量来得强大”①。自我建构仍然是主体性发展的核心,它是一个过程,也是最终的目标。如何摆脱自觉不自觉地把问题归结到外部的条件与环境?如何帮助思想政治理论课教师将外在的要求与压力转化为教师本身自觉的内在发展动力?如何引领思想政治理论课教师积极投入到自觉、主动、能动、可持续的“一身一任”主体性建构过程呢?

(一) 来自教师个案的考察与分析

目前,思想政治理论课教师队伍不断扩大,我们无法进行全国层面大规模的考察分析,按照现象学的研究方法,本书选定全国优秀思想政治理论课教师、首届教育部思想政治理论课教学能手获得者——上海大学李梁作为个案②,依据有三:其一符合本研究内容,其二国内知名,其三身边同事熟悉了解。

1. 优秀思想政治理论课教师的自觉身份认同和主体性特点

(1) 人到中年日渐成熟的教职生涯

李梁有着坚持多年的多媒体教学梦,他对多媒体教学方式情有独钟。正是这些独特的教学资源让看似艰涩的理论拥有了温暖人心的力量,也使李梁的课堂“活”了起来。李梁对于自己的职业充满自觉认同。他把这种热爱,从 20 世纪 90 年代初一直带到今天。对思想政治理论课教师的身份认同是他一直坚持自己的核心。他自觉、主动地参与到教育改革之中,深受学生喜爱。在他享受课堂内外学

---

① 杨跃.谁是教师教育者——教师教育改革主体身份建构的社会学分析[J].南京师大学报(社会科学版),2011(6):74—75.

② 李梁,上海大学社会科学学院副院长,副教授,硕士生导师,上海市思想政治理论课名师工作室——李梁工作室主持人。他 1986 年毕业于复旦大学历史系,毕业后即在上海大学从事教学,迄今已有 30 年。历年来,他开设“毛泽东思想概论”、“中国近代史纲要”、“毛泽东思想和中国特色社会主义理论体系概论”等课程,曾获全国优秀教师、全国高校优秀思想政治理论课教师、教育部首届全国高校思想政治理论课教学能手、2008 中国教育年度新闻人物提名、上海市高校优秀思想政治理论课教师、宝钢优秀教师等荣誉。

生热爱的同时,他也迅速成长为教学研究型教师。

李梁的努力不仅表现在课堂教学上,也体现在他日益厚重的科研积淀①。“05方案”后,尤其是2008年开始至今,李梁在各类期刊发表论文40余篇,其中有不少发表于核心期刊。他在论文发表、研讨会发言和课题申报中标各环节获得极大的身份认同。

(2) 坚定的身份认同和主体性的尽情发挥

李梁用实际行动诠释了优秀思想政治理论课教师怀揣神圣使命。他把自我发展和职业要求结合起来,将身份认同、个人的内化及个人与外部环境的互动融合于教师主体性的实现中。

第一,把教学工作看成是科研型的劳动。

李梁把教学工作看成是科研型的劳动。记者计琳在《解码李梁:思政课教师的魅力从何而来》一文中写道:“一堂好课是如何炼成的?用他的话说,教育像‘手艺活’,但又高于‘手艺活’。而手艺活的珍贵,就在于必须潜心琢磨。”②近年来,有着近30年一线教学工作经验的李梁坚持发表论文,及时总结自己的教学经验和从理论上探讨思想政治理论课教育教学的规律。

第二,多媒体教学:坚守中的幸福。

“一个墨守成规的教师对于学生创造性的发展无疑是一种近乎灾难的障碍。”③长期以来,课堂教学占据了李梁较大部分的时间和精力。“数年来,李梁坚持做到课件日日更新、堂堂不同。”④李梁的教学智慧集中体现在他的思想政治理论课教学与研究,以及“李梁工作室”服务上。李梁认为“教师首先要对自己所从事的工作有兴趣,教师没有激情,是不会受学生欢迎的。而且教师不仅要有兴趣,还要有高度的责任感”。他对自己的身份有着明确定位:“对于思想政治理论课教师来说,这是一门职业,更是一项事业。认识到这一点,你

① 详查知网期刊论文目录。
② 计琳.解码李梁:思政课教师的魅力从何而来[N].中国教育报,2008-4-6(3).
③ 叶澜.新编教育学教程[M].上海:华东师范大学出版社,1991:14.
④ 计琳.解码李梁:思政课教师的魅力从何而来[N].中国教育报,2008-4-6(3).

就自然而然会去主动了解教育环境和教育对象发生的新变化。”教师不是“工匠”应转型为“专家”。“思想政治理论课只有始终站在时代前沿,才能更好地引领学生。”李梁对于自己的职业认同充满自觉,他始终坚守着思想政治理论课教师的本分,时刻不忘使命。而坚守得越久,他也越能咀嚼出教书育人的幸福滋味①。

第三,教学团队“领头羊”:主体性的全方位拓展。

主体性贯穿于教学过程的始终。李梁走出了一条个人身份自觉和主体性发挥的成功之路。这背后有着国家对思想政治理论课教师的关怀,他曾多次得到各级领导肯定,获评首批“名师工作室”,多次受邀作为教育部培训专家,成功申请多项课题,发表多篇学术论文。在思想政治理论课教师越来越得到政策、制度、文化氛围支持的同时,教师自我向度超越,包括对外自我解放和对内自我增能同样是不可或缺的。2011 年,李梁有了一个新身份——教学院长,他被赋予更多的角色职责,历经由“教育实践者”向“教育探究者”、“教育创造者”和“创新团队引领者”的转变。他肩负着比“工作室”主持人更大的责任,带领本校思想政治理论课教师,乃至上海市、全国同行,成为团队“领头羊”。

(3) 优秀思想政治理论课教师的主体性特征

跳出教师角色的分析框架,让我们倾听教师自我“内在的声音”。李梁的个案告诉我们,在强大的自我认同框架内,教师可以按照预先规定的教师角色来改变自身。

第一,拥有强烈的自身职业认同。

职业认同“是一个心理学概念,是指个体对于所从事职业的肯定性评价”。有了肯定性评价,个体便会认为他从事的职业有意义、有价值,并能够从中找到乐趣。从角色自知到自明,优秀的思想政治理论课教师能及时进行正确、科学的角色选择。正是对自己工作价值

① 计琳.解码李梁:大学思政课教师的魅力从何而来[N].中国教育报,2008-4-6(3).

的认同引导着教师孜孜不倦地追求,并从中体验着常人难以体味的美好和自身价值的实现。优秀思想政治理论课教师大都像李梁一样,阅读教育著述,品味教育的意义和价值,对待工作投入更多的积极情感。虽然社会工作节奏较快,事务繁杂琐碎,但他们仍然能从工作中发现乐趣,对工作始终充满热情。

第二,拥有明显的个体化特征。

李梁的教职生涯具有明显的主体性个体化特征。他的教学和研究始终围绕多媒体教学展开并自成风格。他的课程“接人气”,他把融入主流、注入情感、深入心灵作为价值取向。难怪几年前,曾有大学生在“校长信箱”亲切地称他“40 岁的男人,20 岁的心”。

第三,拥有不抛弃、不放弃的主体性内在生成。

针对这些年来思想政治理论课教学“老师没兴趣,学生不欢迎”现象,李梁认为,“做一个受学生欢迎的老师,首先要解决老师自身的问题。如果老师没有兴趣,学生肯定不会欢迎。我们作为思想政治理论课老师来说,教师是一门职业,更是一项事业”①。李梁的理想、兴趣成为其人生引导和动力,出于热爱,他收集资料和观看资料,筛选素材“如痴如醉”②。李梁的多媒体教学不仅融入了社会认知过程、内容和能力、鲜明的立场和信念,还汇集了他的教学研究心得、多学科知识。作为思想政治理论课教师,他有了强烈的身份认同,这是一种不抛弃、不放弃的主体性内在生成。

第四,善抓机会,彰显主体的自觉与能动。

李梁的日常教学实践和研究具有充分的自觉主动性。他担任多年的教学院长助理,在担任教学院长以后,他始终没有放弃讲授思想政治理论课,而是领衔教学团队走向优秀之路。他非常善于抓住各种机会。他坚持申报各类项目,成为一名得益于科研的思想政治理论课教师,真正做到既在课堂享受学生欢喜的目光,又在课外享受科

① 引自李梁自述《我的多媒体教学之路》。

② 参见李梁自述《我的多媒体教学之路》。

研给自己带来的满足。他自觉、主动、能动地认同着、践行着自己的“一身一任”职责身份。

李梁的个案告诉我们,思想政治理论课教师主体性是一个复杂、多元的层级体系。当教师在满足主体各层级需要时,他也在提升自身价值,并享受他人无法感知的满足。只有把自我身份认同有机结合于个体主动建构和社会形塑之间,和谐互动中准确把握自我认同,思想政治理论课教师才能更多地得益于国家、学校和部门所赋予的政策、制度和文化氛围,解放自我,锤炼自身的能力,做到在“讲台上游刃有余”①,最终达至理想的教师主体性发展境界。

(二)向度超越:对外自我解放和对内自我增能

雅斯贝尔斯在《什么是教育》中反复强调,教育的过程首先是一个精神成长的过程,而后才是科学地获得知识的一部分。教师的自我认知、认同以及明确的职业指向既可创造别人的精神生命,同时也滋养着自己的精神生命。吉登斯认为,“每一位具有资格能力的社会行动者,在话语意识层面上其实都算得上是社会理论家,而在话语意识和实践意识层面上,也都可说是‘方法论专家’”②。李梁的个案并不等同于所有思想政治理论课教师都已经具有如此充分的主体性呈现。

思想政治理论课教师主动提升主体性有多种实现途径,既可以强化对外自我解放,也可从强化对内自我增能,从而强化“一身一任”的职业认同自觉。

1. 对外自我解放

人的自我解放是指从自己的束缚中解脱出来,成为自身的主人。教师的自我解放是指拓展专业发展空间,自主地、有效地、创造性地开展教育教学活动。这个解放可以包括两个向度:一对外,二向内。

---

① 车丽娜等.我国教师专业化——历程、问题与发展[J].教育理论与实践,2008(4):39.

② [英]安东尼·吉登斯.社会的构成——结构化理论大纲[M].李康,李猛译.北京:生活·读书·新知三联书店,1998:81.

对外是指教师从各种不合适的规约和束缚中解脱出来,享有充分自主权利。向内是指克服自我设置的困难和阻力(无论是有意识的或是无意识的),发挥人的主体性。

(1) 构建对于“一身一任”的自身认知

教师的职业价值观念是教师在职业活动的基础上构建起来的看待职业价值的深层次心理结构和信念,它直接决定着教师要成为怎样的教师、希望过怎样的职业生活以及以怎样的方式从事职业活动。高校教师的授课基本靠热情和悟性。北京大学马克思主义学院教授陈占安认为:“‘思政课’教师要取得他人的认同,获得对等的地位,关键还是自身……来自学校的其他群体的认同归根结底只是外因,加强理论课教师队伍自身的建设才是关键。理论课教学什么时候成功了,我们教师的地位才会提高。”因此,思想政治理论课教师个体倘若不能从主观上应付社会挑战,不能将外在压力和有效赋予成功地进行变通和转化,依旧不可能实现自身认同和主体性的发挥。

目前,一些思想政治理论课教师对“一身一任”身份存在意义的认识尚有偏差。这在相当程度上制约其教师主体性的提高,更制约了他们对职业意义的追求。只有当思想政治理论课教师对所从事职业的政治功能与专业特殊性有了清醒的认识和理论自觉,才会在教育工作中深刻认识到自己所从事职业的重要价值和意义,在应对意识形态和社会对自身的期望时获得归属感和价值感。思想政治理论课教师必须真学真懂真信真干,只有自己认同了才能内化为信念,才会解放自己的禁锢,千方百计寻找最有说服力的材料,研究材料,化作自己的语言,生动自然地传授给学生。

对角色的狭隘理解和实际行为“不仅没有为教师带来预期的主体性的提升,反而造成自身主体地位的异化与畸变”①。思想政治理论课教师必须从狭隘的角色意识中超越出来。社会的偏见和思想政

① 孙元涛.“对话式教育”何以可能?——关于对话式教育理论基础的思考[J].现代教育科学,2005(3):17.

治理论课教师自我的感受、较低的职业认同，应该是基于教师自身的价值体系和评价标准，而不是基于他人的标准尤其是锈化、错误的认识。

构建自我认知是提升认同的必要条件。主体对个人价值、人生意义的建构，表现在主体对身份的主动选择、建构和认同过程中。个人对于自己身份的认知或来自自身的认知和建构，或来自“他者”告知和社会塑造。自身认知是一种客观现状，其存在着实然与应然的辩证统一问题；就社会层面而言，社会对不同的群体有不一样的期望与要求，单个的群体成员甚至在某种程度上会被社会放大为群体的代表。因此，“他者”告知也存在着“他者”赋予和自我选择的统一问题。思想政治理论课教师的特有身份既属于“他者”赋予，社会塑造，当然也离不开主体个人选择与建构。

解放思想是发展中国特色社会主义的一大法宝。面对鱼龙混杂的各种思想信息和纷繁复杂的社会问题，思想政治理论课教师如何引领青年大学生？

“身教胜于言教。”思想政治理论课教师的言行举动，对青年学生有着较强的示范作用，很大程度上影响着大学生对主流意识形态的认同。思想政治理论课教师肩负着神圣的历史责任：一是因为他们处在实现教育目标和宗旨的第一线，国家教育目标和宗旨的实现是通过教师的具体教学教育工作来实现的。他们应坚持正确的政治方向，有扎实的马克思主义理论基础，在事关政治原则、政治立场和政治方向的问题上与党中央保持一致。二是他们应该处理好坚持“教育社会本位”还是坚持“教育个体本位”的关系，把握教育的“人本位”同“社会本位”的有机结合，尽可能既从教育的外部去考察思想政治理论课教育教学的实质，又从教育的内部去洞察教育的真谛，对社会问题既不回避、也不渲染、更不夸大，从而理性科学地分析新形势下的各种社会现象、社会问题，有效阻断西方思潮的负面影响在学生中的扩散，从根本上解决大学生对西方社会思潮盲信，为学生解疑释惑。三是思想政治理论课教师应该对所从事职业的政治功能与专业特殊性有清醒的认识和理论的自觉。只有当思想政治理论课教师在教育工作中深刻认识到自己所从事职业的重要价值和意义时,他们才愿意坚持不懈地努力,追逐自己的职业理想。科学认识自己,理性解放自我,有利于稳步实现教师职业地位的提升、职业自我的形成和职业尊严的维持。四是思想政治理论课教师应该在国家社会和学校的赋予主体权利之外寻找自由。这种自由体现在尊重教育规律,对思想政治理论课内容注入个性理解和认同。

教育变革要求思想政治理论课教师的专业身份发生改变。职责的诉求、社会的要求、学生的需求促使每一位思想政治理论课教师奋发而起,把自我评价的焦点聚集到自己身上,强化“一身一任”的身份职责认知与感悟,把原有学科与思想政治理论课教师职业尽可能地融合。不管自觉与否,憎恨与否,只有顺应制度发展自我,走出埋怨和偏见,重视自我定位,认同自己是他人所期待的教师形象或角色,进一步跳出学科再整合学科,确信自己的身份所在,认同自己应该归属的学科,但又能清醒地认识到所处的不是一般学科,否则思想政治理论课教师就会面临自我边缘化的尴尬境地。

北京高校思想政治理论课名师工作室“王易工作室”负责人、中国人民大学马克思主义学院教授王易,历经了从普通的年轻教师、到参与大量教学科研攻关项目,再到成为中央马克思主义理论研究和建设工程中的年轻专家的成长,她还获评全国优秀教师。和王易一样,思想政治理论课教师在享受更多机会、赢得更多认同的同时,自己对所从事的“一身一任”事业有了更深的体认。

思想政治理论课教师群体有着多样的学科背景。只有提升自身深厚的政治素养和党性意识,弥补原有专业知识结构的局限,加强对思想政治理论课几门课程的整体性研究与教学,才能改变以前的“单科教师”身份,在多样学科背景中增强自身的马克思主义学科理论素养,增强学术底蕴,努力成为具有学科综合优势的马克思主义理论工作者。只有拥有对自身身份恰如其分的认同,早日融汇整体性综合学科优势,才能做到与马克思主义的“其他学科”一样有底气。

（2）建构“一身一任”的自觉行为方式

建构主义注重“把心态，期望，知识，信念等作为基本因素来解释行为”，代表了一种认知取向。主体的认知对产生身份的意义确认之后，会形成一种强大的力量反过来影响主体的行为方式。人在企业、社会中是分角色的，每个人都各司其职。如何避免面对学生在思想政治理论课堂上的漠然眼神，教师由“心痛”慢慢走向“心死”？思想政治理论课教师应该进行可持续的自我教育，分享与学生的心灵对话，在职业岗位上实现既“育人”又“育己”。

第一，思想政治理论课教师必须进行可持续的自我教育。

可持续的自我教育可以不受时空条件的限制。通过学习，教师能拥有更多角色自信，学会理性认识自己在群体中所处的地位，正确把握社会对教师的特殊角色期待，做到不无限夸大自己的能力与责任。随着“05 方案”的推进，马克思主义理论学科已成为中国哲学社会科学领域的重点学科和优势学科。思想政治理论课教师必须在其位谋其事，领会中央关于设立马克思主义理论一级学科战略决策的深刻内涵，在把握精深的专业知识外，掌握广博的社会科学知识和自然科学基础知识，带领学生正确地找寻判断和选择的方法。自我教育反过来会促进思想政治理论课教师快速成长，从而增强其职业价值感和认同感。

第二，思想政治理论课教师必须走下权威的讲台，享受与学生之间的心灵对话。

身份的建构是一个交互主体间话语、经验和情感的动态过程。“学生主体活动是经过教学改造了的学生自身的活动，是教学的一种建构”①。只有将教学活动作为师生之间的精神性交往活动，鼓励学生主体性得以完全发挥，思想政治理论课教师主体性才能得到完全的释放和体现。上海市思想政治理论课名师工作室主持人、上海交

① 王策三. 教学认识论（修订本）[M]. 北京：北京师范大学出版社，2002：220.

通大学马克思主义学院副教授施索华[①]在《施说心语：大学生的心灵花园和成长驿站》一书中写道："她的手机 24 小时为学生开着，电子信箱里全是学生的问题和问候。上课、讲座、交谈、回复学生来信、组织学生开展社会实践……她把自己的时间和精力全部交给了学生。她知道对大学生进行思想政治教育不能局限于三尺讲台，从星期一到星期日，学生们永远可以在第一时间里找到她。"[②]"教育是诗性的事业。"[③]施索华本着坚定的价值观和强烈的责任感，20 多年来，她发挥出主体性，努力促进学生对马克思主义理论的理性体认和生活意义的建构。她的教学活动如诗般美妙，滋养着自己和学生的灵魂和人性。她不是权威地霸占着讲台、一味"灌输"的教师，她永远不会无视学生主体性的存在。她已成功实现教师角色的转变，成了学生生命成长的对话者、合作者与促进者。

第三，思想政治理论课教师必须追求价值教育，既"育人"又"育己"。

"善的生活就是人性的完美化。"[④]不少教师会不由自主地迷失于教育目标的无边界性。思想政治理论课教师应该是充满梦想的人，他们树立发展理念，追求教学相长，将工作与个人发展统一起来，既为"育人"，也为"育己"。他们在成就他人的同时，使自己的能力提高，智慧增长，抱负充分施展，自我价值得到实现。思想政治理论课教师应"自觉地把知识传授的有限性和教师对学生影响的无限可能性结合起来。"[⑤]只有走专业化之路，思想政治理论课教师才能提高自我评价和"他者"认同，从而增强职业荣誉感，提升身份认同感。

---

① 施索华：上海交通大学副教授，上海市高校思想政治理论课名师工作室——"施索华工作室"主持人，曾获评全国优秀教师、首届教育部全国高校思想政治理论课教学能手。

② 施索华. 施说心语：大学生的心灵花园和成长驿站[EB/OL]. http://book.360buy.com/10448259.html

③ 梁晓声. 教育是诗性的事业[N]. 中国教育报，2004-8-10.

④ [美]列奥·施特劳斯. 自然权利与历史[M]. 彭刚译. 北京：生活·读书·新知三联书店，2003：128.

⑤ 周雪峰. 高校课程改革与教师角色自觉论略[J]. 中国大学教学，2012(6)：13.

2. 对内自我增能

思想政治理论课教师主体性源于思想政治教育本身的某种特质和要求。在强化身份赋予和“理想角色”的同时，不应该牺牲思想政治理论课教师的自身个体性与自主性，帮助他们消除主体内在认同的蜕变，自觉建构自我。只有鼓励教师找回真实自我，才能由内而外地“围绕理想自我不断发挥其能动性，利用各种可能的、‘规则’与‘资源’来形塑与建构自我”①。近年来，不少高校思想政治理论课教师尽力克服或弥补自身的言行缺陷与偏颇，讲求言行的规范、准则，以更有亲和力的、更审慎的言行来表达自己。他们在思想政治理论课教育教学改革中投入了更多的情感和责任，主动追寻实现自我身份认同的意义建构。

主体性是自我增强的方式获得。人们总会借助自我积极的信息反馈或评价提高自我价值感。人们一直在选择，选择角色、选择生活，其实就是在选择身份认同。自我增能意味着教师参与学校决策是自动自发的，他们相信自己的思想、感觉、意见和建议是有价值的。自我增能也可以通过自我效能感展现出来。笔者对一些思想政治理论课教师进行深度访谈，发现他们在描述工作满足感时，建立起了自信心与职业价值感。

(1) 主动建构“一身一任”的身份认同理念

制度安排只提供一种外在支持。但是这将直接影响其对思想政治理论课教师对教育教学改革的投入与付出。合理的制度安排是有利于个体内化而转化为认同并激发主体性的。在社会积极创造的条件下，思想政治理论课教师的团队和个体均应正视“他者”对自己的角色期待，立足自身，主动构建自己的身份认同，避免对自身存在的不确定性和无意义感。2015 年，教育部社科司出台 2 号文件、3 号文件，充分显现了国家对思想政治理论课教师的身份认知和认同问题

① 李茂森. 从“角色”到“自我”——教育变革中教师改变的困境与出路[J]. 教育发展研究，2009(22)：58.

的重视，教师自身应该努力消弭职业焦虑和不安。

有了正确的身份认知，依旧替代不了自身对于所处现状的态度。当职业现状有利于自身对需求满足的追求时，主体的情感和态度就会积极而热烈；反之，则消极阻滞。

“我是用心的教师，有时在教室里我忍不住欢喜。教学真的是天下最美好的工作。”①帕克・帕尔默的文字升腾着一种职业幸福感。只有这样，作为“活生生的人”②的教师才能真正做到全身心投入，才会对教学拥有最深沉的爱，才会迸发出无穷的创造力。思想政治理论课教师“不仅能传授马克思主义理论，而且对发展和创新马克思主义理论有所贡献；不仅善于在教学中发现问题，而且善于在理论研究中解决问题；不仅是‘教书匠’，而且是研究者”③。

“05 方案”的实施和推进，给了思想政治理论课教师前所未有的展现自我的空间，在“一纲一本”条件下，思想政治理论课教师从“二度创作”中找到乐趣。一些教师在备课时把主要精力放在教学设计上，走进课堂，总能享受到学生们那期待的目光，而这期待的目光又反过来强化了其身份认同。

2012 年暑期，笔者开展了针对沪上思想政治理论课教师职业认同状况的问卷调研(详见附录二)。在回答其中一道主观开放题“请回答‘我是谁’，写出您现在对自己的角色定位”时，一名上海市思想政治理论课名师工作室主持人的回答很是到位：我是“从事马克思主义理论研究和教学的教师，做好学科和教学的总体设计和规划，以学科为龙头凝聚队伍，推动教学”。一名刚退休的教授回答“我从事思想政治教育工作，因此必须加强自身的思想政治修养”；一名教授回答“党的理论工作者(学习、研究、创新、实践、传播)”；一名青年思想政治理论课教师的回答“我是一名高校思政课教师”。也有的教师

① ［美］帕克・帕尔默. 教学勇气——漫步教师心灵［M］. 吴国珍，余薇译. 上海：华东师范大学出版社，2005：导言.

② 吴康宁. 教育社会学［M］. 北京：人民教育出版社，1997：203—204.

③ 张雷声. 试论思想政治理论课教师的素质构成［J］. 思想理论教育导刊，2006(2)：22.

则回答“我是一个母亲、妻子与教师”、“农民工”……

通过回答“我是谁”的问题可以实现自我主体身份的建构。受访的思想政治理论课教师在对此问题作价值陈述并主动确认自我身份时，往往带有个性特征。对这个问题的回答，显示了受访者对自我身份的认同程度。从答卷看，一些曾获评优秀教师或具备高级职称的思想政治理论课教师往往从内心深处更能接纳和认定自我职业价值。而一些游移在思想政治理论课和专业课矛盾场域中的教师往往在忙于备课、上课、科研以及家务的同时，焦虑着“我究竟是谁”？

人是需要有点精神的。身份认同的牵强、不足甚至反感，必定会影响到思想政治理论课教师稳定的形象。当人们在克服自己内心的懈怠、恐惧和忧虑后，才能真正开始让自己内心平静下来，才能接近生活目标的实现，根据现在的热点问题和自己的教学困惑去深入研究……

虽然，有小部分青年教师在问卷中表示了对思想政治理论课教师职业选择和主体发展的被动和无奈，但现实生活中，他们已迈开进取性认同的脚步。一些青年教师积极投入教学改革，较多的青年教师则开始尝试向学校或上级部门申请思想政治理论课相关的教育教学改革类课题，这其实也体现了他们对自身身份认同的加强。

(2) 以研究和实践显示“一身一任”主体性的提升

思想政治理论课教师在教学实践中应该以研究者的眼光审视教学理论与教学实践中遇到的各种问题，反思自身行为。

第一，努力成为自觉的研究者。

英国学者斯腾豪斯（Stenhouse, L.）首倡“教师作为研究者”。教师成为研究者，有利于教师完善自我、实现教师主体价值，还有利于教师认识自我、增加自信和获得从事教育的无比幸福感。在全球化、市场化和信息化条件下，大学生思想政治教育面临着前所未有的新形势与新挑战。然而，在一些高校，部分中青年思想政治理论课教师也存在着“所教非所研，所研非所教”的现象。

最具生命力的理论内蕴于中国特色社会主义伟大实践中。如何娴熟地运用马克思主义基本原理去研究和回答大学生普遍关注的热点难点问题。"马克思主义灵不灵?""社会主义行不行?"这些基本的思想理论问题摆在高校思想政治理论课教师面前,只有经过深入研究党的"十八大"以来习近平总书记发表的系列重要讲话,为讲好课准备好更充分的理论支撑,再融入自己深刻感悟,学生才乐听爱听。教师有了对当下中国发展面临问题趋势的敏锐判断,又需要从马克思主义学科理论去阐释相关重大理论和实践问题,沉潜于中国式具体话语、思想体系的阐发和建构,找寻历史逻辑和现实路径,才能将自己的深刻见解借助有效的方法自如自信地给学生讲解,才能说服学生、打动学生,真正实现科学理论进学生头脑的目的。只有建构了具有中国特色的马克思主义理论学科体系,才能更好地实现教师主体身份认同。

思想政治理论课教师的思维、视野、价值判断可以在课堂内外潜移默化地指引学生。各级组织应该考虑为思想政治理论课教师增加一些参与学术论坛和研讨会的机会,多下达一些马克思主义理论学科研究课题指南,增加教师申请课题的经费,支持教师尤其是年轻教师申报各类各级课题,参评各种教学科研奖项,在物质和精神上鼓励科研能力强的中老年骨干教师与其结对,带动青年教师一起参与教学研究。

长期以来,思想政治理论课教师相对地位与国家赋予、社会期待相比还有差距。原因有多方面,但和教师整体素质有着直接联系。过去,思想政治理论课教师没有自己的学科"码头"和学术基础,他们较多地将精力投放在课堂教学上,对研究的关注度相比其他学科教师弱化。2005 年后,思想政治理论课有了属于自己的学科"码头"和学术基础,便可以更多汲取广泛的人文和社会科学领域的新内容、新观点和新方法。思想政治理论课教师应该"胆子要大一些,要敢于实验",以超越的理念确立研究者角色立场,深入研究学生,研究思想政治理论课教育教学实效。

已有不少高校为推进全院思想政治理论课教师的校本培训和研修向更高层次发展，每年列出专门教学研究课题，供教师申请，经院学术委员会评审认定立项。课题研究式的校本研修，能够有效地激励面上更多教师参与学习和研究。它由教师基于自己的实践自主选择研究课题，研究教师教学工作中真实的问题、感兴趣的问题、需要解决的问题、有能力研究的问题。

“05 方案”的实施要求教师认同和接受新的理念，但因受到固有思维定式和习惯的束缚，能力和经验的局限，认识和思考水平的制约，造成思想政治理论课教师的内在身份认同不足。繁忙的教学生活节奏、有限的思考学习时间，也容易使思想政治理论课教师形成疲惫和倦怠。因此，学校应该激发教师的内在动力和教师主动的、日常的反思和实践，从学校机制和体制上促进和保护教师学习研究的积极性，鼓励他们通过研读经典文本，用超越时空的马克思主义世界观和方法论分析今天出现的问题。

第二，努力成为自觉的阅读者、传播者。

马克思主义理论一级学科的设立，为“05 方案”思想政治理论课课程建设提供了学科支撑。思想政治理论课教师是马克思主义理论的宣讲者、传播者。毛泽东在《反对党八股》一文中指出：“共产党人不靠吓人吃饭，而是靠马克思列宁主义的真理吃饭，靠实事求是吃饭，靠科学吃饭。”研读马克思主义经典著作，能帮助思想政治理论课教师提升马克思主义理论素养。

只有做到自觉阅读，才能更多确证自己的身份自觉，丢弃社会上一些人对思想政治理论课教师“不阅读、不思考”的陋见，为“一身一任”积淀学养。马克思主义理论既具有政治性又具有科学性。在高校，马克思主义理论要靠包括思想政治理论课教师在内的教师教学和科研来付诸实践。倘若思想政治理论课教师自身并不坚定，他们便不可能在课后研究马克思主义理论，在课堂上有效阐释和传播马克思主义理论。

思想政治理论课教师务必了解马克思主义中国化历史的进程，

整体上准确把握多种形态的马克思主义形态,系统研读一些马克思主义经典作家在世时出版的著作版本、创作手稿、笔记等,还可以阅读一些马克思主义的翻译文本和相关解释文本,毕竟文本并不等于"主义",应该尽量还原于当时又着眼当下。"实践形态的马克思主义是文本形态的马克思主义的结晶和升华"①。在中国,马克思主义是党和国家的指导思想,是我们的主导意识形态。马克思主义还具有对人类前途命运的深切关注以及对人的终极关怀的人文精神形态。2009年,中央编译局编译出版的《马克思恩格斯文集》和《列宁专题文集》,为准确理解和运用马克思主义基本原理打下了坚实的文本基础。思想政治理论课教师若能主动阅读和钻研,则有助于自己在课堂上准确、透彻地讲解马克思主义。

除此,思想政治理论课教师还必须了解经典作家们生活的时代特征及其原著中涉及的史实、人物的基本概貌,了解经典作家们写作的时代背景和写作动机。经典作家的原著作为一种思想,往往具有超越生成它的那个时代的意义。教师只有在多向度地研究其恢弘的理论框架和体系、挖掘马克思主义理论的深层内涵并对其进行跨时空的有效解读基础上,才能搞清马克思主义理论的历史渊源、发展过程、实践历程、当代意义等一系列问题。教师还应该进一步研究马克思主义内容组成、理论渊源,产生的社会历史条件;马克思主义在苏联、在东欧、在中国的发展历程;马克思主义在欧洲、在美洲、在中国的研究现状,等等。只有这样,我们才有可能比较准确地理解和解读思想政治理论课课程内容以及几门课程之间的关联。

思想政治理论课教师只有具备一定的马克思主义理论素养,才能对所讲授的课程产生学理层面的思考和认识,也才会产生令学生钦佩和信服的效果。当然,思想政治理论课教师还得具备文件语言向生动教学语言的转换能力,学会择取社会和学生中流行的鲜活话

① 冯刚.高校马克思主义大众化研究报告(2009)[M].北京:光明日报出版社,2009:196.

语，给意识形态语言注入新的内涵，从而拓展新的理论术语，引导青年学生“从对现实社会的感性关注逐步深入到理性思考，在关注‘形而下’的同时做‘形而上’的追问”①。

在当代中国，思想政治理论课教师真正意义上的身份认同，前提是必须深刻理解主流意识形态的“中国特色、中国风格、中国气派”，把握好“马克思主义时代化、中国化和大众化”，努力做到聚焦当今问题，“顶天立地”，坚持问题导向，贴近生活，讲清讲活马克思主义理论，以自觉的多学科融通建构身份，而非独家自语。当今我们处在全球化的时代，如何协调好自我与“他者”的互动尤为重要。思想政治理论课教师可以在与国外马克思主义研究者的交流互鉴中拓展视野，增强身份自信，增强“一身一任”主体性。

第三，努力申报课题自觉引导教学研究。

思想政治理论课教师应有科研申报意识。无论是学校评估、学科发展，还是个人职称评审、评优、考核等，科研对每位高校教师是个绕不开的硬指标。思想政治理论课老师必须熟悉各级各类项目评审要求。近年来，思想政治理论课教师已有各级各类专项支持，如教育部规划课题及人文社会科学专项、省市哲学社会科学系列课题等项目等。作为申报者，思想政治理论课教师必须拿出有新意、有深度、有质量的申报书，才有可能与业内同行或其他哲学社会科学学者竞争。

思想政治理论课教师应有科研方向自觉。思想政治理论课教师可以寻找自身优势、兴趣点，立足理论前沿，结合社会需求来寻找自己的科研方向。只有自觉地将自己的科研方向主动调整到与国家和民族的命运紧密相连，才有可能尽早实现自己的学术价值。科研选择方向也应该具有区别于其他人文社会科学专业的特点，教师可以结合思想政治理论课教学重点、难点、疑点和学生所关心的热点问题

---

① 秦世成. 以教师的理论自觉自信提升高校思想政治理论课教学实效[J]. 北京教育·德育，2012(Z1)：8.

进行科学研究；可以将研究重点放在如何有效教学、如何使教学内容更好地"转识成智"；也可以结合原有学科背景研究交叉领域的问题。

教师主体性也表现在思想政治理论课教师对待各级各类学术会议的态度上，思想政治理论课教师应有主动参与学术交流活动的态度。出席会议，能把握学术前沿，倾听名家，能了解新成果、体会、新方法，使自己豁然开朗。参加学术交流，能始终立足于学科发展的前沿，信息量大，新鲜资讯多，有说服力的案例多，思想政治理论课教师的课堂讲授自然就不会内容干瘪。

思想政治理论课教师可以尝试运用"田野"研究方法。教师可以尽可能多地到课堂内外观察学生，参与真实的社会生活，找寻学术研究的价值所在，尽可能掌握第一手资料和数据，避免"坐而论道"的纯文本研究。

第四，努力积累素材促进自觉反思。

吉登斯曾说"个人的认同不是在行为之中发现的(尽管行为很重要)，也不是在他人的反应之中发现的，而是在保持特定的叙事进程之中被开拓出来的"①。敞开自我，畅所欲言有助于避免"自我的遮蔽"。在日常教学工作中，绝大多数思想政治理论课教师都有对自己的每一课进行观察的习惯和意识，他们会进行反思，有时也会就一些问题与同事进行讨论。

上海市思想政治理论课名师工作室——"赵勇工作室"主持人、上海对外经贸大学赵勇多年来坚持写教学日记，至今已积累了厚厚几大本。"施索华工作室"主持人、上海交通大学施索华从事大学生思想政治教育工作已经 18 年，用她自己的话说："挖了十八年的一口井。"而她"挖出来"的是学生的认可与爱戴。施老师在一篇《以德立教，止于至善》的学者笔谈里叙述："首先教师要有坚定的政治方向、理想信念和严谨认真的治学态度。"她对自己作了定位："我给自己的

① [英] 安东尼・吉登斯. 现代性与自我认同：现代晚期的自我与社会[M]. 赵旭东，方文译. 王铭铭校. 北京：生活・读书・新知三联书店，1998：60.

定位就是一个女宣传队员，我愿意做一个女宣传队员跟着社会主义建设的队伍快跑。”①

在施索华的笔谈中，我们可以读到施老师深入的自我理解，看到是她给自己界定的群体，思想政治理论课教师身份和自己的“女宣传队员”定位，她总结了“挖井”辛勤，进行着新的自我筹划。这也彰显着她对“一身一任”特有职业的自我觉醒和反思。

同一名教师面对同一门课的同一批学生，其每节课依旧是唯一的、不可重复的、丰富而具体的。课堂教育鲜活的情境始终在向教师的创造才能、主体性主导作用提出挑战。思想政治理论课教师的教学研究可以借助“叙说”，赋予自己的经验故事以“意义”价值。这种赋予也就承载了教师自我觉醒、自我认同和外化。教师个体能够通过叙述成长的故事，渐渐厘清自己的内心想法，这个内在想法一直会在默默支持她/他实现其教育理想。叙事中我们可以看到优秀思想政治理论课教师的教育教学“实践史”和未来走向。透过她/他的职业生涯轨迹，更能读到他们对于身份的认同。

(3) 自觉提高教学能力支撑主体性提升

思想政治理论课是大学生接受思想政治教育的主渠道，但并不等于是刻板的单向灌输，而可以是一种民主对话方式，一个建构师生关系对主流意识形态的和谐授受的行动过程。思想政治理论课教师主体性体现在能动地处理好与教材、学生之间的多元互动关系。

第一，对思想政治理论课教学内容包括教材的解读能力。

“教材是教学思想、培养目标、教学内容和课程体系的载体。”②教材是关于一个学科的知识系统，具有较为严谨的理论体系。“05方案”以来，全国高校思想政治理论课课程大纲和课本统一为“一纲一本”。课本的高度统一，实际就是教材体系的高度统一。四门思想

① 施索华. 以德立教，止于至善[EB/OL]. 上海交通大学马克思主义学院，http: //ma. sjtu. edu. cn/2012 - 06 - 05/1338905362d79299. html

② 祖嘉合. 思想道德修养与法律基础教学应关注的几个问题[J]. 清华大学学报(哲学社会科学版)，2006(S2)：83.

政治理论课的教材具有“系统性、完整性、规范性和理论性”的特点。2015年颁发的《普通高校思想政治理论课建设体系创新计划》的通知(教社科[2015]2号)指出:“组织编发高校思想政治理论课教学活页。”思想政治理论课教师应自觉把《习近平总书记系列重要讲话读本》、《中国特色社会主义学习读本》、《马克思主义哲学十讲》、《世界社会主义五百年》和教学活页等作为教学重要参考书。

然而,面对千差万别的个性“90后”乃至“95后”大学生,构建立体化教材体系,如何活化教材?如何使之成为大学生喜闻乐见的鲜活理论载体?这就离不开思想政治理论课教师的主动转型。思想政治理论课教师可以带着自己的个性理解结合学科背景进行教材的钻研和解读,将创造性、独特性追求融入对文本的阐释和对教材的创造性开发。他们钻研文本教材,学会把教材的中心价值转移到学生怎样使用教材上,教师与教材对话就是考虑如何通过“活用教材”,赋予教材更多的价值和意义。教师需要领会教材编者编著意图,整体把握教材脉络,理解教材中的知识点。教师还需要领会全部四门思想政治理论课的课程目标、教材总体逻辑线索,知晓并整合教材内前后左右的理论观点和知识点,包括教材内外涉及和渗透的理论渊源和内容关联。

思想政治理论课内容体系蕴含着思想和智慧,它并不表现为教科书文本的直接叙述,而是“隐藏”在文本的字里行间或文本表述的“背后”。正是有了对“一身一任”特殊性的认知和认同,思想政治理论课教师才得以关心所教授课程及其所在学科的培养目标及其内容结构。他们必须源于教材,并“跳出”教材,找寻“滞后”教材背后必须去发挥的空间。

第二,对教材等教学内容的“二次”开发能力。

为理解一个文本,人们必须往返于“在场”和“不在场”之间、“已写出的”和“未写出的”之间①。这是一种主体间的对话、灵魂之间的

① 胡芳.知识观转型中教师主体性的回归[J].高教发展与评估,2010(5):75.

问答。一方面，成稿、付印及发行的惯性滞后，导致思想政治理论课教材不可避免地难以随时紧跟党和国家的路线、方针、政策；另一方面，无论怎样努力，教材的知识点不可能穷尽和囊括所有。因此，思想政治理论课教师必须不断进行最新理论观点和时事信息的收集、资料的整合，对包括教材在内的教学内容进行再创造。

思想政治理论课教师的备课其实也是科学研究，他们可以发掘"隐藏"的内容，使之融汇到有别于照本宣科的"传道"过程中，帮助学生建立学科间、学科和社会热点间以及一些社会热点问题间的知识联系，充分展现思想政治理论课的理论魅力。只有教会学生敢于、善于突破思维定式，自主怀疑权威、大众、经验和书本，并努力求证自己的质疑，而不是严格拘泥教材而准备教案，才能将教师的创造性、批判性和反思性融入教学设计中，"一身一任"的思想政治理论课教师主体性才能得到充分发挥。

第三，疑点、难点、热点等"教育点"的发现能力。

库恩(Thomas Samuel Kuhn)曾有过一段精辟的描述："科学的方法其实就是搜集教科书材料的技巧，再加上对材料进行理论概括的逻辑推理方法。"①任何教材都有"教育点"。思想政治理论课教师要在教学中找准"教育点"。教师必须既要有系统的大局意识，高屋建瓴地总结沉淀，把高校思想政治理论课看作一个整体，增强思想政治理论课教学的精炼性和思想性；又要善于捕捉学生思想中的热点、难点和社会现实中的"疑点"，有针对性地确定教学内容。

第四，教材体系向教学体系的转化能力。

如何将教材内容从"静态"文本转换为"好用"的教材？如何需要突破教科书的限制，寻找课程与丰富的社会现实之间的联系？思想政治理论课教师是关键。

教学是一项交互的工作。教学的"生产过程"是需要雇员与其他

---

① ［美］T·S·库恩. 科学革命的结构[M]. 李宝恒，纪树立译. 上海：上海科学技术出版社，1980：1.

个体一起工作，而不是与原材料和物体一起工作。此外，"教师与之工作的个体既不是成熟的、社会化的个人，也不是自愿参加的个体。……教学是一项先天模棱两可、无法预测且易变的职业"[①]。思想政治理论课教师面临的永远是特定的、具体的学生个体，教师本人与少则几十、多则几百的大学生个体每日每时处在不同的情境中。研究教师的教和学生的学是十分有意义的。思想政治理论课教师必须把握每门课程的特殊要求和功能，加强对学生的引领和指导。教师必须研究教学方式和方法，借助多媒体课件，将教材文本多媒体化，把教材语言转换为鲜活的教学语言，使课程内容内化为学生认知结构中的组成部分。教师也可以通过串联一个个问题，营造课堂教学环境，引导学生试图在解决问题过程中活化知识，变书本上的理论和知识点为解决问题的工具。教师也可以超文本的方式为学生提供面向课本外的真实世界的链接。

哈钦斯（Hutchings，P.）和舒尔曼（Shulman，L. S.）认为："教学内容知识为我们提供了表征教学学术的符号、语言、观念、概念、理论、隐喻、类比，以及一种探究的模式，它们构成了有效教与学的知识基础。"[②]教师创造、构建、展示、推进教学内容知识的过程，就是一种教学学术的形成与发展过程。课堂教学需要师生以"人"的身份参与，课堂应是师生展示自我的场所。在S学院，无论是引入其他学科师资联袂教学的"项链模式"和问题解析式教学，还是师生课后的网络论坛互动，都能给予学生概念"支架"。教师可以在实体课堂和网络课堂与学生一同解读文本及其头脑中的各类问题。2013年11月起，上海推出"超级大课堂"教学实验课真正使思想政治理论课教学"火"起来。它集聚各高校优势资源，以"学生提问，教师解答的方式，拉近了师生距离，教师告别了课件，学生听到的也不是说教，易于对

① ［美］理查德·迈·英格索．谁控制了教师的工作？［M］．庄瑜等译．上海：华东师范大学出版社，2009：92.

② Pat Hutchings, Lee S. Shulman. *The Scholarship of Teaching: New Elaborations, New Developments*［J］. Change, 1999(5): 10－15.

思政课产生浓厚兴趣"①。

(4) 主动把握学生对思想政治理论课的接受意趣

教学必须符合人的天性及其发展规律。这是任何教学的首要的、最高的规律。知人是教人的前提,知人才能善教。思想政治理论课体现了社会主义的本质特征,体现了社会主义意识形态要求和党的意志、国家意志。思想政治理论课教学是一项特殊的实践与认识活动,它依赖教师与学生主体性的构建。教学目标的实现需要主体认同,只有当思想政治理论课教师厘清了"一身一任"的特殊性,才不会自我感觉所讲授的课程是"中央强迫的"的"思想控制"。其实,大学生学习思想政治理论课固然有国家意志和政策要求,但学生同样可以从中学到立场、观点和方法。大学生只有提升理论素质,掌握科学思维方法,才能清醒全面客观发展地认识问题,解决问题。因此,思想政治理论课教师要对学生"晓之以理、动之以情、明之以史、证之以实",使思想政治理论课的内容真正入耳入脑,让学生口服心服。教师应有意识地了解学生的需求,善于说清道理,讲好故事,系好"扣子",既做传授知识和技能的"授业"者,又做传播正确价值观的"传道"者,从而真正实现思想政治理论课传授与学生受众自觉理性接受之间的统一。

(5) 提高教师的信息技术素养

德国学者莱德尔迈(Leidlmair)认为,人类的心智结构被人类所使用的媒体所改变②。一般的,在"云教育"环境下,大学生都是"网络一代"。思想政治理论课教师主动占领网络阵地也是责任所系。教师必须拥有基本的信息获取能力、加工能力和应用能力,能通过即时工具、手机短信、微信和博客等与大学生交流。教师也可以从前辈、同行那里观摩学习教学示范课、公开课,还必须通过鲜活的"时代

① 董少校."超级大课堂"火了 高校思政课"活"了[N].中国教育报,2013-12-20(1).

② Karl Leidlmair. *From the Philosophy of Technology to a Theory of Media* [J]. Society for Philosophy and Technology, 1999(3).

元素”,如浏览课程论坛,微信平台朋友圈和QQ群,多种途径了解学生们的所思所想。但是不少教师尚缺乏信息教育和应用意识、信息技术整合于教学的能力,尚不能做到在师生之间更好地分享、配合和演示教学成果。除了多媒体课堂教学的普遍应用,课后网络交互平台也成为教师与学生沟通的虚拟常用场域。教师可以通过“课程圈子”①和“微信公众账号学习平台”发布研讨主题公告,设定研讨内容,收取课后反馈,呼唤学生自由点评等。没有时空阻隔的网络平台可以实现师生群体间的平等对话,教师和教师、学生和学生、教师与学生之间的互动碰撞可以拓展思考的广度与深度。

“一个主体意识淡漠的人,一个主体性不强的人,不可能产生基于两者的激情、兴趣、动力、信仰和追求,因而也就不可能引发长期持久的成就行为。”②现代社会正在实现由身份社会向能力社会的转轨,具有特殊身份职责的思想政治理论课教师不能被动等待他人的认同,而应该主动适应社会发展的需要,在已有制度安排和不断出台的利好政策支持下,自觉地把社会的赋予转变为自身的内在需求,激发自己从事主流意识形态传播者的主体性,以专业信息技术应用等硬实力优势赢得自我认同,从而赢得来自全社会及“他者”的尊重和认同。

(三)“有效组织胜过单打独斗”:团队合作和群体认同

研究教师主体性发展的范式必须“从关注有形的、外在的因素转向关注隐性的、深藏于人的精神世界的文化因素”③。团队合作和群体文化认同有助于强化思想政治理论课教师对“一身一任”的意义认同和情感依附。

教师群体认同的建构可通过团队合作和群体归属等方面来进

① 上海大学乐乎社区-论坛-圈子[EB/OL]. http://group.lehu.shu.edu.cn/BizClub.aspx?id=16689

② 王景英.教育“以人为本”辨释[J].当代教育科学,2003(21):13.

③ 邓涛,鲍传友.教师文化的重新理解与建构——哈格里夫斯的教师文化观述评[J].外国教育研究,2005(4):7.

行。教师文化“是教师群体不同于其他群体的假想差异和独特标志，对教师心理和行为有因果决定的意义”①。思想政治理论课教师群体归属感可以增进教师的职业荣誉感和敬业精神，促进教师身份认同，也有助于主体性发挥。鉴于目前高校思想政治理论课教师之间存在着合作意识尚不足、形式欠丰富和深度不够等现象，各高校可以通过建立教学联盟形式，为教师之间的交互提供平台。高校马克思主义学院内部也可以通过思想政治理论课课程组团队，实施更多的开放教学，邀请哲学社会科学或其他专家、同行教师交互担任彼此嘉宾，尝试讲台“变脸”，取得积极的教学成效。

长期以来，高校教师间存在着个人主义文化的阻碍。另外，派别主义文化、人为合作文化也阻碍着教师主体性的实现。近年来，高校师资队伍已出现长足发展，思想政治理论课教师也早已摆脱了人员短缺、结构不适、学历不高、专业纯粹等困境，出现了不少学缘、地缘、业缘的交融。针对思想政治理论课教师主体之间依旧存在着文化与学术背景的差异、教师群体分享的实践知识体系和技能系统匮缺，高校可以努力营造“流动的马赛克”文化和“无限制的交往共同体”文化氛围。

1.“流动的马赛克”文化

近年来，团队教学已在高校思想政治理论课教学实践中起到积极作用。但仍存在团队的目标、成员分工、合作领域、合作方式上定位尚不明确、专业尚不交叉、关联尚不密切等不足。“流动的马赛克”文化是一种自然合作方式。教师就像一块块小马赛克，有自己的个性、特长和特色，它们是开放的、相互合作和支持的，是可以非强制性“流动”的。这流动意味着随时可能更新成员和转换职能，也意味着教师之间多方位、可持续的合作与交流，教师可以拥有共同的理想和教育理念，共同分享彼此的教学思想和素材，以自然合作的方式一起分担教学和研究任务。“流动的马赛克”文化符合大学教师专业发展

① 李清雁，易连云.身份认同视域下的教师道德发展[J].高等教育研究，2009(10)：73.

的根本目标,也尊重了教师作为专业人员应该享有的自主判断和自我抉择的权力,有利于思想政治理论课教师实现个体的自我成长。

近年来,教育部重视建设教学科研皆强的马克思主义学院,将“马院”这一我国意识形态工作的前沿阵地打造为“领航”高校的“第一学院”。各高校“马院”应该处理好主流与特色,组建名师领衔的教学、科研和学工一体化团队,集聚专兼职教师优质资源,以体制机制保障人才队伍可持续发展。

2. 形成有利于团队合作的亚文化氛围

哈贝马斯认为个人的出路在于将其置于“无限制的交往共同体”中。高校思想政治理论课教师的身份认同应该是建立在团体中的共同认同。在每个课堂,思想政治理论课教师看似个体,他们以个性化的语言、丰富的文化人格影响学生。然而任何人都不可能脱离群体。尊重教师存在个性差异,不等于放弃教学团队的有效组织。有了团队合作的思想政治理论课教师不再是沉默的个体,或是一个独白的个体。

2007 年,上海大学开始首次尝试思想政治理论课“项链模式”教学。学院引入文史哲等其他学科有深厚学术造诣的专家进课堂,由思想政治理论课专职教师主导,两位甚至多位教师联袂授课,或讨论或激辩或解答问题,颠覆传统教学模式。“项链模式”课堂教学推行后,学生听课兴趣大增后提出大量问题,提升了创造型思维,学院建立问题库,组织多学科专家进行分析、解答、编书,供师生研讨,构建基于问题逻辑的教学体系。与“项链模式”同步进行的是研发精彩问题解答的多媒体积件,搭建多媒体教学软件的资源共享平台,契合学生对思想政治理论课的接受意趣。学院还实施基于问题的“随堂反馈”考试,创新教考结合的全过程评价体系。多年来,“项链模式”整合了优质资源,使教师团队教学水平和科研能力得以促进,充分体现了教学团队的密切合作。2014 年,上海大学思想政治理论课教学团队通力申报“基于问题导向的思想政治理论课‘项链模式’改革与创新”,荣获教育部教学成果奖二等奖、上海市教学成果奖一等奖。

2013 年 11 月起，上海已成功举办多期高校思想政治理论课“超级大课堂”教学实验课，每期四支高校教学团队现场“PK”，师生提问踊跃，台上台下思想激烈碰撞①。“超级大课堂”的成功印证了，一堂精彩有质量的课，包含着理论提炼、教案设计、方法选用、课件制作和案例甄选等，这一切单靠思想政治理论课教师个人努力是远远不够的。

在上海，复旦大学等 4 所落户上海的部属高校，于 2011 年 9 月与先行建立合作意向的 9 所上海地方高校签订合作共建协议，它被称为“上海高校改革的一项创举”②。从 2012 年起，上海市教委在每年“高校思政课教学活动月”教学改革试点项目中，首次将“手拉手高校思政课合作共建”项目列入，作为部属高校尤其是“985”高校对上海地方高校的合作共建项目，以提高地方高校的科研和教学水平，足见上海高校不仅已经认识到合作共建是高校思想政治理论课建设和发展的重要方式，而且明确合作共建的内涵就是要由高水平大学帮助弱势高校提升学科水平和教学质量，并形象地称之为“大手”拉“小手”。上海立信会计学院思想政治理论课教学科研部申报的“‘手拉手’高校思政课建设校际合作模式探索”被列为“2012 年度上海高校思想政治理论课教学改革试点项目”，立信会计学院与华东师范大学社会科学部(现马克思主义学院)结成“手拉手”合作共建关系，从学科发展、合作研究、师资培养、团队建设、本科教学、课程建设等方面开展合作，采取六大举措，搭建六个平台，构建起高校思想政治理论课校际合作共建体制机制，逐步形成高校思想政治理论课合作共建的有效模式。

3. “大国方略”和“创新中国”：开辟“教书育人”集成新模式

2014 年冬季学期，上海大学成功开设由思想政治理论课教师为

① 董少校.“超级大课堂”火了 高校思政课“活”了[N].中国教育报，2013-12-20(1).

② 姜泓冰：上海市政府推进部属高校牵手地方高校合作共建[N].人民日报，2011-9-14。

课堂教学主持人的时政类通识选修课程"大国方略"①。课程的运作跨越学科、专业和部门，教学团队集中了社会学、历史学、经济学、法学、国际关系、文化研究、马克思主义理论等不同院系和专业的教师。该课程以问题意识为导向，以中国与世界的关系为主线，以中国成长为现代大国、走向世界所涉及的重大方面为"珍珠"，旨在引领学生认识世界发展大势，树立世界眼光，掌握获取知识背后的方法与思想。"大国方略"设定保持每堂课整体感的主持人，既设定课程主线，又将内容完全交给每一专题的主讲教师自主完成，为团队合作和个体创造力提供了最友好的环境。

"大国方略"开课至今已有四个学期，持续得到学生拥趸，多次出现一座难求的"地毯"族旁听，吸引了本校及兄弟院校同行以及市民慕名前来，也吸引了诸多媒体高度关注。中央电视台、上海电视台、《人民日报》、《解放日报》、《文汇报》和中国新闻社等给予大篇幅密集报道。2015 年，"大国方略课程组"获评中宣部"全国基层理论宣讲先进集体"。"开好大国方略课，讲好中国故事"获得"上海市群众喜爱的培育和践行社会主义核心价值观项目"。

2015 年 11 月，上海大学又成功推出"创新中国"课程②，依旧由思想政治理论课教师作为课程主持人。教学团队的组成跨越了更多学科和专业，文、理、工、经、管、法和艺术等大咖云集课堂，将中共中央十八届五中全会"创新发展理念"融入课程，令学生脑洞大开，赢得媒体高度关注。

"大国方略"和"创新中国"教学团队中汇聚了多名思想政治理论课专兼职教师，两门时政类通选课的成功再次见证了思想政治理论课专兼职教师团队的密切合作，以深厚的理论功底和学科底蕴，在课堂内外有针对性地阐释重大理论问题，回应学生关注的现实问题。

2015 年，《〈普通高校思想政治理论课建设体系创新计划〉的通

① 顾晓英."大国方略"课程直击[M].上海：上海大学出版社，2015：2.
② 樊丽萍.创新何以成大国重中之重[N].文汇报，2015－11－26(1).

知》(教社科[2015]2号)指出:“建立高校思想政治理论课特聘教授制度。设立思想政治理论课兼职教师岗位,制定思想政治理论课特聘教授任职标准,聘请符合条件的专家学者、党政领导干部和先进人物等兼任思想政治理论课教师。教育部建立思想政治理论课特聘教授资源库,为各地各高校提供优质教师资源。”而今,上海高校正在努力促成思想政治理论课教师之间,以及与其他哲学社会科学专家、辅导员之间的群体融通。相信,在一段时间内较大力度的整合下,群体间及与其他群体之间将渐消隔阂,思想政治理论课教师、“他者”专家、辅导员包括研究生等彼此之间将不再疏离,形成有利于团队合作的亚文化氛围。

知识的建构发生在与他人互动交往中。我们应当尊重并欣赏差异的存在。思想政治理论课教师应该拥有一个以自己的教学经验为核心的丰富资源系统,与“马赛克文化”系统内的团队成员精诚合作,了解各自扮演的角色,认识身份所需职责,各尽其责支援整体,团队就能够至臻卓越。团队带头人应该注重促进每一位思想政治理论课教师的自身身份选择与认同,调适与建构,努力实现自我发展,并通过合作带动他人实现经验共享,从而促进个体和群体教师主体性得以进一步发挥。

提升高校思想政治理论课实效关键在教师。整体的高素质团队是教师主体性的主要衡量标尺。促进思想政治理论课教师教学团队与学术团队间的融通,加强教学和科研一体化团队建设,也是衡量思想政治理论课教师在道与术之间群体和谐共融的重要标准。事实证明,凡是思想政治理论课教学改革与创新有声有色的高校,必然活跃着一支能时刻铭记“一身一任”主体性的优秀教师团队。

总之,深化思想政治理论课教师对“一身一任”主体性的认知,多维举措促进身份认同,鼓励他们既履行党和政府赋予的职责和使命又有机结合其自身成长,实现主体价值,这对于有效建构思想政治理论课教师主体性,积极培育和传播社会主义核心价值观,提升思想政治理论课教学实效是大有裨益的。

结语

“一身一任”：突破思想政治理论课教学实效瓶颈的关键

海德格尔在《林中路》中写道：“林中有路。这些路多半突然断绝在杳无人迹处。每人各奔前程，但却在同一林中。”在思想政治理论课程的文化旅途中，只有自我身份的真正实现，才能找寻到想去的方向。

一、发现“前程”——对职业本质属性的反思

“认同”作为当前社会科学话语体系中的热门话题。英国著名的社会学家吉登斯认为，在现代社会个人经常会面临无意义感的困境。而许多问题产生于身份认同的错位与冲突。阿马蒂亚·森在《身份与暴力——命运的幻象》中提到，我们一直在选择，选择角色，选择生活，其实是在选择身份认同。

自我认同是个体依据个人的经历所反思性地理解到的自我。随着全球化的到来，个体具有更多的选择机会，为主体性的发挥提供了更为广阔空间。然而，主体性的实现与自我身份认同紧密相连。面对瞬息变化的世界形势和多元的价值取向，个体也经常会面临更多的迷惘与困惑，影响到对身份的认同度。

教师的身份认同就是不断地追问“教师是谁”，在认同作为“教

师”的人集体自我基础上，不断建构作为“人”的教师的个体自我认同。教师身份认同和主体性建构直接关联着他们对身为教师的理解。帕尔默认为：“好教师有一个共同的特质是肯定的，那就是一种把他们个人的自身认同融入工作中的强烈意识。”①与角色相比，认同是更稳固的意义来源，由自我认同组织起来的对教学“意义”的理解远比因角色组织起来的对教学“功能”理解更深刻，也更能激发教师的教学勇气。

思想政治理论课教师主体性是什么？思想政治理论课教师主体性如何得到更好的构建与实现？本书综合运用量化研究和质性研究相结合的方法，将这些问题放置于社会历史语境，结合国家对思想政治理论课教师角色的赋予和要求，结合教师个体和群体解剖，给出了结论。那就是，思想政治理论课的意识形态性是其存在的本质属性。思想政治理论课教师既有责任又有义务认同自己“一身一任”的特殊性，努力在课堂内外、在教学科研中灵动有效，却又“无痕”实现思想政治理论课的意识形态传播功能。

二、“各奔前程，但却在同一林中”——坚持平等对话协同

“党的事业薪火相传。”②思想政治理论课是巩固马克思主义在高校意识形态领域指导地位，坚持社会主义办学方向的重要阵地。思想政治理论课教师承担着培养中国特色社会主义事业合格建设者和可靠接班人的职责。在思想政治理论课教师队伍建设得到前所未有重视的同时，来自部分“他者”的规约和对思想政治理论课教学的“漠视”依旧容易使思想政治理论课教师较难感受到应有的尊重。国家的重视、角色的赋予与身边现实之间的落差，使一些思想政治理论课教师陷入职业身份自我认同的矛盾困境。

① [美]帕克·帕尔默.教学勇气——漫步教师心灵[M].吴国珍，余薇译.上海：华东师范大学出版社，2005：11.

② 张胜.汇聚力量 推进思政理论课综合改革创新[N].光明日报，2015-10-22(16).

思想政治理论课教师必须摆脱“所教非所信，所信非所教”，直面自己的使命，强化对自身肩负的“一身一任”主体存在及其意义的认同。因为倘若放弃他们这“一任”，即在高校专门从事主流意识形态研究与传播这一特有职责，放弃或弱化承担角色该担负的特有社会责任，思想政治理论课教师难以避免招致社会其他主体的鄙夷和非议，更难以摆脱自我认同的困窘。

优秀的教学在本质上是群体共享的。在明确“一身一任”的同时，思想政治理论课教师应该主动融入社会各主体间平等对话的大平台，实现与其他学科教师的融通，甚至走向与国际对话的学术平台，搭建与辅导员队伍之间的立交桥，获得与学校相关部门乃至社会外界、家长之间的信息共享和彼此理解。唯有平等对话协同，思想政治理论课教师才不会感到“孤单”，相反会表现得如鱼得水、游刃有余，“一身一任”主体性也会表现得愈加自在和完整。

三、“林中有路”——自觉实现“一身一任”的意义建构

“如果你身在曹营心在汉，就会带来致命的损害。”①这隐藏着的“假面人”潜意识会较大程度地影响思想政治理论课教师的专业成长。“走近马克思主义”，但不“走进马克思主义”的“口是心非”会直接反映到每一个真实课堂。

随着《普通高校思想政治理论课建设体系创新计划》的发布，马克思主义理论学科教学与研究工作、思想政治理论课建设更会得到实质性推进，无论是思想政治理论课立体化教材体系、教学人才体系、课堂教学体系、学科支撑体系，还是综合评价体系、条件保障体系，思想政治理论课教师队伍建设始终是关键。

思想政治理论课教师只有找准马克思主义学科定位，找到学科归属，跳出“教书匠”老路子，才能在落实立德树人根本任务的主干渠

① ［美］帕克·帕尔默. 教学勇气——漫步教师心灵[M]. 吴国珍，余薇译. 上海：华东师范大学出版社，2005：181.

道，承担好帮助大学生树立正确世界观人生观价值观的核心课程教学任务。

著名教育家陶行知说："真教育是心心相印的活动，唯独从心里发出来的，才能达到心的深处。"真教育需要教师内心的觉醒，需要教师对自己身份的真心认同。我们欣喜地看到身边涌现着有着强烈身份认同的思想政治理论课教师，他们在意识形态的召唤和主体性的建构过程中，主动"将自己、教学科目和学生联合起来"①。他们克服种种困难，主动寻求自我超越，主动实现对所从事职业的意义建构。

本书选取各个时期有代表性的教师个案，呈现了思想政治理论课教师的自我叙事，他们中有早已退休的优秀教师，有教学经验丰富的中青年骨干教师，也有对工作充满激情却又有些迷茫的年轻教师……真诚呼唤思想政治理论课教师有效强化身份认同，催醒主体意识，使更多的"消极主体"转化为投身思想政治理论课教学和研究一线的"积极主体"。

"我想发展，我在发展，我能发展。"只有当思想政治理论课教师融入生命情怀的教学活动，才能在真正实现的师生交融对话中得到主体性的全然展现，才能在追求和逐渐接近目标的过程中体验到自我价值以及社会的承认。可喜的是越来越多的高校，越来越多的思想政治理论课教师已在"滚雪球"般地抱团成长……

"教师只有本人成为主体……主体性地处理知识教学，化育德性人格，经营组织管理，才可能富有生气和色彩地创造'人的教育'。"②思想政治理论课教师的学科是马克思主义理论，他们的职业是从事研究并在课堂主渠道有效传播马克思主义理论，他们的政治信仰是马克思主义。希望能有更多"他者"从各个层面关注、关心和关爱一线思想政治理论课教师，也希望思想政治理论课教师更多注重自我

① [美] 帕克·帕尔默. 教学勇气——漫步教师心灵[M]. 吴国珍，余薇译. 上海：华东师范大学出版社，2005：11.

② 朱小蔓. 关于教师创造性的再认识[J]. 中国教育学刊，2001(3)：58.

身份认同，成为充满幸福感、荣誉感和责任感的教师，更好地融入创造性的、能动的主流意识形态研究和传播中，在“一身一任”的教书育人中实现自我。

思想政治理论课教师身份认同和主体性构建是复杂的、动态的，存在着多重因素的共同作用。囿于笔者的理论水平，本书对于“一身一任”的思想政治理论课教师主体性深层次的理论思考和分层分类研究依旧不足。随着时代的发展，究竟如何处理好思想政治理论课教师身份认同与价值观认同、目标任务认同三者的关系？思想政治理论课教师生存发展的“三部曲”即职业、专业和事业三者如何协调好关系？不同高校、年龄、职称、学科背景的思想政治理论课教师“一身一任”的主体性特点及建构要求是否存在差异？政策“他者”如何增多“赋权”，为思想政治理论课教师提供更多强化“一身一任”主体性的可能空间和资源支持？面向21世纪，如何让各高校马克思主义学院的思想政治理论课教师参与到更广层面的学术公共体，拥有更多身份自信，让学科研究“走出去”，活跃于国际交流互鉴的平台，让更多的国外学者了解中国，从而增进思想政治理论课教师的身份认同？这些问题均值得我们进一步研究和探讨。

“林中有路。”只要我们勇敢直面，唤醒并强化思想政治理论课教师的身份认同，自觉促进主体责任，增进多元主体间的互动交流，就一定能够有效促进“一身一任”思想政治理论课教师主体性的建构。期待着，我们的身边能涌现出更多的思想政治理论课活力课堂和魅力教师，把思想政治理论课建设成为学生真心喜爱、终身受益、毕生难忘的课程。

参考文献

一、著作

(一) 经典著作

1. 邓小平文选(第 2 卷). 北京: 人民出版社,1994.
2. 邓小平文选(第 3 卷). 北京: 人民出版社,1993.
3. 列宁选集(第 2 卷). 北京: 人民出版社,1995.
4. 列宁专题文集: 论无产阶级政党. 北京: 人民出版社,2009.
5. 列宁全集(第 39 卷). 北京: 人民出版社,1990.
6. 列宁全集(第 45 卷). 北京: 人民出版社,1990.
7. 列宁论教育. 北京: 人民教育出版社,1979.
8. 马克思恩格斯文集(第 1 卷). 北京: 人民出版社,2009.
9. 马克思恩格斯文集(第 2 卷). 北京: 人民出版社,2009.
10. 马克思恩格斯文集(第 10 卷). 北京: 人民出版社,2009.
11. 马克思恩格斯选集(第 1 卷). 北京: 人民出版社,1995.
12. 马克思恩格斯选集(第 2 卷). 北京: 人民出版社,1995.
13. 马克思恩格斯选集(第 4 卷). 北京: 人民出版社,1995.
14. 毛泽东选集(第 3 卷). 北京: 人民出版社,1991.
15. 毛泽东文集(第 6 卷). 北京: 人民出版社,1999.

(二) 中文著作

1. 艾四林. 思想政治理论课新体系与教师队伍建设研究. 北京: 清

华大学出版社,2008.
2. 鲍嵘.学问与治理——中国大学知识现代性状况报告(1949—1954).上海:学林出版社,2008.
3. 薄一波.若干重大决策与事件的回顾(上卷).北京:中共中央党校出版社,1991.
4. 布尔迪厄,包亚明.文化资本与社会炼金术:布尔迪厄访谈录.上海:上海人民出版社,1997.
5. 蔡有法.思想政治教育史.开封:河南大学出版社,1994.
6. 陈桂生.回望教育基础理论:教育的再认识.北京师范大学出版社,2008.
7. 陈善卿.思想政治课教学法.南京:河海大学出版社,1999.
8. 陈万柏.思想政治教育载体论.武汉:湖北人民出版社,2003.
9. 陈向明.质的研究方法与社会科学研究.上海:教育科学出版社,2002.
10. 陈向明.大学通识教育模式的探索——以北京大学元培计划为例.北京:教育科学出版社,2008.
11. 崔允漷.有效教学.上海:华东师范大学出版社,2009.
12. 房玫.思想政治教育教学导论.合肥:安徽人民出版社,2005.
13. 费孝通.大学的改造.上海:上海出版公司,1950.
14. 冯刚,沈壮海.中华人民共和国学校德育编年史.北京:中国人民大学出版社,2010.
15. 冯刚.高校马克思主义大众化研究报告(2009).北京:光明日报出版社,2009.
16. 冯建军.当代主体教育论.南京:江苏教育出版社,2001.
17. 冯增俊.教育人类学.南京:江苏教育出版社,2001.
18. 高孝传,杨宝山,刘明才.课程目标研究.北京:教育科学出版社,2001.
19. 顾海良,佘双好.高校思想政治理论课程教学改革研究.武汉:武汉大学出版社,2006.

20. 顾明沅.教育大辞典.上海：上海教育出版社，1998.
21. 顾晓英."大国方略"课程直击.上海：上海大学出版社，2015.
22. 顾钰民.高校思想政治理论课教学方法研究.上海：复旦大学出版社，2012.
23. 郭湛.主体性哲学——人的存在及其意义.昆明：云南大学出版社，2002.
24. 郝明军.课程中的知识与权力.重庆：重庆大学出版社，2009.
25. 和学新.主体性教学论.兰州：甘肃教育出版社，2001.
26. 霍秉坤等.课程与教学：研究与实践的旅程.重庆：重庆大学出版社，2008.
27. 胡斌武.社会转型时期学校德育的现代化.北京：中央编译出版社，2006.
28. 胡春明.教育社会学.北京：中国社会科学出版社，2006.
29. 胡涵锦.上海高校思想政治理论课教师队伍建设研究报告.上海：复旦大学出版社，2009.
30. 黄甫全.现代课程与教学论学程.北京：人民教育出版社，2006.
31. 黄琳.现代性视阈中的农民主体性.昆明：云南大学出版社，2010.
32. 黄清.质的课程研究——原理、方法与应用.广州：广东高等教育出版社，2006.
33. 黄志成.西方教育思想的轨迹.上海：华东师范大学出版社，2008.
34. 姜瑛俐.创新教学模式与方法.上海：东方出版中心，2001.
35. 金美福.教师自主发展论——教学研同期互动的教职生涯研究.北京：教育科学出版社，2005.
36. 金生鈜.理解与教育——走向哲学解释学的教育哲学导论.北京：教学科学出版社，1997.
37. 金忠明.教师教育的历史、理论与实践.上海：上海教育出版社，2008.

38. 吕立杰. 国家课程设计过程研究. 北京：教育科学出版社，2008.
39. 李德顺. 价值论：一种主体性的研究. 北京：中国人民大学出版社，1987.
40. 李德顺. 价值论(第 2 版). 北京：中国人民大学，2007.
41. 李合亮. 思想政治教育探本——关于其起源及本质的研究. 北京：人民出版社，2007.
42. 李合亮. 解析与建构：当代中国思想政治教育的哲学反思. 北京：人民出版社，2010.
43. 李辉. 现代思想政治教育环境研究. 广州：广东人民出版社，2005.
44. 刘丽琼. 思想政治理论课教学接受论. 北京：人民出版社，2009.
45. 吕达，周满生. 当代外国教育改革著名文献(美国卷，第三册). 北京：人民教育出版社，2004.
46. 宁虹. 教师成为研究者. 北京：首都师范大学出版社，2002.
47. 罗洪侠. 思想政治教育原理与方法基础理论研究. 北京：人民出版社，2005.
48. 毛卫平，韩庆祥. 管理哲学. 北京：中共中央党校出版社，2003.
49. 潘懋元. 多学科观点的高等教育研究. 上海：上海教育出版社，2001.
50. 庞树奇，范明林. 普通社会学理论新编. 上海：上海大学出版社，1998.
51. 彭泽平. 嬗变与超越——新中国基础教育课程改革史. 北京：华龄出版社，2006.
52. 钱明辉. 研究性教学——发展性教师的内在教学理论. 北京：科学出版社，2007.
53. 瞿葆奎. 教育学文集——教育目的. 北京：人民教育出版社，1989.
54. 阮成武. 主体性教师学. 合肥：安徽大学出版社，2005.
55. 石云霞. 高校思想政治理论课程建设史研究. 武汉：武汉大学出

版社,2007.
56. 沈壮海.思想政治教育发展报告.北京：高等教育出版社,2011.
57. 沈壮海.思想政治教育有效性研究(第二版).武汉：武汉大学,2008.
58. 孙亚玲.课堂教学有效性标准研究.北京：教育科学出版社,2008.
59. 苏崇德.比较思想政治教育学.北京：高等教育出版社,1995.
60. 台湾海洋大学师资培育中心.课程领导与有效教育.北京：九州出版社,2006.
61. 王策三.教学认识论(修订本).北京：北京师范大学出版社,2002.
62. 王成兵.当代认同危机的人学解读.北京：中国社会科学出版社,2004.
63. 王玄武,骆郁廷.思想教育政治教育道德教育比较研究.武汉：武汉大学出版社,2002.
64. 汪霞.课程研究：现代与后现代.上海教育出版社,2003.
65. 吴康宁.教育社会学.北京：人民教育出版社,1997.
66. 吴康宁.课堂教学社会学.南京：南京师范大学出版社,1999.
67. 吴刚.知识演化与社会控制：中国教育知识史的比较社会学分析.北京：教育科学出版社,2002.
68. 吴光远,肖娟娟.尼采——不做“好人”做强者.北京：新世纪出版社,2006.
69. 吴永军.课程社会学.南京：南京师范大学出版社,2000.
70. 肖川.教师的幸福人生与专业成长.北京：新华出版社,2008.
71. 邢群麟,何艳丽.认同的力量.北京：新世界出版社,2011.
72. 熊川武.实践教育学.上海：上海教育出版社,2001.
73. 熊川武.反思性教学.上海：华东师范大学出版社,1999.
74. 徐斌艳.教师专业化发展的多元途径.上海：上海教育出版社,2008.

75. 杨杰等.思想政治理论课教学方法研究.武汉：湖北人民出版社,2007.
76. 叶澜.新编教育学教程.上海：华东师范大学出版社,1991.
77. 叶澜,白益民等.教师角色与教师发展新探.北京：教育科学出版社,2001.
78. 易春秋.红色青春：建国十七年中学思想政治教育.上海：东方出版中心,2011.
79. 俞吾金.意识形态论.上海：上海人民出版社,1993.
80. 张东娇.教育沟通论.太原：山西教育出版社,2002.
81. 张华.课程与教学论.上海：上海教育出版社,2000.
82. 张雷声.新时期思想政治理论课教学方法探讨.北京：高等教育出版社,2006.
83. 张建文.思想政治课程与教学论.北京：人民出版社,2008.
84. 张静.身份认同研究：观念·态度·理据.上海：上海人民出版社,2006.
85. 张耀灿.思想政治教育学前沿.北京：人民出版社,2006.
86. 张耀灿.中国共产党思想政治教育史论.北京：高等教育出版社,2006.
87. 张彦.思想政治教育主体性研究.广州：广东人民出版社,2006.
88. 张艳辉.课程与教学视野中的大学教师研究.北京：中国社会科学出版社,2008.
89. 祖嘉合.思想政治教育方法教程.北京：北京大学出版社,2006.
90. 郑永廷.思想政治教育方法论.北京：高等教育出版社,1999.
91. 郑金洲.教学方法应用指导.上海：华东师范大学出版社,2006.
92. 赵海英.主体性：与历史通行.北京：首都师范大学出版社,2008.
93. 钟启泉.现代课程论.上海：上海教育出版社,1989.
94. 周彬.决策与执行：制度视野下的学校变革.北京：教育科学出版社,2005.

95. 周淑卿.课程发展与教师专业.北京：九州出版社,2006.
96. 朱隆泉.思源湖：上海交通大学百年故事撷英.上海：上海交通大学出版社,2006.
97. 朱慕菊.走进新课程：与课程实施者对话.北京：北京师范大学出版社,2002.
98. 朱永新,袁振国.中国教师：专业素质的修炼.南京：南京师范大学出版社,2003.
99. 朱有志.社会科学研究方法论.北京：中央文献出版社,2007.
100. 教育部社科司.普通高校思想政治理论课文献选编(1949—2008).北京：中国人民大学出版社,2008.
101. 王小梅,杨德广.科学发展观和中国高等教育——2005年高等教育国际论坛论文汇编.上海：上海教育出版社,2005.
102. 中央教育科学研究所.中华人民共和国教育大事记(1949—1982).北京：教育科学出版社,1984.
103. 中央人民政府高等教育部办公厅.高等教育文献法令汇编.北京：人民出版社,1957.
104. 中共中央文献研究室.建国以来重要文献选编(第三册).北京：中央文献出版社,1992.
105. 中共中央文献研究室.关于建国以来党的若干历史问题的决议(注释本).北京：人民出版社,1983.
106. 1993年上海教育.上海：上海教育出版社,1994.
107. 上海市教育科学研究院智力开发研究所.新时期上海教育发展研究(1983—2005).上海：上海社会科学院出版社,2005.

(三) 译著

1. [美] T·S·库恩.科学革命的结构.李宝恒,纪树立译.上海：上海科学技术出版社,1980.
2. [美] W·阿普尔.国家与知识政治.黄忠敬译.上海：华东师范大学出版社,2007.

3. [法] 阿尔都塞. 意识形态与意识形态国家机器. 李讯译本及英文原文,http://linkwf. blog. hexun. com/39587134_d. html
4. [美] 阿兰・伯努瓦. 面向全球化. 全球化与世界,王列,杨雪冬编译. 北京:中央编译出版社,1998.
5. [美] 埃里希・弗罗姆. 逃避自由. 刘林海译. 北京:国际文化出版公司,2002.
6. [美] 埃文・塞德曼. 质性研究中的访谈:教育与社会科学研究者指南. 周海涛译. 重庆:重庆大学出版社,2009.
7. [英] 安东尼・吉登斯. 社会的构成——结构化理论大纲. 李康,李猛译. 北京:生活・读书・新知三联书店,1998.
8. [英] 安东尼・吉登斯. 现代性与自我认同:现代晚期的自我与社会. 赵旭东,方文译. 王铭铭校. 北京:生活・读书・新知三联书店,1998.
9. [美] 奥恩斯坦. 教育基础. 杨树兵译. 南京:江苏教育出版社,2003.
10. [西] 奥尔特加・加塞特. 大学的使命. 徐小洲,陈军译. 杭州:浙江教育出版社,2001.
11. [美] 安东尼・M・奥勒姆. 政治社会学导论. 董云虎,李云龙译. 杭州:浙江人民出版社,1981.
12. [苏] 巴班斯基. 论教学过程最优化. 吴文侃译. 北京:教育科学出版社,2001.
13. [挪威] 波尔・达林. 教育改革的限度. 刘承辉译. 重庆:重庆出版社,1991.
14. [美] 伯顿・R・克拉克. 高等教育系统——学术组织的跨国研究. 王承绪等译. 杭州:杭州大学出版社,1994.
15. [美] 布鲁克菲尔德. 大学教师的技巧:论课堂教学中的方法、信任和回应. 周心红,洪宁译. 杭州:浙江大学出版社,2005.
16. [英] 戴维・布莱克莱吉,巴里・亨特. 当代教育社会学流派:对教育的社会学解释. 王波等译. 北京:春秋出版社,1989.

17. [美] 丹尼尔·坦纳,劳雷尔·坦纳. 学校课程史. 崔允漷等译. 北京:教育科学出版社,2006.
18. [美] 古特克. 哲学与意识形态视野中的教育. 陈晓端译. 北京:北京师范大学出版社,2008.
19. [苏联] 凯洛夫. 教育学上册(16 版). 沈颖,南致善等译. 北京:人民教育出版社,1953.
20. [美] 凯文·哈利斯. 教师与阶级——马克思主义分析. 唐宗清译. 台北:桂冠图书,1994.
21. [加] 查尔斯·泰勒. 自我的根源:现代认同的形成. 韩震译. 南京:译林出版社,2007.
22. [加] 康纳利. 教师成为课程研究者:经验叙事. 刘良华等译. 杭州:浙江教育出版社,2004.
23. [苏] 科恩. 自我论. 佟景韩等译. 北京:生活·读书·新知三联书店,1986.
24. [美] 理查德·迈·英格索. 谁控制了教师的工作:美国学校里的权力和义务. 庄瑜等译. 上海:华东师范大学出版社,2009.
25. [美] 列奥·施特劳斯. 自然权利与历史. 彭刚译. 北京:生活·读书·新知三联书店,2003.
26. [美] 罗伯特·K·默顿. 社会研究和社会政策. 林聚任译. 北京:生活·读书·新知三联书店,2001.
27. [加] 马克斯·范梅南. 教学机智:教育智慧的意蕴. 李树英译. 北京:教育科学出版社,2015.
28. [美] 迈克尔·W·阿普尔. 意识形态与课程. 黄忠敬译. 上海:华东师范大学出版社,2001.
29. [英] 麦克·F·D·扬. 知识与控制:教育社会学新探. 谢维和,朱旭东译. 上海:华东师范大学出版社,2002.
30. [美] 梅里尔·哈明. 教学的革命:创新教育课程设计. 罗德荣译. 北京:宇航出版社,2002.
31. [法] 米歇尔·福柯. 规训与惩罚. 刘北成,杨远婴译,北京:生活・读书・新知三联书店，1999.

32. [美] 帕克・帕尔默. 教学勇气——漫步教师心灵. 吴国珍，余薇译. 上海：华东师范大学出版社，2005.

33. [法] 皮埃尔・布迪厄，[美] 汉斯・哈克. 自由交流. 桂裕芳译. 北京：生活・读书・新知三联书店，1996.

34. [美] 普莱斯顿・D・费德恩，罗伯特・M・沃格尔. 教学方法——应用认知科学，促进学生学习. 王锦等译. 上海：华东师范大学出版社，2006.

35. [法] 让一弗・利奥塔. 后现代主义. 赵一凡等译. 北京：社会科学文献出版社，1999.

36. [美] 山姆・英特拉托. 我的教学勇气. 方彤，陈峥，郭婧译. 上海：华东师范大学出版社，2008.

37. [苏联] 苏共中央直属社会科学院心理学和教育学教研组. 党的工作中的社会心理学和教育学. 史民德，何得霖译. 翟世雄校. 南宁：广西人民出版社，1986.

38. [美] 泰勒. 课程与教学的基本原理. 罗康，张阅译. 北京：中国轻工业出版社，2008.

39. [美] 小威廉姆，E・多尔. 后现代课程观. 王红宇译. 北京：教育科学出版社，2000.

40. [德] 雅斯贝尔斯. 什么是教育. 邹进译. 北京：三联书店，1991.

41. [德] 卡尔・雅斯贝尔斯. 智慧之路. 柯锦华，范进译. 北京：中国国际广播出版社，1988.

42. [英] 约翰・富隆(John Furlong)，伦・巴顿(Len Barton). 重塑教师专业化. 牛志奎，马忠虎译. 北京：北京师范大学出版社，2010.

43. [美] 约瑟夫・劳斯(Joseph Rouse). 知识与权力：走向科学的政治哲学. 盛晓明等译. 北京：北京大学出版社，2004.

44. [美] 约瑟夫・罗曼(Lowman J.). 掌握教学技巧. 洪明译. 杭州：浙江大学出版社，2006.

45. [丹] 扎哈维(Zahavi,D.). 主体性和自身性：对第一人称视角的探究. 蔡文菁译. 上海：上海译文出版社,2008.
46. [美] 詹姆斯・M・布坎南. 民主过程中的财政. 唐寿宁译. 上海：上海三联书店,1992.
47. [日] 佐藤学. 课程与教师. 钟启泉译. 北京：教育科学出版社,2003.

二、论文

(一) 期刊论文

1. 艾四林. 着力在"真信"上下工夫——清华大学以改革创新的精神加强思想政治理论课建设. 高校理论战线,2011(9).
2. 毕霞,孙其昂. 改革开放前高校马克思主义理论教学模式反思. 江苏高教,2001(4).
3. 操太圣,卢乃桂. 论学校组织变革中的教师认同. 华东师范大学学报(教育科学版),2005(3).
4. 陈昌兴. 高校思想政治理论课的学生主体性视角反思. 黑龙江高教研究,2008(12).
5. 陈鸿雁. 高校思想政治理论课教师胜任力研究. 教育与职业,2011(1中).
6. 陈洪涛,张耀灿. 新中国成立以来高校思想政治理论课教师队伍建设相关政策发展研究. 学校党建与思想教育,2009(7).
7. 陈凯,檀传宝. 教师自我的隐蔽、浮现与彰显——论新中国教师角色的历史变迁. 当代教师教育,2010(4).
8. 陈先达等. "邓小平与当代大学生思想政治教育座谈会"发言摘要. 思想理论教育导刊,2004(8).
9. 陈新汉. 个体自我评价活动研究的可能性和必要性. 湖南师范大学社会科学学报,2011(2).
10. 陈占安. 北京大学开设"邓小平理论"课的基本情况及其特点. 教学与研究,1998(6).

11. 程天君，吴康宁. 当前教育学研究的三个悖论. 教育研究，2006(8).
12. 车丽娜等. 我国教师专业化——历程、问题与发展. 教育理论与实践，2008(4).
13. 但海剑，石义斌. 数字时代跨文化传播中的文化身份认同. 武汉理工大学学报(社会科学版)，2009(4).
14. 邓涛，鲍传友. 教师文化的重新理解与建构——哈格里夫斯的教师文化观评. 外国教育研究，2005(4).
15. 邓涛. 个人主义教师文化：误解与匡正. 教师教育研究，2007(4).
16. 邓友超，李小红. 确证教师教学主体性的三种路径. 人民教育，2003(21).
17. 丁杰，王守纪. 论教师的主体性——主体性教育的另一视角. 教学与管理，2002(7).
18. 丁军，刘爱军. 新中国 60 年高校思想政治理论课程建设的基本经验. 高校理论战线，2009(10).
19. 杜宣. 高校思想政治理论课教师能力建设研究. 思想理论教育，2009(21).
20. 高慎英. 教师成为研究者"教师专业化"问题探讨. 教育理论与实践，1998(3).
21. 顾海良. 改革开放以来高校思想政治理论课教师队伍建设回顾与展望. 思想理论教育，2008(17).
22. 顾海良. 高校思想政治理论课程体系的演化及其基本特点. 教学与研究，2007(2).
23. 顾明远. 中国教育科学走向现代化之路纪实. 北京师范大学学报(社会科学版)，2009(4).
24. 顾明远. 教育实践呼唤教育理论建设. 中国高等教育，2006(6).
25. 顾钰民. 论高校思想政治理论课教学方法的研究. 教学与研究，2007(5).
26. 顾钰民. 完善教学人才培养培训关键在于制度创新. 思想理论教

育导刊,2015(10).
27. 郭德侠.在教师的“个人主义”文化与合作文化之间保持张力.教师教育研究,2008(3).
28. 郭星华,姜华.农民工城市适应研究的几种理论视角.探索与争鸣,2009(1).
29. 郭湛.论主体间性或交互主体性.中国人民大学学报,2001(3).
30. 郭兆红.高校思想政治理论课的意识形态性及其对教师队伍的基本要求.中国林业教育,2010(5).
31. 马冬玲.流动女性的身份认同研究综述.浙江学刊,2009(5).
32. 马绍孟.充分发挥高校哲学社会科学在社会主义精神文明建设中的重要作用.教学与研究,1997(1).
33. 莫岳云,陈敏.新中国成立以来党对高校思想政治理论课的指导.中共党史研究,2009(8).
34. 方直.略谈改善政治课教学情况.人民教育,1950(1).
35. 冯石岗,马新星.高校思想政治理论课教师的角色定位.高教研究,2010(11).
36. 傅琛.浅析高校思想政治理论课教师的职业倦怠.江西教育科研,2006(12).
37. 付红珍.角色理论视角下的年青人的身份认同.社会工作(学术版),2011(3).
38. 贺亚兰.论思想政治理论课教师的角色定位.学校党建与思想教育,2008(7).
39. 胡芳.知识观转型中教师主体性的回归.高教发展与评估,2010(5).
40. 胡福明.上好马列主义理论课.人民教育,1979(7).
41. 胡晶晶,孙其昂.思想政治教育本质的解读路径及基本结论.现代教育科学,2010(11).
42. 黄景.教师身份·教师能动·教师自主:二十年从教经历的反思.教育学术月刊,2010(8).

43. 黄元全.高校思想政治理论课教师角色意识探析.思想理论教育导刊,2010(4).
44. 黄忠敬.论布迪厄的课程文化观.外国教育研究,2002(3).
45. 姜秀英.思想政治理论课教师应具备的最基本素质和能力.黑龙江高教研究,2006(8).
46. 姜月香,张雷声.谈马克思主义理论学科为思想政治理论课服务.学校党建与思想教育,2011(1).
47. 蒋茵.规训化教育中教师角色分析与思考.当代教育科学,2009(23).
48. 靳玉军,张家军.论课程知识的意识形态性质.课程教材教法,2008(5).
49. 解飞厚.教学过程中主体客体刍议.中国教育学刊,1995(2).
50. 孔德永.当代我国主流意识形态认同建构的有效途径.马克思主义研究,2012(6).
51. 李德才.教学型高校要特别关注教师在课程与教学中的发展.现代教育科学,2010(6).
52. 李家珉.对高校马克思主义理论教育现状的反省.思想理论教育,1994(专辑二).
53. 李伦."两课"教师学历提升有新径.中国高等教育,2000(7).
54. 李茂森.教师"身份认同"的理性思考.全球教育展望,2008(7).
55. 李茂森.从"角色"到"自我"——教育变革中教师改变的困境与出路.教育发展研究,2009(22).
56. 李茂森.教师身份认同的影响因素分析.教育发展研究,2009(6).
57. 李茂森.生活世界视域中教师的专业身份认同.教育发展研究,2011(22).
58. 李清雁,易连云.身份认同视域下的教师道德发展.高等教育研究,2009(10).
59. 李桢,张钧.主体性视域下教师积极课程意识的理论审视.教师教育研究,2012(5).
60. 李正文.谈谈大学马列主义理论课的几个问题.人民教育,1980(1).
61. 黎加厚.信息时代的教育叙事与教师主体意识的觉醒.中国电化教育,2004(10).
62. 黎平辉.教师教学个性的现实困境及出路——一个制度分析的视角.全球教育展望,2009(2).
63. 梁燕玲.自我统整:教师主体性发展的有效途径.国家教育行政学院学报,2012(8).
64. 刘次林.教师的幸福.教育研究,2000(5).
65. 刘凯.教师主体性的觉醒:教师专业化发展的内在因素.当代教育科学,2009(21).
66. 刘庆昌.教学追求的历史变化.教育理论与实践,2010(5).
67. 刘世华.试论思想政治理论课教师的基本条件.思想理论教育导刊,2008(12).
68. 刘淑艳.高校思想政治理论课主体性缺位成因探析.黑龙江高教研究,2010(3).
69. 刘友田,林美卿.论高校思想政治理论课教师的职责与素质.理论月刊,2008(6).
70. 柳礼泉,黄艳.加强教学研究与提高思想政治理论课教学实效性.思想理论教育导刊,2010(6).
71. 鲁洁.论教育之适应与超越.教育研究,1996(2).
72. 骆郁廷.论思想政治教育主体、客体及其相互关系.思想理论教育导刊,2002(4).
73. 马慧婷.试论高校思想政治理论课教师素质的培养目标——基于和谐视角.黑龙江高教研究,2011(3).
74. 马文.东北片区高校思想政治理论课教师座谈会综述.思想理论教育导刊,2011(4).
75. 缪建东.当代教育哲学思想的主题.教育研究与实验,1996(2).

76. 姆·斯·谢列兹聂夫.关于高等学校的讲课方法问题.教学与研究,1955(1).
77. 宁虹.“教师成为研究者”的理解与可行途径.比较教育研究,2002(1).
78. 潘洪建.教师解放与教师专业发展.当代教师教育,2009(2).
79. 彭明.中国人民大学的教学方法.教学与研究,1953(4).
80. 彭佩云.马列主义理论课要努力做到有战斗力有说服力有吸引力.教学与研究,1983(2).
81. 秦丽君,李春秋.高校思想政治理论课教师队伍建设的思考.思想理论教育导刊,2012(8).
82. 秦世成.以教师的理论自觉自信提升高校思想政治理论课教学实效.北京教育·德育,2012(Z1).
83. 邱柏生.试图摆脱困境的高校思想政治教育.思想理论教育,2003(6).
84. 邱柏生,张怡.论思想政治理论课的价值存在.思想理论教育,2005(7).
85. 邱柏生.论思想政治理论课的基本功能.学校党建与思想教育,2005(4).
86. 瞿卫星,贺菲.实践研究的理论阐释困境.教育发展研究,2011(24).
87. 曲正伟.教师的“身份”与“身份认同”.教育发展研究,2007(7).
88. 任重.学习《教师法》,提高“两课”教师素质.贵州师范大学学报(哲社版),1994(3).
89. 单文经.析论抗拒课程改革的原因及其对策:以国民中小学九年一贯课程为例.台湾师范大学教育研究集刊,45.
90. 佘双好.积极推动思想政治理论课教师的专业化发展.思想理论教育(上半月综合版),2009(2).
91. 佘双好.思想政治教育学科发展现状与发展路径的回溯与展望.思想理论教育导刊,2012(12).

92. 佘斯勇.对高校思想政治理论课教师素质和能力的诠释.学校党建与思想教育,2010(5).
93. 孙蚌珠.教师的职业压力和职业倦怠.高校理论战线,2002(12).
94. 孙康.高校思想政治理论课教师的学者角色和学术阐释力的提升.学校党建与思想教育,2010(34).
95. 孙玲.教师身份的历史变迁——变革中的深层反思.天津师范大学学报(基础教育版),2010(1).
96. 孙二军.教师专业发展中的身份认同与认同危机.现代教育管理,2011(2).
97. 孙元涛."对话式教育"何以可能?——关于对话式教育理论基础的思考.现代教育科学,2005(3).
98. 陶家俊.身份认同导论.外国文学,2004(2).
99. 田军.高校马克思主义理论教育的历史回顾及其经验教训.思想理论教育,1994(专辑二).
100. 田晓伟,李荣华.高校思想政治理论课的知识立场及其体现.学校党建与思想教育,2012(1).
101. 万茂福.彻底批判"四人帮"的假左真右,搞好马列主义理论课的教学.荆州师专学报,1978(发刊号).
102. 王策三.教育主体哲学刍议.北京师范大学学报(社科版),1994(4).
103. 王道俊.人的主体内涵与人的主体性教育.教育研究,1995(10).
104. 王景英.教育"以人为本"辨释.当代教育科学,2003(21).
105. 王全林.教师究竟是谁?.教师教育研究,2004(5).
106. 王让新.高校思想政治理论课教师角色的科学定位和有效实现.思想教育研究,2010(8).
107. 王若水.在上海全国高等学校马列主义理论课教师暑期讲习会上的讲话.中共山西省委党校学报,1980(1).

108. 王玉樑.论主体性的基本内涵与特点.天府新论,1995(6).
109. 王宜静,王明禹.高校思想政治理论课教师的素质要求及其提高途径.思想政治教育研究,2008(3).
110. 王振林."主体间性"是个应该给予消解的无意义的概念吗?.华东师范大学学报,2002(4).
111. 汪明帅.从"被发展"到自主发展——教师专业发展的现实挑战与可能对策.教师教育研究,2011(4).
112. 吴国清,葛笑如.思想政治理论课改革小议.江苏高教,2010(1).
113. 吴康宁.学生仅仅是"受教育者"吗?——兼谈"师生关系观"的转换.教育研究,2003(4).
114. 吴艳玲.教师参与校本教研的困境及其应对策略.中小学教学研究,2007(8).
115. 吴忠民.《教学与研究》:两代人的情缘.教学与研究,2012(11).
116. 奚广庆.学习六中全会精神 深化高校政治理论课改革.教学与研究,1997(1).
117. 夏甄陶.人在对象性活动中的主体性(下).人文杂志,1995(5).
118. 肖川.主体性教育的旨趣.福建论坛,2006(12).
119. 许联,樊平军.大学教师身份考察与大学文化的复兴.国家教育行政学院学报,2009(10).
120. 徐艳.文化资本的占有与缺失——兼论知识分子社会地位的变迁.学术探索,2004(9).
121. 薛丽芬.名师工作室的功能定位:为了学生发展.江苏教育(高教管理版),2012(3).
122. 姚上海,罗高峰.结构化理论视角下的自我认同研究.理论月刊,2011(11).
123. 严春友.主体性批判.社会科学辑刊,2000(3).
124. 杨蓓.试论提升思想政治理论课教师的魅力.思想理论教育导刊,2007(6).

125. 杨梅.美国城市青年教师自我认同危机及其原因初探.外国教育研究,2005(3).
126. 杨启亮.论主体性教师素质的培养.教育评论,2000(2).
127. 杨小微.现代化与主体性.教育研究,1996(7).
128. 杨跃.谁是教师教育者——教师教育改革主体身份建构的社会学分析.南京师大学报(社会科学版),2011(6).
129. 杨朝晖,李延林,张景斌.立足校本,促进教师主体性发展.课程 教材 教法,2005(1).
130. 叶澜.重建课堂教学过程观——"新基础教育"课堂教学改革的理论与实践探究之二.教育研究,2002(10).
131. 叶澜.让课堂焕发出生命的活力.教育研究,1997(9).
132. 叶澜.论当代中国教育价值取向之偏差.教育研究,1989(8).
133. 尹保华.教育的主体性及其实现.徐州师范大学学报,1997(3).
134. 尹斌.系统、身份与价值还原:两课教师社会处境的理论分析.现代教育管理,2009(2).
135. 尹弘飚,操太圣.课程改革中教师的身份认同——制度变迁与自我重构.教育发展研究,2008(2).
136. 俞吾金."主体间性"是一个似是而非的概念.华东师范大学学报,2002(4).
137. 袁长青.对中华人民共和国高校改革四十余年的历史回顾与反思.科学发展观和中国高等教育——2005 年高等教育国际论坛论文汇编.2005.
138. 袁贵仁.努力建设一支"让党放心,让学生满意"的高素质教师队伍.思想理论教育导刊,2010(12).
139. 云光.中国人民大学马克思列宁主义教研室工作中的几点体会.教学与研究,1953(4).
140. 曾新.论主体性教育中的主体间性.华中师范大学学报(人文社会科学版),2001(5).
141. 张雷声.试论思想政治理论课教师的素质构成.思想理论教育

导刊,2006(2).
142. 张雷声.关于马克思主义理论各二级学科与思想政治理论课关系的几点看法.思想理论教育导刊,2007(9).
143. 张华.教育与人的主体性发展——新主体教育论纲.教育理论与实践,2002(7).
144. 张静.影响高校思想政治课教学效果的原因及对策分析.岱宗学刊,2005(6).
145. 张军凤.教师的专业身份认同[J].教育发展研究,2007(4A).
146. 张淑华,李海莹,刘芳.身份认同研究综述.心理研究,2012(1).
147. 赵勇.高校思想政治理论课有效教学的方法与理念.思想理论教育,2009(2).
148. 赵为民,李淑健.浅议马克思主义理论课教师的政治信仰问题.北京青年政治学院学报,2010(4).
149. 郑永廷.思想政治教育学科研究重点与难点辨析.思想教育研究,2007(5).
150. 钟惠英.政治理论课教师必须讲政治.高校理论战线,1996(11).
151. 周建达,林崇德.教师素质的心理学研究.心理发展与教育,1994(1).
152. 周海燕,孙其昂.大学生思想政治教育"主体间"的统合——以思想政治理论课为例.国家教育行政学院学报,2012(6).
153. 周雪峰.高校课程改革与教师角色自觉论略.中国大学教学,2012(6).
154. 周宗诚.大学教师社会角色论.高等教育研究,2001(5).
155. 朱国定.完整地理解马克思主义经典作家关于理论教育的思想[J].思想理论教育,1994(专辑二).
156. 朱小蔓.关于教师创造性的再认识[J].中国教育学刊,2001(3).
157. 朱新山."两课"教学从"自说自话"到"有的放矢"——上海大学"两课"教学改革述评.思想理论教育,2004(11).
158. 祖嘉合.思想道德修养与法律基础教学应关注的几个问题.清

华大学学报(哲学社会科学版),2006(S2).

159. 切实改进教学方法.教学与研究,1955(11).

160. 以邓小平建设有中国特色社会主义理论为指导,以有效育人为尺度,开创"两课"教育的新局面.华东理工大学学报,1995(4).

161. 中国青少年研究中心团中央学校部课题组."大学生思想政治教育"调研报告.中国青年研究,2005(7).

(二) 学位论文

1. 邓友超.走向主体间意义的教师主体性——教育工具的一个目标.四川师范大学,2001.
2. 周润智.被规约的教师职业——知识制度的社会基础及其表现.南京师范大学,2002.
3. 周启杰.历史:一种反思性的文化存在——雅斯贝尔斯视野下的生存历史性研究.黑龙江大学,2004.
4. 郑文全.大学的本质.大连:东北财经大学管理学院,2006.
5. 欧阳文.大学课程的建构性研究.华中科技大学,2006.
6. 孙平.课程实施中的教师主体性及其发展研究.华中科技大学,2007.
7. 牛慧娟.大学生主体性发展研究.华中科技大学,2007.
8. 闫波.一位教师的道德独白.西南大学,2007.
9. 吴琼."文本"到"人本"——高校思想政治教育范式转换研究.复旦大学,2007.
10. 方明军.大学教师隐性激励论.华中科技大学,2008.
11. 纪德奎.变革与重建:课堂优质化建设研究.西北师范大学,2008.
12. 刘雪飞.社会资本与教师专业发展.华东师范大学,2008.
13. 白萍.回归本体:新中国高校德育思想演进研究.武汉:华中科技大学,2009.
14. 李纯.多元文化视域中的教师专业发展研究.西南大学,2009.

15. 周先进.“学会关心”取向的教学价值观研究.西南大学,2009.
16. 钟勇为.冲突与调谐：大学教学改革的基本问题谈论——改进大学教学改革的理论构想.华中科技大学,2009.
17. 王爱菊.走向主体间性的生存——教学冲突研究.山东师范大学,2010.

三、报纸文章

1. 加强政治理论课教学　北大政治教育课和马列主义基础课同时并进.人民日报,1959-3-29.
2. 充分发挥政治理论课的战斗作用.人民日报,1964-12-17.
3. 钟启泉.从“工匠型教师”转化为“专家型教师”的关键,是——学会反思　学会合作.中国教育报,2003-11-6.
4. 梁晓声.教育是诗性的事业.中国教育报,2004-8-10.
5. 杨晨光.“两课”可以很精彩——北京大学马克思主义学院“两课”教学工作侧记.中国教育报,2004-6-25.
6. 王晶晶.总书记关注高校思政课调整.南方周末,2006-8-10.
7. 周飞.要让大学生懂得为什么要坚定走中国特色社会主义道路.中国教育报,2007-10-22.
8. 高校思想政治理论课是否受欢迎,关键看教师.光明日报,2008-4-2.
9. 计琳.解码李梁：思政课教师的魅力从何而来.中国教育报,2008-4-6.
10. 倪光辉,赵亮.高校思想政治理论课满意率高　魅力从何而来?.人民日报,2008-7-17.
11. 上海大学思政课发展历程概览.上海大学校报,2008-12-23.
12. 杨晨光.走出书斋　了解国情　坚定信念——暑期全国高校思政课骨干教师国内考察纪行.中国教育报,2009-8-28.
13. 倪光辉.“人生导师”如何与时俱进：增强大学生思想政治教育的针对性、实效性、吸引力、感染力.人民日报,2009-12-11.

14. 焦新. 努力把高校思政课建设成学生真心喜爱终身受益毕生难忘的优秀课程. 中国教育报，2010－5－14.
15. 刘延东. 努力开创教育事业科学发展新局面. 光明日报，2011－1－26.
16. 石亚军. 实证调查：推进行政管理改革创新研究的重要维度. 光明日报，2011－2－16.
17. 立足创新　提高质量　继往开来——高校哲学社会科学繁荣计划“十一五”成就巡礼. 光明日报，2011－2－28.
18. 刘茜. 钟秉林谈教师队伍建设“金钱堆不出好学校”. 光明日报，2011－3－3.
19. 姜泓冰. 上海市政府推进部属高校牵手地方高校合作共建. 人民日报，2011－9－14.
20. “立体式”：教师专业发展的风范. 文汇报，2011－11－16.
21. 杨明方. 高校质量　特色制胜. 人民日报，2012－3－30.
22. 张贺. 访教育部副部长李卫红. 人民日报，2012－6－1.
23. 袁贵仁. 切实抓好工程教材的推广使用. 人民日报，2012－6－6.
24. 马克思主义理论研究和建设工程工作会议发言摘编(二). 人民日报，2012－6－8(16).
25. 田红，李益众. 西南交大特殊政策“惹”火思政课. 中国教育报，2012－6－14.
26. 焦新. 高校思政课现场教学观摩活动首次举办表彰 47 名思政课教学能手. 中国教育报，2012－7－7.
27. 隋笑飞，廖翊. 为时代铸魂　为事业固本——马克思主义理论研究和建设工程巡礼. 人民日报，2012－10－25.
28 唐景莉，许梅杰. 大连理工大学思政课引进案例教学——“三贴近”赢得学子心. 中国教育报，2012－12－10.
29. 包大为. 高校理论工作者不能在深化改革中失语. 中国社会科学报，2013－11－22.
30. 董少校. “超级大课堂”火了　高校思政课“活”了. 中国教育报，

2013 - 12 - 20.
31. 张胜. 汇聚力量　推进思政理论课综合改革创新. 光明日报, 2015 - 10 - 22.
32. 樊丽萍. 创新何以成大国重中之重. 文汇报, 2015 - 11 - 26.

四、其他

(一) 内部资料

1. 华东师范大学"两课"调研报告.
2. 复旦大学社会科学基础部"两课"教育专家咨询会会议综述. 2003 - 4 - 1.
3. "两课"专家访谈, 2003 - 5 - 16.
4. 全国普通高校"两课"教育教学调研综合组调研报告(初稿).
5. 全国普通高校"两课"教育教学调研综合组调研报告(讨论稿).
6. 复旦大学社科部教师"两课"建设座谈会发言纪要.
7. "两课"调研讨论会与会人员发言纪要, 2003 - 4 - 9.
8. 同济大学"两课"教育教学教师座谈会纪要.
9. 复旦大学社科部部分教师"两课"改革座谈会, 2003 - 5 - 6.
10. 部分中学政治教育座谈会记录.
11. 上海交通大学叶敦平教授访谈录.
12. 李梁. 我的多媒体教学之路.
13. 中共复旦大学委员会. 深化高校"两课"建设, 加强和改进大学生马克思主义理论教育.
14. 姚惠福, 刘红. 建设高素质师资队伍　促进马克思主义理论课教学.
15. 2011 年上海高校思想政治理论课教师队伍数据报告. 上海市学生德育发展中心"上海高校思想政治理论课教师队伍数据库".
16. 上海市学生德育发展中心. 2011 年上海高校思想政治理论课中青年骨干教师研修报告汇编.

（二）档案

1. 陈其五在高等学校和中等专业学校（院）长座谈会上的发言记录. 上海档案馆馆藏档案，A23 - 2 - 21.
2. 上海高等学校校院长座谈会记录. 上海档案馆馆藏档案，A23 - 2 - 21.
3. 关于上海市 16 个高等学校的政治师资情况及意见的报告. 上海档案馆馆藏档案，A23 - 2 - 47.
4. 高等学校哲学师资情况报告. 上海档案馆馆藏档案，A23 - 2 - 47.
5. 教学情况. 上海档案馆馆藏档案，A23 - 2 - 70.
6. 中共上海市高等教育科学工作部关于开办中国革命史讲习班和马列主义业务学校计划、通知、办法与批复. 上海档案馆馆藏档案，A23 - 2 - 82.
7. 上海档案馆馆藏档案，A26 - 2 - 353.
8. 上海各高等学校政治理论教育情况报告（第二次修正稿）. 上海档案馆馆藏档案，A26 - 2 - 390.
9. 上海市各高等学校政治理论课师资情况及调查意见. 上海档案馆馆藏档案，A26 - 2 - 390.

（三）网站资源

1. 习近平. 意识形态工作是党的一项极端重要的工作. 新华网，http://news.xinhuanet.com/politics/2013-08/20/c_117021464.htm
2. 厉以宁. 难忘的大学生时期——纪念北京大学经济学院一百周年院庆. http://econ.pku.edu.cn/yuanqing/displaynews.asp?id=6955
3. 为人师表，满腔热情树栋梁；因材施教，一片丹心育桃李——社科部教授卢娟老师专访. 华东师范大学社科部，http://www.skb.ecnu.edu.cn/jxdt/display.asp?id=16
4. 团中央学校部与中国青少年研究中心“大学生思想政治教育”调查. http://q.sohu.com/forum/10/topic/5428217

5. “大学生思想政治教育”调研报告. http://q. sohu. com/forum/10/topic/5428217
6. 顾雪生. 领导者要站在改革开放的前沿——谈改革开放初期政治理论课改革的一点体会. 华东师范大学社科部, http://www. skb. ecnu. edu. cn/jxdt/display. asp?id=17
7. 中共中央宣传部教育部关于进一步加强高等学校思想政治理论课教师队伍建设的意见. http://baike. baidu. com/view/2945096. htm
8. 教育部关于印发《高等学校思想政治理论课建设标准(暂行)》的通知. http://www. moe. edu. cn/publicfiles/business/htmlfiles/moe/moe_772/201102/114966. html
9. 把队伍建设作为系统工程　全方位提升思政课教师素质(山东大学). 2010-4-3. http://www. pxjd. sdu. edu. cn/info/1015/1071. htm
10. 李长春. 在马克思主义理论研究和建设工程工作会议上的讲话. 2012-6-2. http://politics. people. com. cn/GB/1024/18059679. html
11. 中共上海市教育卫生工作委员会上海市教育委员会. 加强整体规划　聚焦关键环节　扎实推进高校思想政治理论课教师队伍建设. http://www. stuln. com/gcgxszjsjs/jyjl/2010-11-26/Article_60967. shtml
12. 浙江省采取有力措施切实加强高校思想政治理论课教师队伍建设. http://www. moe. edu. cn/publicfiles/business/htmlfiles/moe/moe_2154/200911/54136. html
13. 第二批思政课教师赴美研习总结会召开. 2011-12-2, http://news. whu. edu. cn/003/2011-12-02/12562. html
14. 思想政治理论课教师队伍. 复旦大学社科部网站, http://www. fudan. edu. cn/wmdw/html-jbzb1_3-6. html
15. 大连理工大学积极开展案例教学推动思想政治理论课教学方法创

新.教育部简报，2012(77). http：//www. moe. edu. cn/publicfiles/business/htmlfiles/moe/s3165/201205/135680. html

16. 思想政治理论课教师队伍.复旦大学社科部网站，http：//www. fudan. edu. cn/wmdw/html-jbzb1_3－6. html
17. 复旦大学马克思主义研究院首届暑期高级研修班启事.复旦大学，http：//news. fudan. edu. cn/announce/?announceid＝372
18. 上海干部在线学习城. http：//www. shgb. gov. cn/jsp/index_v5/first. jsp
19. 中共中央宣传部　教育部关于进一步加强高等学校思想政治理论课教师队伍建设的意见.教社科[2008]5 号. http：//www. moe. gov. cn/publicfiles/business/htmlfiles/moe/moe _ 772/201001/xxgk_80380. html
20. 施索华.施说心语：大学生的心灵花园和成长驿站. http：//book. 360buy. com/10448259. html
21. 施索华.以德立教，止于至善.上海交通大学马克思主义学院，http：//ma. sjtu. edu. cn/2012－06－05/1338905362d79299. html
22. 教育部：五年规划全方位培养高校思想政治理论课教师.新华网，http：//news. xinhuanet. com/edu/2013－07/04/c_116411148. htm
23. 中华人民共和国教师法. http：//www. law-lib. com/law/law_view. asp?id＝551

五、英文文献

1. Kneller，G. F. *Foundation of Education*，（Ed.）[M]. NewYork：JohnWiley，1971.
2. John Holt. Teach Your Own：*A Hopeful Path for Education* [M]. NewYork：Delacorte Press，1981.
3. Jeroen Jansz. Person，Self Moral Demands：*Individualism Contested by Collectivism* [M]. Leiden University：DSWO press，1991.

4. F. Michael Connelly, D. Jean Clandinin. *Shaping a Professional Identity* [M]. New York: Teachens College PR, 1998.

5. Karl Leidlmair. *From the Philosophy of Technology to a Theory of Media* [J]. Society for Philosophy and Technology, 1999 (3).

6. Pat Hutchings, Lee S. Shulman. *The Scholarship of Teaching: New Elaborations, New Developments* [J]. Change, 1999(5).

7. Haralambos, Michael & Holborn, Martin. *Sociology: Themes and Perspectives* [M]. London: Harper Colins Educational, 2000.

8. Les Tickle. *Teacher Induction: The way ahead* [M]. Buckingham Philadelphia: Open University Press, 2000.

9. Judyth. Sachs. *Teacher professional identity: Competing discourses, competing outcomes* [J]. Education Policy, 2001(2).

10. Douwe Beijaard, Paulien C. Meijer, Nico Verloop. *Reconsidering research on teachers' professional identity* [J]. Teaching and Teacher Education, 2004(20).

11. Kyle A. Greenwalt. *Through the camera's eye: A henomenological analysis of teacher subjectivity* [J]. Teaching and Teacher Education, 2008(24).

附 录

一、上海高校思想政治理论课教师队伍建设研究发展报告调研问卷

尊敬的老师：

您好！非常感谢您在百忙之中抽出时间配合这项调查！本调查旨在进一步加强和改进本市高校思想政治理论课教师队伍建设与发展。本问卷采取不记名方式，我们将严格对个案数据进行保密。您的看法和建议对我们的研究非常重要。请您按照自己的实际情况和真实想法回答问题。再次表示感谢！

上海高校思想政治理论课教师队伍建设与发展研究课题组

2011 年 6 月

个人信息：（注：没有选项的题目，请按各自实际情况填写）

1. 您的性别是(　　)

A. 男　　　　B. 女

2. 您的出生年月是(　　)年(　　)月

3. 您的学位是(　　)

A. 博士研究生　　　　B. 硕士研究生

C. 大学本科　　　　D. 大专

4. 您的专业技术职称是(　　)
   A. 教授　　B. 副教授　　C. 讲师　　D. 助教
   E. 尚无专业技术职称(请作简要说明：　　)
5. 您的政治面貌是(　　)
   A. 中共党员　　B. 共青团员
   C. 民主党派成员　　D. 无党派人士
6. 您的最高学位所属的学科领域是(　　)
   A. 文学　　B. 历史学　　C. 哲学　　D. 教育学
   E. 经济学　　F. 管理学　　G. 法学
   H. 其他(请注明：　　)
7. 您所任职学校的类型是(　　)
   A. 985大学　　B. 211大学
   C. 市属本科院校　　D. 市属高职、高专院校
   E. 民办本科高校　　F. 民办高职、高专院校
   G. 其他(请注明：　　)
8. 您所在学校的思想政治理论课教学和科研管理部门是(　　)
   A. 独立设置的二级机构
   B. 与其他专业联合设置的二级机构
   C. 隶属于其他学院之下的三级机构
   D. 其他(请说明：　　)
9. 您从事高校思想政治理论课教学工作已满(　　)年
10. 您主讲的课程及学校教务部门安排的该课程课堂讲授的课时是(　　)
   (请按照实际填写，可多选；另外，如还开设其他课程请一并注明)
   A. 马克思主义基本原理概论　　B. 思想道德修养与法律基础
   C. 中国近现代史纲要
   D. 毛泽东思想和中国特色社会主义理论体系概论
   E. 形势与政策　　F. 科学社会主义

G. 自然辩证法　　H. 马克思主义经典著作选读
I. 当代科技革命与马克思主义　　J. 当代社会思潮
K. 其他(请注明：　　)

11. 您所在的学校,除了分管领导以外,其他校级领导(　　)(可多选)
A. 经常到本部门走访并解决实际问题
B. 每学期都会随堂听课
C. 偶尔参与本部门会议或听取意见
D. 没有随堂听过课
E. 其他

12. 您感觉你所在学校和部门对思想政治理论课教师教学、科研及职业发展方面(　　)
A. 非常重视,有积极措施　　B. 比较重视,有一些措施
C. 一般,无明显措施　　D. 不太重视,无具体措施
E. 其他

13. 您对所在学校本部门的办公条件(　　)
A. 非常满意　B. 比较满意　C. 满意　D. 不太满意
E. 很不满意

14. 您近 2 年每周的课时量是(　　)课时(注：不作学生人数系数统计、不包含自行兼课)
A. 4 课时以下　B. 4　C. 5　D. 6
E. 7　F. 8　G. 9　H. 10
I. 11　J. 12
H. 12 以上(请说明具体课时的数量)

15. 您近 2 年承担教学班级学生人数基本上为(　　)
A. 30 以下　B. 31—60　C. 61—80　D. 81—100
E. 101—120　F. 121 以上(请说明具体课时的数量)

16. 您对学生上思想政治理论课表现的总体评价是(　　)
A. 非常满意　B. 比较满意　C. 满意　D. 不太满意

E. 很不满意

17. 您是专职还是兼职教师(　　)

A. 专职　　　　B. 兼职教师

18. 无论您是专职还是兼职教师,您是否担任过学生辅导员或班主任工作(　　)

A. 是　　　　B. 否

19. 您一般每学期与学生课后以“面对面”方式交流共(　　)次

A. 0　　B. 1　　C. 2　　D. 3

E. 4　　F. 5 次以上(请注明具体数额:　　)

20. 您一般每学期与学生以“网络”(e-mail,QQ,短信等)方式交流共(　　)次

A. 0　　B. 1　　C. 2　　D. 3

E. 4　　F. 5 次以上(请注明具体数额:　　)

21. 您是否参与辅导学生社团、学生社会实践、校园文化等活动(　　)

A. 经常　　　　B. 偶尔

C. 想参与但没有机会　　　　D. 不愿参与

E. 其他

22. 您认为自己已有的知识结构所执教的“05”方案新课程内容要求(　　)

A. 完全胜任　　　　B. 比较胜任

C. 基本胜任　　　　D. 不太胜任

E. 很不胜任

23. 您对自己近 5—10 年的职业生涯规划(　　)

A. 认真规划,目标明确

B. 简单考虑过,但目标不太明确

C. 还不确定今后的职业发展道路

D. 还未作思考和规划

24. 您认为近 2 年自己所承担的工作和任务(　　)

A. 非常繁重，疲于应付、过度劳累

B. 工作量偏大，有些力不从心

C. 工作量比较合适

D. 工作量偏少，有些无所事事

E. 其他(请说明：　　)

25. 您认为思想政治理论课教师在完成教学工作的同时，从事科研工作(　　)

A. 没有必要，应以教学为主

B. 意义不大，科研与教学没有关系

C. 是想晋升职称的教师要努力的

D. 不应成为对教师的基本考核内容

E. 科研对教学有促进作用

F. 其他(请说明：　　)

26. 您认为目前思想政治理论课教师搞科研较为突出的困难是(如多选，请排序)

A. 论文发表，尤其是在核心期刊上发表

B. 难以申请到课题

C. 找不到合适的选题

D. 缺乏相应的研究团队

E. 其他(请说明：　　)

27. 您感觉所在学校对思想政治理论课教师在申报各类课题项目、评选各类奖项时(　　)

A. 有特殊支持政策　　B. 与其他专业同等对待

C. 没有太大优势　　D. 不被重视

E. 其他(请注明：　　)

28. 您所在学校思想政治理论课教师业务学习、集中备课、教学研讨等活动基本上是(　　)

A. 每周1次　　B. 每2周1次

C. 每月1次　　D. 基本上没有活动

E. 其他(请说明：　　)

29. 您认为思想政治理论课教师业务学习、集体备课、教学研讨等活动的内容主要是(　　)(如多选,请排序)

A. 理论学习　　　　B. 学术信息

C. 钻研教材　　　　D. 教学重点难点分析

E. 交流教案、案例

F. 多媒体制作、青年教师试讲或培训

H. 其他

30. 您对您所在学校思想政治理论课教师业务学习、集体备课、教学研讨的实际效果(　　)

A. 非常满意　　　　B. 比较满意

C. 基本满意　　　　D. 不太满意

E. 很不满意

31. 您对您自身的知识结构、能力素养及工作情况的评价是(　　)

A. 很满意,目前的工作岗位很适合自己

B. 比较满意,能够较好完成本职工作

C. 基本满意,尚能完成本职工作

D. 不太满意,感到难以胜任本职工作

E. 很不满意,感觉已不适应本职工作

32. 您近两年来感觉在教学中最为困惑或困难的是(　　)(如多选,请排序)

A. 教材体系转化为教学体系

B. 缺乏有效的教学方法吸引同学

C. 收集整理与教学相关的资料

D. 多媒体课件制作方面的技能

E. 其他(请说明：　　)

33. 您目前在工作和生活中遇到的最大烦恼和忧虑是(　　)(可多选,请排序)

A. 工作任务重,压力大　　　　B. 缺少学习进修机会

C. 没有升职的机会,看不到发展的希望
D. 收入低,待遇差　　E. 人际关系紧张
F. 子女教育问题　　G. 赡养老人问题
H. 自身健康问题　　I. 婚姻问题
J. 住房问题　　K. 其他(请注明：　　)

34. 您目前最想需要得到支持和帮助的是(　　)(可多选,请排序)
A. 提高待遇,增加收入
B. 晋升职称或职务
C. 有不断学习、进修和更新知识的机会
D. 在事业发展上得到领导的关心
E. 减少工作量,给个人更多的自主发展空间
F. 拥有良好的和谐环境和学术氛围
G. 其他(请注明：　　)

35. 您认为在现有条件下,提高思想政治理论课教师教学科研业务水平较为有效的方式是(　　)(可多选,请排序)
A. 学习经典著作　　B. 阅读报纸杂志
C. 学历教育　　D. 业务培训
E. 其他(请注明：　　)

(以下为主观题,烦请逐一填写)

36. 您认为对思想政治理论课教师的考核,应包括哪些基本内容?(请排序)
A. ________　B. ________　C. ________
D. ________　E. ________　F. ________

37. 您认为一堂较为理想的思想政治理论课包括哪些基本要素?(请排序)
A. ________　B. ________　C. ________
D. ________　E. ________　F. ________

38. 您认为生均20元(或15元)经费落实后,思想政治理论课教师社会考察应包括哪些方面内容较为合理?(请排序)

A. ________ B. ________ C. ________
D. ________ E. ________ F. ________

39. 您认为思想政治理论课“教学互动”包括的基本要素和基本形式主要是：

A. ________ B. ________ C. ________
D. ________ E. ________ F. ________

40. 您认为思想政治理论课教学“现代化”包括的基本要素和基本形式主要是：

A. ________ B. ________ C. ________
D. ________ E. ________ F. ________

41. 请您推荐 1—2 本您阅读后颇有感受的书籍(书名，作者，出版社)：

A. ____
B. ____

42. 您近 2 年浏览的网站主要是：(可多选)

A.《　　　》其频率是：(　　)次/每天；(　　)次/隔天；(　　)次/3—4 天。

B.《　　　》其频率是：(　　)次/每天；(　　)次/隔天；(　　)次/3—4 天。

C.《　　　》其频率是：(　　)次/每天；(　　)次/隔天；(　　)次/3—4 天。

D.《　　　》其频率是：(　　)次/每天；(　　)次/隔天；(　　)次/3—4 天。

E.《　　　》其频率是：(　　)次/每天；(　　)次/隔天；(　　)次/3—4 天。

43. 您浏览网站的主要意向或目的是(　　)(可多选)

A. 了解时事　B. 查阅资料　C. 娱乐休闲　D. 无明确目的
E. 其他(请注明：　　　)

44. 请您向大家推荐若干个您颇为欣赏的网站：

A.《　　　　》,其理由主要是：________________。
B.《　　　　》,其理由主要是：________________。
C.《　　　　》,其理由主要是：________________。

45. 您近 2 年主要阅读的报纸杂志是：
A.《　　》其频率是：(　　)次/每天；(　　)次/隔天；(　　)次/3—4 天；(　　)次/每周；(　　)次/每月。
B.《　　》其频率是：(　　)次/每天；(　　)次/隔天；(　　)次/3—4 天；(　　)次/每周；(　　)次/每月。
C.《　　》其频率是：(　　)次/每天；(　　)次/隔天；(　　)次/3—4 天；(　　)次/每周；(　　)次/每月。

46. 请您向大家推荐若干您颇为欣赏的报纸杂志：
A.《　　　　》,其理由主要是：________________。
B.《　　　　》,其理由主要是：________________。
C.《　　　　》,其理由主要是：________________。

47. 如果邀请您参加课堂教学交流(不是教学竞赛),您愿意主讲的内容是：________课程；第______章；第______节。

48. 您对您所在学校思想政治理论课教师“生态环境”(如工作、生活、学习、人际交往等)评价是(　　)
A. 非常满意　B. 比较满意　C. 基本满意　D. 不太满意
E. 很不满意

49. 从“硬件”建设方面讲,您认为思想政治理论教学教研部门,主要应配备哪些基本设施?
A. ________　B. ________　C. ________
D. ________　E. ________　F. ________

50. 从“软件”建设方面讲,您认为思想政治理论教研部门,主要应具备哪些基本要素?
A. ________　B. ________　C. ________
D. ________　E. ________　F. ________

51. 请您对加强和改进本市高校思想政治理论课教师队伍建设提出

宝贵的意见和建议：

A. ____；

B. ____；

C. ____。

对您认真完成本次调研再次表示衷心的感谢!

二、高校思想政治理论课教师职业认同状况调查问卷

尊敬的老师：您好！非常感谢您在百忙之中抽出时间配合这项调查！本调查旨在进一步加强和改进本市高校思想政治理论课教师职业认同状况。本问卷采取不记名方式。您的看法和建议对我们的研究非常重要。请您按照自己的实际情况和真实想法回答问题。再次表示感谢!

上海高校思想政治理论课教师职业认同研究课题组

2012 年 8 月

您所在的学校：__________

1. 您的性别(　　)

(1) 男　　(2) 女

2. 您的年龄(　　)

(1) 25 岁以下　(2) 26—30 岁　(3) 31—35 岁　(4) 35—40 岁

(5) 40—50 岁　(6) 50 岁以上

3. 您所在的学校(　　)

(1) 985 高校　　(2) 211 高校

(3) 其他本科院校　　(4) 高职高专类

(5) 民办高校或其他

4. 您的学历(　　)

(1) 博士　　(2) 硕士

(3) 本科　　(4) 其他________

5. 您的政治面貌(　　)

(1) 中共党员　(2) 共青团员　(3) 民主党派　(4) 群众

6. 您主要任教的科目(　　)

(1) 马克思主义基本原理

(2) 毛泽东思想和中国特色社会主义理论体系概论

(3) 法律基础与思想道德修养　(4) 中国近现代史纲要

(5) 形势与政策　(6) 其他

7. 您的职称(　　)

(1) 正高　(2) 副高　(3) 中级　(4) 初级

(5) 无

8. 您的教龄(　　)

(1) 1—2 年　(2) 3—4 年　(3) 5—10 年　(4) 10—15

(5) 15—20　(6) 20—30

9. 您的月平均总收入(　　)

(1) 3 000 元以下　(2) 3 000—5 000 元

(3) 5 000—8 000 元　(4) 8 000 元以上

10. 您对目前的工资收入(　　)

(1) 满意　(2) 比较满意　(3) 一般　(4) 不满意

11. 您对目前的工作评价是(　　)

(1) 满意　(2) 比较满意　(3) 一般　(4) 不满意

12. 您是否担任(　　)(可多选)

(1) 博士生导师　(2) 硕士生导师

(3) 市或校创新团队负责人________

(4) 重点学科带头人　(5) 阳光学者

(6) 其他________

13. 你获得的表彰有(　　)(可多选)

(1) 市教学名师或市级以上优秀教师奖

(2) 市高校优秀思想政治理论课教师

(3) 校级教学名师、师德标兵等

(4) 思想政治理论课精彩系列奖

(5) 无

14. 对下列观点，您的态度是(请在相应的选项空格内打"√")

	符合	比较符合	不确定	不符合
(1) 我认为思想政治理论课教师的工作对人类社会发展有重要作用				
(2) 从事思想政治理论课教师职业能够实现我的人生价值				
(3) 作为一名思想政治理论课教师，我时常觉得比专业课教师更受人尊重				
(4) 当看到或听到赞颂思想政治理论课教师职业的话语时，我会有一种欣慰感				
(5) 当别人谈论有关思想政治理论课教师的话题时，我感觉与自己有关				
(6) 在做自我介绍的时候，我乐意提到我是一名思想政治理论课教师				
(7) 我认为我的工作对促进学生成长与发展很重要				
(8) 为了提高教学效果，我乐意做一些职责范围之外的工作				
(9) 我关心别人如何看待思想政治理论课教师职业				
(10) 我适合从事思想政治教育课教学工作				
(11) 我能够认真完成思想政治理论课教学工作				
(12) 我乐意与学生交流思想政治理论课教学以外的问题				
(13) 我能坦然地告诉别人自己是思想政治理论课教师				
(14) 我经常在学生中作教学调研				

15. 对下列观点，您的态度是(请在选项相应的空格内打"√")

	符合	比较符合	不确定	不符合
(1) 当有人无端指责思想政治理论课教师时，我感到不快				
(2) 如果有机会，我就选择跳槽				
(3) 如果有机会，我选择从事专业课教学				
(4) 我能叫出所教班级个别学生的名字				
(5) 我感觉不到被学生尊重				
(6) 除了学习，我不和学生交流任何其他内容				
(7) 选择做思想政治理论课教师完全是出于无奈				
(8) 比起专业课教师，我觉得我们不受重视				
(9) 马克思主义理论一级学科建立以后，思想政治理论课教师更有信心				

16. 您对下列本校在思想政治理论课建设方面的工作的总体评价(请在选项相应的空格内打"√")

	满意	比较满意	不确定
(1) 思想政治理论课教育理念和定位			
(2) 教学管理和教学质量			
(3) 岗位设置、管理与聘任			
(4) 科研管理工作			
(5) 教师考评体系			
(6) 大学生思想政治教育			
(7) 所在部门的收入分配方案			
(8) 师德师风建设			
(9) 思想政治理论课教师理论培训			
(10) 思想政治理论课教师国内外实践考察			

17. 您对本校思想政治理论课教师队伍的总体印象(请在选项相应的空格内打"√")

	满　意	比较满意	不确定
(1) 人格魅力			
(2) 敬业精神			
(3) 育人意识			
(4) 师生关系			
(5) 教学水平			
(6) 学术水平			
(7) 学术道德			
(8) 创新精神			
(9) 协作精神			
(10) 廉洁自律			

18. 未来 3—5 年,您自己的发展规划是(　　)

(1) 继续从事现在工作　　(2) 转为专业教师

(3) 转为行政人员　　(4) 进一步深造

(5) 离开学校　　(6) 退休

(7) 没想过

19. 您当初选择从事思想政治教育理论课教师职业是(　　)(可多选,限 3 项)

(1) 我的志趣　　(2) 专业背景对口

(3) 工作环境和性质适合我　　(4) 社会声望较高

(5) 希望为社会多做贡献　　(6) 就业生活等迫不得已的选择

(7) 工作强度低,压力小　　(8) 其他

20. 在工作方面,您面临的最主要困扰是(　　)(可多选,限 3 项)

(1) 教学科研经费不足　　(2) 专业技术职务晋升困难

(3) 工作负担太重　　(4) 学术论著发表困难

(5) 申报课题难以成功立项　　(6) 缺少进修机会

(7) 考核机制不合理　　　　(8) 其他________

21. 在教育改革的大潮中,你最关心的问题是(　　)

(1) 学校发展　(2) 经济收入　(3) 学科发展　(4) 自身发展

(5) 学生成才

22. 工作中最让您有成就感的是(　　)(可多选,限3项)

(1) 获得社会上的认可与肯定

(2) 获得可观的物质生活

(3) 能发挥所学专业优势

(4) 能发表科研论文或获得各级课题

(5) 桃李满天下

(6) 其他

23. 现在的您是否有攻读更高一级的学位上的打算(　　)

(1) 有　　　(2) 无　　　(3) 无所谓

24. 您感受最强烈的角色冲突是(　　)

(1) 教师自身的角色规定与学校对教师角色期待之间的冲突

(2) 社会对教师的不同角色期待之间的冲突

(3) 事业与家庭责任之间的冲突

(4) 教师的社会代表者角色与同事之间的冲突

开放题:

25. 回忆刚刚踏入思想政治理论课领域时,您的感受是什么?

26. 请回答"我是谁",写出您现在对自己的角色定位。

27. 影响您对教师职业认同的因素有哪些?正面因素是什么?负面因素又是什么?

28. 当您在工作中干出成绩时,您认同怎样的奖励方式?

29. 为了您能获得更好的发展,您有一些什么样的打算?

三、思想政治理论课教师职业认同访谈提纲

(2012年11月6日,电子邮件形式)

1. 作为一名思想政治理论课教师您是如何对自己进行角色定

位的？

2. 您对思想政治理论课教学工作的满意度如何？您刚入职和现在，职业认同度有无差异？体现在哪些方面？
3. 是什么影响了您的职业认同？您认为影响思想政治理论课教师职业认同的因素有哪些？
4. 工作中最让您有成就感的是什么？
5. 您认为应该从哪些方面来提升思想政治理论课教师的职业认同？
6. 您如何理解职业认同和专业发展、教学效果之间的关联？为什么？

后 记

《“一身一任”：高校思想政治理论课教师主体性研究》是在我博士论文基础上扩充和修改而成的。从选题、完稿再到付梓，历时整整七年。这一过程对我来讲，异常艰辛。

人到中年，“大龄”读博，行政、教学、科研如影随形缠绕着我。如何做到理论创新？如何追求实际效用？这些经常催着我停下键盘码字，与自己对话。

真诚地感谢我的导师忻平先生！从 1985 年成为忻老师在华东师范大学历史系“中国现代史”课程班本科生，到 2008 年成为忻老师在上海大学带教的第一位思政专业博士生，每一个阶段，老师无不为我付出巨大心血。没有忻老师的提挈，我不会义无反顾走上这条“恐怖的黑路”，也不会成就今天的自己。记得我历经的 1987 年寒冬考研，更记得 2007 年深秋考博。20 年的跨度，让我有着太多的焦灼和感怀。六年攻博，我修读了文学院历史学和社科学院思想政治教育两个专业的学位课程。记不清几个寒暑假，我在宝山的家和外滩档案馆之间奔波，查阅着发黄的卷宗，狂录着散落于 N 卷档案夹中的文字，耳畔似乎还回响着午餐时档案馆里“馄饨阿姨”的温言暖语……终于，我还是义无反顾地转向 20 多年来无怨无悔从事的、一直牵记的思想政治教育专业。记不清准备了多少个感兴趣的题目和多少份开题报告，也曾经历首次开题被“枪毙”的尴尬，最后终于将研究对象框定为思想政治理论课教师本身。是导师始终耐心细致的学业指导和鼓励鞭策，使我咬紧牙关，坚持下来。庆幸磨砺带给了我学术研究的新天地。然而，日渐繁重的教学任务和行政事务，让心系的研究一直悄悄地躲在电脑里，等待我零零星星地抽空抚摸……

我深知自己的超期毕业给导师增加了太多困扰。一次次的提纲和框架厘清，一次次的学科与理论视野拓宽，老师高屋建瓴、苦口婆心的教导点拨着、击打着愚钝的我。一直会记得，那些年里，几乎每个隔周的周末或假期，无论是酷暑，还是严冬，导师都会在极其繁忙的工作之余放弃休息给我们上课；一直会记得，我们聆听导师"取法乎上"的学术格言和"大气"和谐的做人准则，分享老师"分层分类分阶段"的研究心得，"树立高远目标，在读书著文做人等各方面力争内外兼修"、"人不可不慎"、"相互关爱提挈"……点点滴滴显示了导师的仁者风范；一直会记得，最紧张的"过堂"环节，面红耳赤的我们轮流磕磕巴巴汇报写作读书心得和研究提纲，由讲、学到议、论，由表层到内蕴，我们一起在学思结合、观点碰撞中得到颇多收获，而导师往往一语中的，犀利深刻，令我们"茅塞顿开，醍醐灌顶"。这次书稿付梓，导师欣然作序，感激之情，无以言表。可以说，我的点滴成绩和进步凝聚着导师的心血。

感谢上海大学文学院历史系的陶飞亚教授、朱学勤教授、徐有威教授、谢维扬教授！感谢外语学院的黄老师、王老师、冯老师，还有可爱的美籍外教老师内蒙！你们学识魅力和机敏睿智让我的博士听课记忆永远美好。感谢社会科学学院陈新汉教授、陶倩教授、刘铮教授给我学业和课业的悉心指教。感谢开题和预答辩时多次给我提出宝贵建议的陈新汉教授、吴德勤教授、刘铮教授、欧阳光明教授、张丹华教授、沈海燕教授和尹岩、范铁中、周丽昀、申小翠等老师，是你们让我感受到对学术的敬畏，这些都是我博士生涯中极为珍贵和美好的回忆。感谢社科学院原院长王天恩教授、李梁副院长、魏宏副书记等一直以来对我的指导和关心。

特别感谢上海社会科学院余建华研究员兄长般的倾心指点。感谢我的答辩委员会主席、总能给我提出"毫不留情的尖锐批评"的上海交通大学马克思主义学院副院长、上海高校思想政治理论课研修班永远的班主任——胡涵锦教授。感谢教育部社科司新老领导、上海市教委德育处和德育中心的新老领导叶天放、赵扬、曹荣瑞、胡宝国、李兴华、王磊、张惠虹和宗爱东等老师，是你们给了我一如既往的支持和鼓励。感谢复旦大学顾钰民教授、高国希教授；上海交通大学陈锡喜教授、黄伟力教授；华东师范大学宋进教授、余玉花教授；立信会计学院徐光寿教授、复旦大学杨宏雨教授等。感谢我的“项链模式”搭档顾骏老师、胡申生老师；感谢复旦大学原社科部副主任姚惠福老师，还有N期研修班的同行兄弟姐妹们。感受到你们对思想政治理论课教学的热忱，也让我对高校思想政治理论课教学与教师研究平添了更多沉甸甸的责任！

感谢有缘结识的师门兄弟姐妹。因为有你们的诚挚陪伴和无私帮助，我漫长的在职博士生涯竟也充满乐趣！感谢我门下亦生亦友的青年学生。这些年来，我们相互支持，一同辛勤耕耘在思想政治教育研究的学科领域。

感谢尊敬的上海大学原副校长叶志明教授多年来对我关心和点拨，感谢教务处领导及处内同仁对我的包容和理解，感谢大类例会所有同僚近几年来的和谐相处。

感谢我的硕士导师华东师范大学历史系教授林炯如和傅绍昌老师。回想当年，多有敬畏，而今我却拥有着对耄耋年龄的老师和师母亲人般的感念与依恋！

愧对一直生活在老家的慈父慈母和远在西北边陲的公公婆婆。最近几年因学业和工作重负，人到中年的我无暇顾及双方长辈。感谢我的爱人和女儿，一路走来，是你们给了我最无声息的理解，让我全身心地投入到工作与学习中。

在写作过程中，我参考并吸收了专家、前辈和同行的一些研究成果，尽可能地在“注释”和“参考文献”中列出。诚挚感谢之余，我要说，站在你们的肩头，我在这片神圣的领域中跋涉。

感谢上海大学出版社，感谢傅玉芳老师为本书的编辑出版付出了大量心血。感谢秦川老师费心设计本书封面。

五十知天命。择逢五逢十，我情不自禁地感怀为师历程。26 年职业生涯，我始终坚守一个身份，那便是“教师”。与成千上万教师一样，我正在自觉不自觉地踏上一条通向明天的主体之路。路在心间。我将一如既往，坚贞地走在思想政治理论课教学与教师研究前沿，成就属于自己的“一身一任”意义之路。

顾晓英

2015 年 12 月 20 日于上海大学